医药商品营销实务
（第2版）

潘 雪 主编

国家开放大学出版社·北京

图书在版编目（CIP）数据

医药商品营销实务／潘雪主编． —2 版． —北京：国家开放大学出版社，2021.1（2021.5重印）

ISBN 978 – 7 – 304 – 10666 – 9

Ⅰ．①医… Ⅱ．①潘… Ⅲ．①药品—市场营销学—开放教育—教材 Ⅳ．①F763

中国版本图书馆 CIP 数据核字（2020）第 272635 号

版权所有，翻印必究。

医药商品营销实务（第 2 版）

YIYAO SHANGPIN YINGXIAO SHIWU

潘 雪 主编

出版·发行 国家开放大学出版社	
电话：营销中心 010 – 68180820	总编室 010 – 68182524
网址：http://www.crtvup.com.cn	
地址：北京市海淀区西四环中路 45 号	邮编：100039
经销：新华书店北京发行所	

策划编辑：王 普	版式设计：何智杰
责任编辑：王国华	责任校对：吕昀豁
责任印制：赵连生	

印刷：北京京华铭诚工贸有限公司	
版本：2021 年 1 月第 2 版	2021 年 5 月第 2 次印刷
开本：787 mm × 1092 mm　1/16	印张：17.5　字数：399 千字

书号：ISBN 978 – 7 – 304 – 10666 – 9

定价：39.00 元

（如有缺页或倒装，本社负责退换）

意见及建议：OUCP_KFJY@ouchn.edu.cn

第 2 版前言

PREFACE

本教材是国家开放大学医科类药品经营与管理专业（专科）、药学专业（专科）的专业课教材，也可作为医药经营企业员工职业技能培训用书。

本教材适应医药经营企业对高等职业人才的需求，针对高等职业教育的特点，强化素质教育和技能训练，以药品管理的法律法规为依据，突出职业道德、技术理论及实际操作。全书分为上、下两篇。上篇医药商品营销基础知识包括职业规范、药品管理与法律知识、医药商品知识、急救常识与安全知识；下篇医药商品营销工作技能从企业对从业人员规范服务的工作标准和职业技能出发，围绕职场实际工作过程中的各个环节开展教学，其主要内容包括医药商品各论、常见病及治疗药物、药品采购、药品收货与验收、药品贮藏与养护、药品陈列、药品销售、顾客服务、售后服务、收银、经济核算、营销策略，力求突出药事管理和职业活动中的能力要求。

本教材由潘雪担任主编，拟订编写提纲，并负责全书的统稿。各章编写人员及分工如下：国家开放大学于彩媛副教授负责编写第一章，第五章第一节，第六章，第十一章和第十二章；北京联合大学潘雪高级讲师负责编写第二章，第三章，第五章第二、三、四、五节，第九章和第十章；北京卫生职业学院阎萍副教授负责编写第四章和第十三章；北京联合大学刘军讲师负责编写第七章和第八章；北京联合大学陈蓉高级讲师负责编写第十四章，第十五章和第十六章。

本教材注重加强与医药企业、医药院校的联系，承蒙北京医药集团有限责任公司刘立津高级工程师、首都医科大学中医药学院王地教授、北京市医药器械学校谢淑俊校长给予指导。在本教材编写过程中，参考了大量的文献，在此向有关文献的作者一并致谢。

鉴于编者水平有限，本教材中难免有不妥之处，敬请广大读者批评指正。

编者
2020 年 11 月

PREFACE 第1版前言

本教材是中央广播电视大学医科类药品经营与管理专业（专科）、药学专业（专科）的专业课教材，也可作为医药经营企业员工职业技能培训用书。

本教材适应医药经营企业对高等职业人才的需求，针对高等职业教育的特点，强化素质教育和技能训练，涵盖"医药商品购销员"职业资格考试对知识、技术和能力的要求。全书分为上、下两篇。上篇医药商品营销基础知识包括职业规范、药品管理与法律知识、医药商品知识、急救常识与安全知识；下篇医药商品营销工作技能从企业对从业人员规范服务的工作标准和职业技能出发，围绕职场实际工作过程中的各个环节开展教学，其主要内容包括医药商品各论、药品介绍、药品购销、药品陈列、药品养护、顾客服务、售后服务、收银、经济核算、营销策略，力求突出药事管理和职业活动中的能力要求。本课程主要学习资源包括文字教材、录像教材和IP课件。

本教材编写人员及分工如下：中央广播电视大学于彩媛讲师编写第一章，第三章第四、五节，第五章第一、三节；北京联合大学陈蓉高级讲师编写第二章、第十二章、第十三章、第十四章；北京联合大学潘雪高级讲师编写第三章第一、二、三节，第五章第二、四节和第九章；北京医药集团职工大学阎萍高级讲师编写第四章、第十章、第十一章；北京联合大学张莉高级讲师编写第六章、第七章、第八章。潘雪拟订本书编写提纲，并负责全书的统稿。

本教材注重加强与医药企业、医药院校的联系，承蒙北京医药集团有限责任公司刘立津高级工程师、首都医科大学中医药学院王地教授、北京市医药器械学校谢淑俊校长审阅。本教材录像得到北京医药股份有限公司、北京同仁堂药店、北京金象大药房医药连锁有限责任公司等单位的支持，在此表示诚挚的感谢。在本教材编写过程中，参考了大量的文献，在此向有关文献的作者一并致谢。

鉴于编者水平有限，本教材中难免有不妥之处，敬请广大读者批评指正。

编者
2010年7月

目 录

上篇　医药商品营销基础知识

第一章　职业规范

第一节　职业道德 …………………………………………………………………… 2

第二节　医药职业道德准则 ………………………………………………………… 4

第二章　药品管理与法律知识

第一节　药品的管理 ………………………………………………………………… 8

第二节　药品管理法规 ……………………………………………………………… 15

第三节　国家药品标准 ……………………………………………………………… 20

第三章　医药商品知识

第一节　医药商品的分类 …………………………………………………………… 23

第二节　医药商品的编码 …………………………………………………………… 28

第三节　药品的包装与标识 ………………………………………………………… 30

第四节　药物的剂型 ………………………………………………………………… 36

第五节　药物的作用 ………………………………………………………………… 40

第四章　急救常识与安全知识

第一节　急救常识 …………………………………………………………… 47

第二节　消防知识 …………………………………………………………… 49

第三节　安全用电知识 ……………………………………………………… 53

第四节　防盗知识 …………………………………………………………… 56

下篇　医药商品营销工作技能

第五章　医药商品各论

第一节　化学类药物 ………………………………………………………… 60

第二节　中成药 ……………………………………………………………… 82

第三节　中药材 ……………………………………………………………… 91

第四节　医疗器械 …………………………………………………………… 103

第五节　保健食品 …………………………………………………………… 112

第六章　常见病及治疗药物

第一节　呼吸系统疾病及治疗药物 ………………………………………… 117

第二节　消化系统疾病及治疗药物 ………………………………………… 122

第三节　心血管系统疾病及治疗药物 ……………………………………… 125

第四节　泌尿系统疾病及治疗药物 ………………………………………… 130

第五节　内分泌系统疾病及药物治疗 …………………………………… 131

第六节　皮肤病及治疗药物 …………………………………………… 134

第七节　维生素、矿物质缺乏症及治疗药物 …………………………… 137

第八节　眼、鼻、口疾病及治疗药物 …………………………………… 139

第九节　其他常见病及治疗药物 ……………………………………… 141

第七章　药品采购

第一节　首营企业审核 ………………………………………………… 144

第二节　首营品种审核 ………………………………………………… 149

第三节　签订购销合同 ………………………………………………… 152

第八章　药品收货与验收

第一节　药品收货 ……………………………………………………… 157

第二节　药品验收 ……………………………………………………… 164

第九章　药品贮藏与养护

第一节　药品贮藏 ……………………………………………………… 170

第二节　药品养护 ……………………………………………………… 174

第十章　药品陈列

第一节　药店布局 ……………………………………………………… 185

第二节　药品陈列实施 ………………………………………………… 186

第十一章　药品销售

第一节　药品销售实施 ······ 192
第二节　解读处方 ······ 195
第三节　医药商品包装 ······ 199

第十二章　顾客服务

第一节　接待顾客 ······ 201
第二节　医药咨询服务 ······ 206

第十三章　售后服务

第一节　代客加工 ······ 213
第二节　处理顾客查询与投诉 ······ 214
第三节　处理顾客退换货 ······ 216
第四节　药品不良反应报告 ······ 218

第十四章　收银

第一节　收银知识与技能 ······ 222
第二节　收银操作实施 ······ 227

第十五章　经济核算

第一节　医药商业经济核算 ······ 234

第二节　药品库存分析 …………………………………………………… 240

第三节　药品盘点 ………………………………………………………… 243

第十六章　营销策略

第一节　药品营销 ………………………………………………………… 250

第二节　调价 ……………………………………………………………… 255

第三节　药品促销 ………………………………………………………… 259

参考文献 …………………………………………………………………… 266

上篇
医药商品营销基础知识

第一章 职业规范

学习目标

知识目标
掌握：医药职业道德的特点和基本原则。
熟悉：医药行业职业守则。

能力目标
能按照医药行业职业道德的要求进行职业活动。

第一节 职业道德

一、道德与职业道德

（一）道德

道德是调节人与人之间、人与社会之间、人与自然之间关系的行为规范的总和。在通俗意义上，道德指做人的道理和规矩。

道德主要依靠社会舆论、传统伦理观念和习惯、个人的信念和良知等因素来维系，以是非、善恶、荣辱等为评判标准。道德是法律、经济、行政手段之外，第四种维系社会关系的基本手段。

（二）职业道德

职业道德指从事一定职业的人们，在其职业活动中所必须遵守的带有职业特点的行为规范。它既是一般社会道德在特定职业生活中的体现，又突出体现在特定职业领域内特殊的职业要求。职业道德与社会公德、家庭美德、环境道德等一起，构成社会主义道德的整体。

任何职业都有与该职业特点相适应的、比较具体的行为准则和规范要求。医生救死扶伤，法官明镜高悬，商人诚信公平，就是具有职业特点的职业道德。职业分工使不同职业的人们之间形成特殊的社会关系—职业关系，它需要有与之相适应的特殊的行为规范来加以调节，职业道德由此形成。

职业道德作为任何职业者都必须遵守的职业行为的道德标准，特别强调职业者在工作岗位上的道德情操和道德行为，是职业者在工作状态下的道德规范。任何职业者只要身在工作岗位，就必须时刻接受职业道德的约束。职业道德还强调职业者在岗时，必须完整、彻底地遵循所有的职业道德规范，不允许职业者在时间阶段和内容要求上对职业道德有任何选择。

二、医药职业道德

（一）医药职业道德的含义

医药职业道德是同医药职业内容和医药职业活动紧密相连的。医药职业者在职业活动中形成关心、同情患者，以患者的利益为最高标准，尊重生命，治病救人的道德观念和道德准则。调节医药职业者与患者、医药职业者与其他医药职业者、医药职业者与集体和国家、医药职业者与自然界之间关系的行为规范的总和，就是医药职业道德。

（二）医药职业道德的特点

医药职业道德作为一种特殊的职业道德，除了具有一般职业道德的特点之外，还具有自身的特点。

1. **医药职业道德的全人类性**

医药职业道德的全人类性是指由于医药学是人类同疾病斗争的科学，是为全人类健康服务的，从业人员的首要职责是提供安全有效的药品，它本身并不直接涉及阶级的利益。在长期实践中形成了适用于一切阶级的公共医药职业道德准则，这就是人道主义思想的体现。

2. **医药职业道德的严肃性**

医药产品的研制、生产、经营和使用都要按照国家制定的法律法规进行。药事法律法规是维护人们身体健康、保证医药行业在市场经济中公平竞争的法律依据。依法生产、经营和使用药品不仅是法律规定，也是医药职业道德所要求的。

3. **医药职业道德的平等性**

医药职业道德要求职业者对患者一视同仁，无论男女老幼、职务高低、生人熟人都应平等、热诚相待。

4. **医药职业道德的连续性**

我国是历史悠久的文明古国，历来以注重道德礼仪而著称于世。人们在世代相传的医药职业实践中，形成的连续性的道德观念、道德意识和道德习惯，具有历史继承性和连续性。

（三）医药职业道德的基本原则

医药职业道德的原则是所有职业者在医药领域活动和实践中应遵守的基本原则，是评价与衡量医药领域内所有人员的个人行为和思想品质的最高道德标准。医药领域的实践都与人民的健康密切相关，这就决定了医药职业道德的基本原则是：以患者为中心，为人民防病治病提供安全、有效、经济的优质药品和服务；救死扶伤，实行人道主义；全心全意为人民服务。

1. **救死扶伤，实行革命的人道主义**

救死扶伤，实行革命的人道主义是医药职业道德的基本原则。人道主义是古今中外医药道德传统的精华所在，是医药领域职业者的神圣天职，它的核心是最大限度地尊重人的生命，尊重人的生存权利、人格、生命价值，尽可能地去关心、尊敬、爱护、同情和帮助那些身受疾病痛苦的患者，由关心人的幸福扩展到对社会全体人民健康的关怀。

2. **以患者为中心，提供安全、有效、经济的药品**

提供安全、有效、经济的药品是医药职业道德的重要原则。在医药生产经营活动中坚持社会效益和经济效益并重、社会效益优先的原则，要求药品生产、流通企业和其他销售单位要从保障人民健康的需要出发，以患者利益为最高标准，提供安全、有效、经济的药品，而不能把追求利润最大化作为唯一目标。为此，医药职业者必须以患者的利益为重，从治愈疾病和提高人们的生活质量出发，做好各项工作。

3. 全心全意为人民服务

全心全意为人民服务是医药职业道德的根本宗旨。医药行业是关系到人民身体健康的特殊行业，更应该把为人民服务作为职业活动的出发点，真正把患者的利益放在首位，待患者如亲人，急患者之所急，痛患者之所痛，竭尽全力为患者服务。医药职业者要做到全心全意为人民防病治病服务，既要有良好的职业道德，又要有精湛的医药技术，二者缺一不可。

第二节　医药职业道德准则

一、药品及医药经营活动的特殊性

医药职业者的职业活动涉及人民生命健康和生存质量，因此国家、社会、人民群众对医药职业活动有很高的期望和要求，由此逐步发展为各种控制和制约，这些控制和制约一部分形成法律、法规，一部分形成医药职业道德准则。前者具有强制性，违反了则要承担法律责任；后者是道德责任，可通过职业道德教育和自我道德修养，使之融入医药职业者的个人道德意识中，并成为医药职业人员共同遵守的行为准则。

在医药经营过程中，一切活动的目的是为人民提供安全、有效、经济的药品，满足人民防病治病的需要。药品是特殊商品，它具有商品的一般属性，通过流通渠道进入消费领域，但药品又具有特殊性，表现在：

（1）使用上的专属性。必须根据病情选择药物，选择不当，不仅达不到治病的效果，还可能延误治疗，甚至危及人的生命。

（2）作用上的两重性。药品本身既具有防治疾病的一面，也具有不良反应的一面，使用不当，则可伤及人体。

（3）质量上的重要性。只有符合法定质量的合格药品，才能合法地流通和使用。药品只能是合格品，不能像其他商品那样分级分等。

（4）药效上的限时性。药品只能在有效期限内使用。

药品的特殊性决定了医药经营过程不能完全按照一般商品的经济规律运作，它具有经济事业和福利事业的两重性。保障药品安全、合理、有效地为人民服务，是医药职业活动的根本职责。

药品的特殊性和重要地位，要求职业者不仅要依靠法律的、经济的、行政的手段来保证经营活动的顺利进行，而且要通过道德的力量来启迪、激励自己，自觉约束自己的行为，遵守医药职业道德准则，不断提高自己的医药职业道德素质。

二、医药行业职业守则

（一）遵纪守法，爱岗敬业

医药职业道德要求职业者遵纪守法，爱岗敬业，有高度的责任心，忠诚医药事业，立志献身，对人民健康负责。

1. 依法经营，遵守纪律

为了加强药品监督管理，保证药品质量，我国颁布了《中华人民共和国药品管理法》（以下简称《药品管理法》）。为了加强药品研制、生产、经营和使用等环节的管理，有关部门制定了《药物非临床研究质量管理规范》（Good Laboratory Practice，GLP）、《药物临床试验质量管理规范》（Good Clinical Practice，GCP）、《药品经营质量管理规范》（Good Supplying Practice，GSP）等一系列的管理规范。在实际工作中，医药职业者要认真学习药事法律法规，严禁出售假冒伪劣药品。职业者应加强药事法律法规的学习，真正做到有法必依，因为这直接关系职业活动的正常秩序和各项方针政策的贯彻落实。职业纪律是职业团体内部制定的劳动规则和秩序，借以规范人们的职责范围。职业纪律主要依靠职业者的自觉性来维持，这种自觉性建立在职业者对纪律必要性认识的基础上。遵纪守法是医药职业者必须具备的基本品质，是行业职业道德的一项重要内容。

2. 爱岗敬业，尽职尽责

爱岗是热爱自己的工作岗位，热爱本职工作。热爱本职，就是职业者以正确的态度对待各种职业劳动，努力培养自己对从事该工作的幸福感、荣誉感。敬业的核心是要用一种恭敬严肃的态度对待自己的工作，勤奋努力，精益求精，尽职尽责，追求卓越。爱岗敬业作为基本的职业道德规范，是对人们工作态度的一种普遍要求。爱岗与敬业总的精神是相通的，是相互联系在一起的。爱岗是敬业的基础，敬业是爱岗的具体表现。

3. 严肃认真，一丝不苟

医药职业者肩负着维护人民身体健康的崇高使命，因此具备对待工作严肃认真、一丝不苟的职业道德尤为重要。它要求职业者必须有强烈的道德义务感和责任心，要把解除患者的疾苦作为义不容辞的职责，培养认真负责、细致周到、准确无误的良好职业道德。

4. 按处方配药，谨慎出售

销售药品必须准确无误，并正确说明用法、用量和注意事项。对处方药，必须凭处方销售。对处方所列药品，不得擅自更改或者替用。调配处方必须经过核对，对有配伍禁忌或者超剂量的处方，应当拒绝调配，必要时，经处方医师更正或者重新签字后，方可调配。药品经营企业销售中药材，必须标明产地。销售非处方药，要有高度的职业责任感，关心顾客，了解用药目的，指导患者科学服用，当好顾客的参谋。

（二）质量为本，信誉第一

质量为本是医药职业道德规范的重要内容，也是评价职业活动的主要依据。医药产品的特殊性，决定了对医药产品质量的要求应特别严格。药关人命，质量第一，如何在自己的职业岗位上把好质量关，就成为评价与判断每个医药工作者职业活动和职业行为的首要依据。对社会来说，医药产品质量综合体现了经济、技术和科学的水平；对企业来说，产品质量综合体现了管理、技术和经营水平。保证和提高医药产品质量是企业整体素质的反映，是企业实现经济效益的关键，也是企业坚持社会主义方向的问题。因此，医药职业者一定要牢固树立质量第一的观念，以对人民用药安全高度负责的精神，把药品质量放在首位，熟悉药品知识，提高鉴别药品的能力，坚决杜绝假劣药，为消费者提供安全有效、质量可靠的药品。

医药质量体现在两方面：一是医药产品的质量；二是医药工作的服务质量，而服务质量中最突出的要求是真诚守信。真诚守信不仅是一般的社会公德，而且是任何一个医药职业者应遵守的职业道德。产品的质量和服务质量直接关系企业的信誉，是企业的生命。产品质量好、服务质量好，企业的信誉就好，其产品消费者就信得过，企业也就拥有了强大的生命力。相反，产品质量低下，会使消费者感觉受到欺骗，企业也就没有信誉可言。

1. 注重质量，真诚守信

为了保证药品质量，国家制定了一系列规范，医药职业者应严格遵守，按照每道工序的操作规程去做，不允许投机取巧、偷工减料、制假售假，坑害消费者。职业者在职业活动中，只有诚实劳动，合法经营，才能维护消费者利益，做到真诚守信。

2. 实事求是，认真负责

医药职业者对医药产品、医疗器械的宣传要合乎实际，实事求是。产品广告不能随意吹嘘，广告力求做到诚、真、实。医药职业者不仅要重视对自己的服务对象承担责任，而且要重视承担社会责任；不仅要重视治疗，而且要重视预防。

（三）急人所难，救死扶伤

医药职业者从事的是一种维护人的生命和提高人类健康水平的服务工作，其职责、义务、态度和专业技术直接关系人民群众的生命安危，涉及千家万户。

1. 关心患者，热忱服务

医药职业者是直接或间接为人民健康服务的，必须以患者为本，要把患者的利益放在首位，时时处处为患者的健康着想，真诚、热情、主动地为患者服务。职业者面对患者要有同情心，把患者的疾苦当成自己的疾苦，要急患者所急。无数事实证明，道德高尚，对患者极度负责，能有效地减轻或解除患者的病痛；反之，可能会造成患者和家属的终身痛苦或损失。

2. 业务熟练，精益求精

现代社会，科学技术突飞猛进，这就要求医药职业者要不断完善和提高自己的业务水平，学习新知识、新理论，敏锐、及时地把握医药发展新动向、新法规、新药品等信息。同时医药职业者必须具备熟练的职业技能，刻苦学习，精益求精，从而为患者提供优质的服务，尽到职业责任。

（四）文明经商，服务热情

医药经营行业要与各层次、各类型的人打交道，因此文明经商和热情服务就显得十分必要。这不仅表示对服务对象的尊重，也表明对自己工作的重视和自信、自重。文明经商，服务热情，亦包括营业场所的文明，要保持营业场所的清洁卫生，保持良好的店容店貌，按要求陈列医药商品。销售商品要做到主动、热情、耐心、周到。

1. 仪表整洁，举止大方

要求医药职业者穿着整洁，举止文雅、大方，佩戴胸牌，持证上岗，站柜姿势端正。接待顾客，做到眼勤、嘴勤、手勤、腿勤。

2. 微笑迎客，主动热情

在接待来客时，要求医药职业者精神饱满，面带微笑，语言亲切，给人以宾至如归的感觉。要关心患者，态度和蔼，有问必答，不怕麻烦，对药品的用法用量、注意事项和不良反应，要认真细致地向患者说清楚，切忌简单、生硬。发药时要称呼姓名和同志，对老年患者要用尊称，并做好核对工作。诚恳、亲切、和蔼的态度，美好、善良的语言是思想感情和道德修养的具体反映。

3. 尊重患者，平等待人

医药职业者所服务的对象，虽然容貌、职业、衣着、经济状况等各不相同，但他们都是"上帝"，是客户或患者，相互之间完全是平等的关系，都应一视同仁、平等对待。要千方百计地满足他们的要求，解决他们的困难，解除他们的病痛。对某些不合理要求，不能简单回绝，而应耐心解释。患者由于生理和疾病的痛苦而心情不佳，医药职业者要充满同情爱护之心，满腔热忱地为之服务，百问不烦。要尊重患者的人格，保守有关患者的秘密。

4. 公平销售，讲究信誉

医药职业者要认真执行价格政策，坚持原则，秉公办事，不得利用工作之便谋取私利。对于紧缺医药商品，要按规定供应。做到给患者提供正确、合适的药品，或与药品有关的真实、全面、准确的信息。

（五）团结协作，共同努力

做好医药工作，不但要处理好职业者与服务对象或患者的关系，还要处理好职业者之间的关系，包括各行业之间、同行业之间、同级职业者之间、上下级职业者之间、青老年职业者之间的关系。职业者之间的关系应建立在共同的医药事业目标的基础之上，其道德准则应该是相互尊重、平等相待。职业者之间在工作、业务、生活等方面要互相关心、互相爱护、互相帮助。在当今社会，企业发展、企业竞争力的关键因素是全体员工的凝聚力。任何一项工作都需要有关人员的共同努力和紧密配合才能完成。因此，每一个医药职业者都必须具有团队精神，在自己的岗位上尽职尽责、互相支持、紧密配合，只有这样才能做好工作，为医药事业的发展做出贡献。

第二章

药品管理与法律知识

> **学习目标**
>
> **知识目标**
> 掌握：《药品管理法》的立法宗旨和适用范围，《药品经营质量管理规范》的相关规定。
> 熟悉：药品监督管理机构，执业药师的管理。
> 了解：互联网药品信息服务规范。
>
> **能力目标**
> 能运用《药品管理法》《药品经营质量管理规范》的相关规定处理药品经营过程中的基本问题，能正确查阅《中华人民共和国药典》。

第一节 药品的管理

一、药品监督管理机构

药品的特殊性决定了对药品的管理必须依法管理。我国现行的药品监督管理组织包括药品监督管理行政机构和药品监督管理技术机构。

（一）药品监督管理行政机构

1998年，在政府机构改革中，国务院为了加强对药品监督管理工作的领导，组建直属国务院领导的机构——国家药品监督管理局（State Drug Administration，SDA）。2003年3月，在国家药品监督管理局基础上组建国家食品药品监督管理局（State Food and Drug Administration，SFDA），为国务院的直属局。2008年3月，在第十一届全国人民代表大会一次会议第四次全体会议上，将国家食品药品监督管理局改由卫生部管理（副部级）。2013年全国人民代表大会决定，整合组建国家食品药品监督管理总局（China Food and Drug Administration，CFDA）。2018年3月，第十三届全国人民代表大会第一次会议批准国务院机构改革方案，组建国家市场监督管理总局。同时，不再保留国家食品药品监督管理总局，重新组建国家药品监督管理局（National Medical Products Administration，NMPA），并由国家市场监督管理总局管理。市场监管实行分级管理，药品监管机构只设到省一级，药品经营销售等行为的监管由市县两级市场监督管理部门统一承担。

我国对药品进行监督管理的法定主管机构是国家药品监督管理局、省级药品监督管理部门和市县两级市场监督管理部门。药品监管的行政机构还包括国家卫生健康委员会、国家中医药管理局、国家发展和改革委员会、国家医疗保障局等单位的有关部门。

国家药品监督管理局内设机构有综合和规划财务司、政策法规司、药品注册管理司（中药民族药监督管理司）、药品监督管理司、医疗器械注册管理司、医疗器械监督管理司、化妆品监督管理司、科技和国际合作司（港澳台办公室）、人事司、机关党委、离退休干部局等。

国家药品监督管理局主要职责如下：

（1）负责药品（含中药、民族药，下同）、医疗器械和化妆品安全监督管理。拟订监督管理政策规划，组织起草法律法规草案，拟订部门规章，并监督实施。研究拟订鼓励药品、医疗器械和化妆品新技术新产品的管理与服务政策。

（2）负责药品、医疗器械和化妆品标准管理。组织制定、公布国家药典等药品、医疗器械标准，组织拟订化妆品标准，组织制定分类管理制度，并监督实施。参与制定国家基本药物目录，配合实施国家基本药物制度。

（3）负责药品、医疗器械和化妆品注册管理。制定注册管理制度，严格上市审评审批，完善审评审批服务便利化措施，并组织实施。

（4）负责药品、医疗器械和化妆品质量管理。制定研制质量管理规范并监督实施。制定生产质量管理规范并依职责监督实施。制定经营、使用质量管理规范并指导实施。

（5）负责药品、医疗器械和化妆品上市后风险管理。组织开展药品不良反应、医疗器械不良事件和化妆品不良反应的监测、评价和处置工作。依法承担药品、医疗器械和化妆品安全应急管理工作。

（6）负责执业药师资格准入管理。制定执业药师资格准入制度，指导监督执业药师注册工作。

（7）负责组织指导药品、医疗器械和化妆品监督检查。制定检查制度，依法查处药品、医疗器械和化妆品注册环节的违法行为，依职责组织指导查处生产环节的违法行为。

（8）负责药品、医疗器械和化妆品监督管理领域对外交流与合作，参与相关国际监管规则和标准的制定。

（9）负责指导省、自治区、直辖市药品监督管理部门工作。

（10）完成党中央、国务院交办的其他任务。

（二）药品监督管理技术机构

1. **药品检验机构**

我国的药品检验机构包括中国食品药品检定研究院和各级药品检验机构。药品检验机构的任务是依法承担实施药品审批时的药品检验职责和药品质量监督检查过程中的药品检验职责。我国的药品检验机构为法定的技术机构。

中国食品药品检定研究院（国家药品监督管理局医疗器械标准管理中心、中国药品检验总所）是国家药品监督管理局的直属事业单位，是国家检验药品生物制品质量的法定机构和最高技术仲裁机构。

中国食品药品检定研究院主要职责如下：

（1）承担食品、药品、医疗器械、化妆品及有关药用辅料、包装材料与容器（以下统称为食品药品）的检验检测工作。组织开展药品、医疗器械、化妆品抽验和质量分析工作。负责相关复验、技术仲裁。组织开展进口药品注册检验以及上市后有关数据收集分析等工作。

（2）承担药品、医疗器械、化妆品质量标准、技术规范、技术要求、检验检测方法的制修订以及技术复核工作。组织开展检验检测新技术、新方法、新标准研究。承担相关产品严重不良反应、严重不良事件原因的实验研究工作。

（3）负责医疗器械标准管理相关工作。

（4）承担生物制品批签发相关工作。

（5）承担化妆品安全技术评价工作。

（6）组织开展有关国家标准物质的规划、计划、研究、制备、标定、分发和管理工作。

（7）负责生产用菌毒种、细胞株的检定工作。承担医用标准菌毒种、细胞株的收集、鉴定、保存、分发和管理工作。

（8）承担实验动物饲育、保种、供应和实验动物及相关产品的质量检测工作。

（9）承担食品药品检验检测机构实验室间比对以及能力验证、考核与评价等技术工作。

（10）负责研究生教育培养工作。组织开展对食品药品相关单位质量检验检测工作的培训和技术指导。

（11）开展食品药品检验检测国际（地区）交流与合作。

（12）完成国家局交办的其他事项。

2．国家药典委员会

国家药典委员会是法定的国家药品标准工作专业管理机构，主要负责国家药品标准的制定和修订。

国家药典委员会主要职责如下：

（1）组织编制、修订和编译《中华人民共和国药典》（简称《中国药典》）及配套标准。

（2）组织制定修订国家药品标准。参与拟订有关药品标准管理制度和工作机制。

（3）组织《中国药典》收载品种的医学和药学遴选工作。负责药品通用名称命名。

（4）组织评估《中国药典》和国家药品标准执行情况。

（5）开展药品标准发展战略、管理政策和技术法规研究。承担药品标准信息化建设工作。

（6）开展药品标准国际（地区）协调和技术交流，参与国际（地区）间药品标准适用性认证合作工作。

（7）组织开展《中国药典》和国家药品标准宣传培训与技术咨询，负责《中国药品标准》等刊物编辑出版工作。

（8）负责药典委员会各专业委员会的组织协调及服务保障工作。

（9）承办国家局交办的其他事项。

3．国家药品监督管理局药品审评中心

国家药品监督管理局药品审评中心是国家药品监督管理局药品注册技术审评机构。

国家药品监督管理局药品审评中心主要职责如下：

（1）负责药物临床试验、药品上市许可申请的受理和技术审评。

（2）负责仿制药质量和疗效一致性评价的技术审评。

（3）承担再生医学与组织工程等新兴医疗产品涉及药品的技术审评。

（4）参与拟订药品注册管理相关法律法规和规范性文件，组织拟订药品审评规范和技

术指导原则并组织实施。

（5）协调药品审评相关检查、检验等工作。

（6）开展药品审评相关理论、技术、发展趋势及法律问题研究。

（7）组织开展相关业务咨询服务及学术交流，开展药品审评相关的国际（地区）交流与合作。

（8）承担国家局国际人用药品注册技术协调会议（International Conference on Harmonization，ICH）相关技术工作。

（9）承办国家局交办的其他事项。

4. 国家药品监督管理局食品药品审核查验中心

国家药品监督管理局食品药品审核查验中心主要职责如下：

（1）组织制定修订药品、医疗器械、化妆品检查制度规范和技术文件。

（2）承担药物临床试验、非临床研究机构资格认定（认证）和研制现场检查。承担药品注册现场检查。承担药品生产环节的有因检查。承担药品境外检查。

（3）承担医疗器械临床试验监督抽查和生产环节的有因检查。承担医疗器械境外检查。

（4）承担化妆品研制、生产环节的有因检查。承担化妆品境外检查。

（5）承担国家级检查员考核、使用等管理工作。

（6）开展检查理论、技术和发展趋势研究、学术交流及技术咨询。

（7）承担药品、医疗器械、化妆品检查的国际（地区）交流与合作。

（8）承担市场监管总局委托的食品检查工作。

（9）承办国家局交办的其他事项。

5. 国家药品监督管理局药品评价中心（国家药品不良反应监测中心）

国家药品监督管理局药品评价中心主要职责如下：

（1）组织制定修订药品不良反应、医疗器械不良事件、化妆品不良反应监测与上市后安全性评价以及药物滥用监测的技术标准和规范。

（2）组织开展药品不良反应、医疗器械不良事件、化妆品不良反应、药物滥用监测工作。

（3）开展药品、医疗器械、化妆品的上市后安全性评价工作。

（4）指导地方相关监测与上市后安全性评价工作。组织开展相关监测与上市后安全性评价的方法研究、技术咨询和国际（地区）交流合作。

（5）参与拟订、调整国家基本药物目录。

（6）参与拟订、调整非处方药目录。

（7）承办国家局交办的其他事项。

6. 国家药品监督管理局执业药师资格认证中心

国家药品监督管理局执业药师资格认证中心主要职责如下：

（1）开展执业药师资格准入制度及执业药师队伍发展战略研究，参与拟订完善执业药师资格准入标准并组织实施。

（2）承担执业药师资格考试相关工作。组织开展执业药师资格考试命审题工作，编写考试大纲和考试指南。负责执业药师资格考试命审题专家库、考试题库的建设和管理。

（3）组织制订执业药师认证注册工作标准和规范并监督实施。承担执业药师认证注册管理工作。

（4）组织制订执业药师认证注册与继续教育衔接标准。拟订执业药师执业标准和业务规范，协助开展执业药师配备使用政策研究和相关执业监督工作。

（5）承担全国执业药师管理信息系统的建设、管理和维护工作，收集报告相关信息。

（6）指导地方执业药师资格认证相关工作。

（7）开展执业药师资格认证国际（地区）交流与合作。

（8）协助实施执业药师能力与学历提升工程。

（9）承办国家局交办的其他事项。

二、药师与执业药师

随着社会的进步和我国经济的发展，药师的职能作用有着新的需求和发展，它要求药师在卫生保健中承担对患者的"药学服务"职责。药师的工作重点已从过去的分发、调配、提供药品为中心的职能转移到参与临床服务，面向以患者为中心，发挥其指导合理用药与加强药品质量管理的作用，保障和促进公众用药安全有效方面的重要作用。

（一）药师

药师包括：①依法经过资格认定的，取得卫生（药）专业技术资格（职称）的药师（中药师），药学职称系列分为药士、药师、主管药师、副主任药师、主任药师。②经全国统一考试合格，取得《中华人民共和国执业药师职业资格证书》（以下简称《执业药师职业资格证书》）后中，按规定要求注册并执业的药师（药学、中药学），亦称为"执业药师"。执业药师英文译为 Licensed Pharmacist。

取得药师专业技术资格（职称）和"执业药师"资格的药师是在生产、经营、使用单位和其他需要提供药学服务的单位中专业技术工作岗位的人员，均属《药品管理法》规定的"依法经过资格认定的药学技术人员"。以上两种药师现行的管理制度是"分类注册、分类管理"。根据执业领域的不同，注册在医疗卫生机构的药师由卫生健康部门进行监管，注册在社会药店以及药品生产、经营单位的药师由药监部门监管。

（二）中国的执业药师制度

国家药品监督管理局和人力资源社会保障部2019年3月20日发布关于印发执业药师职业资格制度规定和执业药师职业资格考试实施办法的通知。《执业药师职业资格制度规定》指出，国家设置执业药师准入类职业资格制度，纳入国家职业资格目录，并规定从事药品生产、经营、使用和其他需要提供药学服务的单位，应当按规定配备相应的执业药师。国家药品监督管理局负责对需由执业药师担任的岗位做出明确规定。

（三）执业药师的管理

国家药品监督管理局与人力资源社会保障部共同负责执业药师职业资格考试工作，日常管理工作委托国家药品监督管理局执业药师资格认证中心负责，考务工作委托人力资源社会保障部人事考试中心负责。专业技术人员取得执业药师职业资格，可认定其具备主管药师或主管中药师职称，并可作为申报高一级职称的条件。单位根据工作需要择优聘任。

1. **资格考试**

执业药师职业资格实行全国统一大纲、统一命题、统一组织考试的制度。原则上每年举行一次。

（1）考试资格。凡中华人民共和国公民和获准在我国境内就业的其他国籍的人员具备以下条件之一者，均可申请参加执业药师职业资格考试：①取得药学类、中药学类专业大专学历，在药学或中药学岗位工作满5年。②取得药学类、中药学类专业大学本科学历或学士学位，在药学或中药学岗位工作满3年。③取得药学类、中药学类专业第二学士学位、研究生班毕业或硕士学位，在药学或中药学岗位工作满1年。④取得药学类、中药学类专业博士学位。⑤取得药学类、中药学类相关专业相应学历或学位的人员，在药学或中药学岗位工作的年限相应增加1年。

（2）考试科目。执业药师职业资格考试分为药学、中药学两个专业类别。药学类考试科目为药学专业知识（一）、药学专业知识（二）、药事管理与法规、药学综合知识与技能4个科目。中药学类考试科目为中药学专业知识（一）、中药学专业知识（二）、药事管理与法规、中药学综合知识与技能4个科目。符合《执业药师职业资格制度规定》报考条件，按照国家有关规定取得药学或医学专业高级职称并在药学岗位工作的，可免试药学专业知识（一）、药学专业知识（二），只参加药事管理与法规、药学综合知识与技能2个科目的考试；取得中药学或中医学专业高级职称并在中药学岗位工作的，可免试中药学专业知识（一）、中药学专业知识（二），只参加药事管理与法规、中药学综合知识与技能2个科目的考试。

考试以4年为一个周期，参加全部科目考试的人员须在连续4个考试年度内通过全部科目的考试。免试部分科目的人员须在连续2个考试年度内通过应试科目。

执业药师职业资格考试合格者，由各省、自治区、直辖市人力资源社会保障部门颁发《执业药师职业资格证书》。该证书由人力资源社会保障部统一印制，国家药品监督管理局与人力资源社会保障部用印，在全国范围内有效。

2. **注册**

执业药师实行注册制度。国家药品监督管理局负责执业药师注册的政策制定和组织实施，指导全国执业药师注册管理工作。各省、自治区、直辖市药品监督管理部门负责本行政区域内的执业药师注册管理工作。

申请注册者必须同时具备下列条件：取得《执业药师职业资格证书》；遵纪守法，遵守执业药师职业道德，无不良信息记录；身体健康，能坚持在执业药师岗位工作；经所在单位考核同意。

取得《执业药师职业资格证书》者，应当通过全国执业药师注册管理信息系统向所在地注册管理机构申请注册。经注册后，方可从事相应的执业活动。未经注册者，不得以执业药师身份执业。经批准注册者，由执业药师注册管理机构核发国家药品监督管理局统一样式的《执业药师注册证》。执业药师变更执业单位、执业范围等应当及时办理变更注册手续。执业药师注册有效期为5年。需要延续的，应当在有效期届满30日前，向所在地注册管理机构提出延续注册申请。

3. 职责

（1）执业药师应当遵守执业标准和业务规范，以保障和促进公众用药安全有效为基本准则。执业药师必须严格遵守《药品管理法》及国家有关药品研制、生产、经营、使用的各项法规及政策。对违反《药品管理法》及有关法规、规章的行为或决定，执业药师有责任提出劝告、制止、拒绝执行，并向当地负责药品监督管理的部门报告。

（2）执业药师在执业范围内负责对药品质量的监督和管理，参与制定和实施药品全面质量管理制度，参与单位对内部违反规定行为的处理工作；负责处方的审核及调配，提供用药咨询与信息，指导合理用药，开展治疗药物监测及药品疗效评价等临床药学工作。

（3）药品零售企业应当在醒目位置公示《执业药师注册证》，并对在岗执业的执业药师挂牌明示。执业药师不在岗时，应当以醒目方式公示，并停止销售处方药和甲类非处方药。执业药师执业时应当按照有关规定佩戴工作牌。

（4）执业药师应当按照国家专业技术人员继续教育的有关规定接受继续教育，更新专业知识，提高业务水平。国家鼓励执业药师参加实训培养。

4. 监督管理

负责药品监督管理的部门按照有关法律、法规和规章的规定，对执业药师配备情况及其执业活动实施监督检查。监督检查时应当查验《执业药师注册证》、处方审核记录、执业药师挂牌明示、执业药师在岗服务等事项。执业单位和执业药师应当对负责药品监督管理的部门的监督检查予以协助、配合，不得拒绝、阻挠。

执业药师有下列情形之一的，县级以上人力资源社会保障部门与负责药品监督管理的部门按规定对其给予表彰和奖励：①在执业活动中，职业道德高尚，事迹突出的；②对药学工作做出显著贡献的；③向患者提供药学服务表现突出的；④长期在边远贫困地区基层单位工作且表现突出的。

建立执业药师个人诚信记录，对其执业活动实行信用管理。执业药师的违法违规行为、接受表彰奖励及处分等，作为个人诚信信息由负责药品监督管理的部门及时记入全国执业药师注册管理信息系统；执业药师的继续教育学分，由继续教育管理机构及时记入全国执业药师注册管理信息系统。

对未按规定配备执业药师的单位，由所在地县级以上负责药品监督管理的部门责令限期配备，并按照相关法律法规给予处罚。对以不正当手段取得《执业药师职业资格证书》的，按照国家专业技术人员资格考试违纪违规行为处理规定处理；构成犯罪的，依法追究刑事责任。以欺骗、贿赂等不正当手段取得《执业药师注册证》的，由发证部门撤销《执业药师注册证》，3年内不予执业药师注册；构成犯罪的，依法追究刑事责任。严禁《执业药师注册证》挂靠，持证人注册单位与实际工作单位不符的，由发证部门撤销《执业药师注册证》，并作为个人不良信息由负责药品监督管理的部门记入全国执业药师注册管理信息系统。买卖、租借《执业药师注册证》的单位，按照相关法律法规给予处罚。

执业药师违反《执业药师职业资格制度规定》有关条款的，所在单位应当如实上报，由负责药品监督管理的部门根据情况予以处理。执业药师在执业期间违反《药品管理法》及其他法律法规构成犯罪的，由司法机关依法追究责任。

5. 继续教育

执业药师必须接受继续教育。执业药师需努力钻研业务，不断更新知识，掌握最新医药信息，保持较高的专业水平。目前，中国药师协会承担执业药师的继续教育工作。执业药师接受继续教育经考核合格后，取得学分证明，并以此作为执业药师再次注册的依据。

第二节　药品管理法规

药品管理立法的内涵是旨在保证药品质量的法律制定和药品质量监督管理的法律规范的总和。这一内涵说明：①药品质量非常重要，需要通过立法明确对药品质量的监督管理；②药品管理的法律规范体系包括国家制定的法律、行政法规、决定、命令及部门规章等；③明确国家对药品质量的依法监督管理的全部活动，即对药品质量全过程的监控，以保证药品质量，保障人体用药安全、有效。

一、药品管理法

（一）立法目的

药品是与人们的健康和生命密切相关的特殊商品，必须采取强制性手段监督管理，以保证药品质量，保护和促进公众健康，这就是药品监管工作者的初心和使命。药品的质量特殊性主要有安全性、有效性、稳定性、均一性和经济性。药品只有具备了这些特性，才能满足人们防病治病、康复保健的需求。因此药品管理法立法的目的包括四个层面的内容：①加强药品管理；②保证药品质量；③保障公众用药安全和合法权益；④保护和促进公众健康。这一立法宗旨有两个特点，一是突出"公众"，二是强调"保护和促进健康"并重。

（二）适用范围

在中华人民共和国境内从事药品研制、生产、经营、使用和监督管理活动。

（三）国家发展药品的方针政策、主要制度

《药品管理法》于1984年制定，2001年首次全面修订，2019年第二次全面修订。2019年修订版《药品管理法》共有12章155条，包括总则、药品研制和注册、药品上市许可持有人、药品生产、药品经营、医疗机构药事管理、药品上市后管理、药品价格和广告、药品储备和供应、监督管理、法律责任、附则。该法2019年12月1日起施行。2019年修订版《药品管理法》，专设第二章"药品研制和注册"、第三章"药品上市许可持有人"、第七章"药品上市后管理"、第九章"药品储备和供应"，调整"药品管理""药品包装的管理"相应内容至其他章节。《药品管理法》对假药和劣药的定义做出重新界定，在鼓励研制创新、药品上市许可持有人制度、违法行为的处罚力度等方面也做出专项规定，这将为药品行业科学、规范、健康发展提供法律保障。

1. 我国发展药品的宏观政策

（1）发展现代药和传统药（《药品管理法》第四条）。"国家发展现代药和传统药，充分发挥其在预防、医疗和保健中的作用。国家保护野生药材资源和中药品种，鼓励培育道地中药材。"此条规定明确了现代药与传统药具有同等法律地位。药品分类中的中药应当包括

各民族药，如藏药、蒙药、苗药等。

（2）鼓励药物的研发创新（《药品管理法》第五条）。"国家鼓励研究和创制新药，保护公民、法人和其他组织研究、开发新药的合法权益。"研究开发新药是发展药品的主要途径，国家支持以临床价值为导向、对人的疾病具有明确或者特殊疗效的药物创新，鼓励具有新的治疗机理、治疗严重危及生命的疾病或者罕见病、对人体具有多靶向系统性调节干预功能等的新药研制，推动药品技术进步。同时鼓励儿童用药品的研制和创新，支持开发符合儿童生理特征的儿童用药品新品种、剂型和规格，对儿童用药品予以优先审评审批。在药物的研发创新中，应保护新药研究开发者的合法权益。

2. 药品管理的主要制度

（1）药品上市许可持有人制度（《药品管理法》第六条）。国家对药品管理实行药品上市许可持有人制度，明确药品全生命周期质量安全责任。即药品上市许可持有人应当保证药品安全、有效，对药品的非临床研究、临床试验、生产经营、上市后研究、不良反应监测及报告与处理等承担责任。

（2）国家建立健全药品追溯制度（《药品管理法》第十二条）。药品上市许可持有人、药品生产企业、药品经营企业和医疗机构应当建立并实施药品追溯制度，按照规定提供追溯信息，保证药品可追溯。国务院药品监督管理部门应当制定统一的药品追溯标准和规范，推进药品追溯信息互通互享，实现药品可追溯。

（3）国家建立药品警戒制度（《药品管理法》第十二条）。我国已经建立的药品不良反应监测和报告制度，是药品警戒制度的一项重要构成部分。目前的不良反应监测和报告制度已不能满足药品监管需求，亟须建立适合我国国情的对药品不良反应及其他与用药有关的有害反应进行监测、识别、评估和控制的药品警戒制度。

（四）确立药品监督管理体制和职责

（1）国务院药品监督管理部门主管全国药品监督管理工作。国务院有关部门在各自职责范围内负责与药品有关的监督管理工作。国务院药品监督管理部门配合国务院有关部门，执行国家药品行业发展规划和产业政策（《药品管理法》第八条）。

（2）省、自治区、直辖市人民政府药品监督管理部门负责本行政区域内的药品监督管理工作。设区的市级、县级人民政府承担药品监督管理职责的部门负责本行政区域内的药品监督管理工作。县级以上地方人民政府有关部门在各自职责范围内负责与药品有关的监督管理工作（《药品管理法》第八条）。

（3）药品监督管理部门设置或者指定的药品专业技术机构，承担依法实施药品监督管理所需的审评、检验、核查、监测与评价等工作（《药品管理法》第十一条）。

（五）网售处方药或正式合法化

新修订的《药品管理法》规定，药品上市许可持有人、药品经营企业通过网络销售药品，应当遵守本法药品经营的有关规定，具体管理办法由国务院药品监督管理部门会同国务院卫生健康主管部门等部门制定。疫苗、血液制品、麻醉药品、精神药品、医疗用毒性药品、放射性药品等国家实行特殊管理的药品不得在网络上销售（《药品管理法》第六十一条）。

（六）加大药品违法处罚力度

针对药品违法行为，新修订的《药品管理法》全面加大了处罚力度，专条规定：违反本法规定，构成犯罪的，依法追究刑事责任。对无证生产经营、生产销售假药等违法行为，罚款数额由货值金额的2～5倍提高到15～30倍，货值金额不足10万元的以10万元计，也就是最低罚款150万元。生产销售劣药违法行为的罚款，也从货值金额的1～3倍提高到10～20倍。

对假劣药违法行为责任人的资格处罚由10年禁业提高到终身禁业，对生产销售假药被吊销许可证的企业，10年内不受理其相应申请。

对生产销售假药和生产销售劣药情节严重的，以及伪造编造许可证件、骗取许可证件等情节恶劣的违法行为，可以由公安机关对相关责任人员处5～15日的拘留。

对严重违法的企业，新修订的《药品管理法》落实"处罚到人"，在对企业依法处罚的同时，对企业法定代表人、主要负责人、直接负责的主管人员和其他责任人员也予以处罚，包括没收违法行为发生期间其所获收入、罚款、一定期限甚至终身禁业等。

二、药品经营质量管理规范

《药品经营质量管理规范》（GSP）于2000年4月30日由原国家药品监督管理局发布，2012年11月6日原卫生部第一次修订，2015年5月18日原国家食品药品监督管理总局第二次修订，2016年6月30日原国家食品药品监督管理总局局务会议通过《关于修改〈药品经营质量管理规范〉的决定》，2016年7月13日原国家食品药品监督管理总局令第28号公布，并自公布之日起实施。

2013年10月23日原国家食品药品监督管理总局第38号文发布《药品经营质量管理规范》冷藏、冷冻药品的储存与运输管理等5个附录文件，作为正文的附加条款。2016年12月26日第197号文，对根据本公告已作相应修改的冷藏、冷冻药品的储存与运输管理，药品经营企业计算机系统，温湿度自动监测，药品收货与验收，验证管理等5个附录文件重新公布。

（一）GSP的主要结构和内容

GSP共有4章，包含184条，主要结构和内容如下：

第一章总则包含4条，主要内容包括制定本规范的依据、目的、适用范围、经营活动的诚信原则。

第二章药品批发的质量管理，包含14节115条，主要内容包括质量管理体系、组织机构与质量管理职责、人员与培训、质量管理体系文件、设施与设备、校准与验证、计算机系统、采购、收货与验收、储存与养护、销售、出库、运输与配送、售后管理。

第三章药品零售的质量管理，包含8节58条，主要内容包括质量管理与职责、人员管理、文件、设施与设备、采购与验收、陈列与储存、销售管理、售后管理。

第四章附则包含7条，主要内容包括本规范使用的术语含义、国家有专门管理要求的药品品种、药品经营企业违反本规范给予的处罚及本规范生效时间等。

（二）GSP 配套的 5 个附录的主要结构和内容、本规范的解释权及实施时间等

1. 冷藏、冷冻药品的储存与运输管理（附录 1）

《冷藏、冷冻药品的储存与运输管理》共 13 条，对我国药品流通过程中冷链药品的物流过程做出了具体规定，对冷链药品的设施设备配置、人员条件、制度建设、质量追溯提出了具体的工作要求，明确了冷库、冷藏车及冷藏箱的技术指标，细化了操作规程，强调了人员培训，是药品经营企业开展冷链药品储存、运输管理的基本准则和操作标准。

2. 药品经营企业计算机系统（附录 2）

《药品经营企业计算机系统》共 22 条，是对药品流通各环节采用计算机管理的流程作业、功能设定、规范操作、质量控制进行的具体规定，在硬件、软件和人员职责等方面都做了细化，详细地规定了系统的硬件设施和网络环境的要求，对关键岗位人员职责进行了明确，确保各环节人员严格按规范作业，杜绝违规操作，控制和防范质量风险，确保药品经营质量，并可以实现药品质量的全程有效追溯和企业经营行为的严格控制。

3. 温湿度自动监测（附录 3）

《温湿度自动监测》共 17 条，对药品储运温湿度自动监测系统的监测功能、数据安全管理、风险预警与应急、系统安装与操作等进行了具体规定，明确了系统的硬件组成、测点精度和布点密度，强调了系统的独立性，防止因断电等故障因素影响系统正常运行或造成数据丢失。对于测点的安装位置、校准以及设施设备的维护也提出了具体的要求，确保了系统各项功能的有效实现和药品温湿度数据的有效追溯。

4. 药品收货与验收（附录 4）

《药品收货与验收》共 19 条，明确了到货验收时检查的具体内容，强调了冷藏、冷冻药品到货时应当检查的项目，明确了到货药品与采购记录不符等情况的处理办法，细化了退货药品的管理措施，对实施电子监管的药品及验收记录等内容也做了详细的规定，使企业在实际操作中，能更好地掌握和实施药品 GSP。

5. 验证管理（附录 5）

《验证管理》共 12 条，对于验证的范围、参数标准、设备条件、实施项目、具体操作、数据分析、偏差处理及风险控制、质量控制文件编制、验证结果应用等都进行了具体规定。验证是现代管理的重要手段，是保证各项设施设备及管理系统始终处于完好、适用状态的措施。药品储运冷链验证是冷链药品储运质量管理的前提条件和基本保障，也是国际通行的强制管理标准。

三、互联网药品信息服务管理办法

《互联网药品信息服务管理办法》于 2004 年 7 月 8 日原国家食品药品监督管理局令第 9 号公布，根据 2017 年 11 月 7 日原国家食品药品监督管理总局局务会议《关于修改部分规章的决定》修正，《互联网药品信息服务管理办法》（2017 修正）自 2017 年 11 月 17 日公布之日起施行。

（一）立法目的

加强药品监督管理，规范互联网药品信息服务活动，保证互联网药品信息的真实、准确。

（二）适用范围

在中华人民共和国境内通过互联网向上网用户提供药品（含医疗器械）信息的服务活动。

（三）互联网药品信息服务资格证书的申请与核发

互联网药品信息服务分为经营性和非经营性两类。经营性互联网药品信息服务是指通过互联网向上网用户有偿提供药品信息等服务的活动；非经营性互联网药品信息服务是指通过互联网向上网用户无偿提供公开的、共享性药品信息等服务的活动。国家药品监督管理局对全国提供互联网药品信息服务活动的网站实施监督管理。省、自治区、直辖市药品监督管理部门对本行政区域内提供互联网药品信息服务活动的网站实施监督管理。

1. 证书的申请

拟提供互联网药品信息服务的网站，应当在向国务院信息产业主管部门或者省级电信管理机构申请办理经营许可证或者办理备案手续之前，按照属地监督管理的原则，向该网站主办单位所在地省、自治区、直辖市药品监督管理部门提出申请，经审核同意后取得提供互联网药品信息服务的资格。

申请提供互联网药品信息服务，除应当符合《互联网信息服务管理办法》规定的要求外，还应当具备下列条件：①互联网药品信息服务的提供者应当为依法设立的企事业单位或者其他组织；②具有与开展互联网药品信息服务活动相适应的专业人员、设施及相关制度；③有2名以上熟悉药品、医疗器械管理法律、法规和药品、医疗器械专业知识，或者依法经资格认定的药学、医疗器械技术人员。

提供互联网药品信息服务的申请应当以一个网站为基本单元。申请提供互联网药品信息服务，应当填写国家药品监督管理局统一制发的《互联网药品信息服务申请表》，向网站主办单位所在地省、自治区、直辖市人民政府药品监督管理部门提出申请，同时提交以下材料：①企业营业执照复印件；②网站域名注册的相关证书或者证明文件；③网站栏目设置说明（申请经营性互联网药品信息服务的网站需提供收费栏目及收费方式的说明）；④网站对历史发布信息进行备份和查阅的相关管理制度及执行情况说明；⑤药品监督管理部门在线浏览网站上所有栏目、内容的方法及操作说明；⑥药品及医疗器械相关专业技术人员学历证明或者其专业技术资格证书复印件、网站负责人身份证复印件及简历；⑦健全的网络与信息安全保障措施，包括网站安全保障措施、信息安全保密管理制度、用户信息安全管理制度；⑧保证药品信息来源合法、真实、安全的管理措施、情况说明及相关证明。

2. 证书的核发

各省、自治区、直辖市药品监督管理局对本辖区域内申请提供互联网药品信息服务的互联网站进行审核，符合条件的核发《互联网药品信息服务资格证书》。《互联网药品信息服务资格证书》的格式由国家药品监督管理局统一制定。《互联网药品信息服务资格证书》有效期为5年。有效期届满，需要继续提供互联网药品信息服务的，持证单位应当在有效期届满前6个月内，向原发证机关申请换发《互联网药品信息服务资格证书》。原发证机关进行审核后，认为符合条件的，予以换发新证；认为不符合条件的，发给不予换发新证的通知并说明理由，原《互联网药品信息服务资格证书》由原发证机关收回并公告注销。

(四)互联网药品信息发布要求

提供互联网药品信息服务的网站,应当在其网站主页显著位置标注《互联网药品信息服务资格证书》的证书编号;网站所登载的药品信息必须科学、准确,必须符合国家的法律、法规和国家有关药品、医疗器械管理的相关规定;不得发布麻醉药品、精神药品、医疗用毒性药品、放射性药品、戒毒药品和医疗机构制剂的产品信息;发布的药品(含医疗器械)广告,必须经过药品监督管理部门审查批准,并注明广告审查批准文号。

第三节 国家药品标准

一、中华人民共和国药典

药典指一个国家收载药品规格、标准的法典。《中华人民共和国药典》(以下简称《中国药典》)由国家药典委员会编纂,政府颁布施行,具有法律约束力。药典收载的品种必须是疗效确切、不良反应小、质量稳定的品种。药典在一定程度上反映了一个国家药品的生产、医疗和科学技术的水平,对保证人民用药安全、有效以及促进药品研究、生产具有重要意义。

《中国药典》由一部、二部、三部、四部及其增补本组成。一部收载中药,二部收载化学药,三部收载生物制品及相关通用技术要求,四部收载通用技术要求和药用辅料。

《中国药典》(2020年版)收载品种总计5 911种。该版药典持续完善了以凡例为基本要求、通则为总体规定、指导原则为技术引导、品种正文为具体要求的药典框架,为便于快速查阅有关品种还提供了的中文索引(按汉语拼音顺序排列)和英文索引。

《中国药典》(2020年版)主要由凡例、品种正文和通用技术要求构成。

1. 凡例

凡例是为正确使用《中国药典》,对品种正文、通用技术要求以及药品质量检验和鉴定中有关共性问题的统一规定与基本要求。

2. 品种正文

品种正文是《中国药典》各品种项下收载的内容,系根据药物自身的理化与生物学特性,按照批准的来源、处方、制法和贮藏、运输等条件所制定的,用以检测药品质量是否达到用药要求并衡量其质量是否稳定均一的技术规定。

3. 通用技术要求

通用技术要求包括《中国药典》收载通则、指导原则以及生物制品通则和相关的总论等。

(1)通则主要包括制剂通则、其他通则、通用检测方法。制剂通则系按照药物剂型分类,针对剂型特点所规定的基本技术要求。通用检测方法系各正文品种进行相同检查项目的检测时所应采用的统一的设备、程序、方法及限度等。

(2)指导原则系为执行药典、考察药品质量、起草与复核药品标准等所制定的指导性规定。

(3)生物制品通则是对生物制品生产和质量控制的基本要求,总论是对某一类生物制品生产和质量控制的相关技术要求。

1953年，我国颁布第一版《中国药典》，2020年版《中国药典》于2020年12月30日正式实施，是迄今颁布的第十一版药典。新版药典坚持"临床常用、疗效确切、使用安全、工艺成熟、质量可控"的品种遴选原则，其实施将对我国药品研发、生产、检验、流通以及监督管理产生重大影响。

二、外国药典

药典标准的重要性在于保证药品质量，世界上许多国家都制定有自己的法定国家药品标准，而药典是重要的国家药品标准形式。其中影响较大的是《美国药典/国家处方集》（USP/NF）、《英国药典》（BP）、日本药局方（JP）。

（一）美国药典

《美国药典/国家处方集》（U.S. Pharmacopeia/National Formulary，USP/NF）由美国政府所属的美国药典委员会编辑出版。USP于1820年出第一版，1950年以后每5年出一次修订版。NF于1883年出第一版，1980年第15版起并入USP，但仍分两部分，前面为USP，后面为NF。对于在美国制造和销售的药物和相关产品而言，USP/NF是唯一由美国食品药品监督管理局（Food and Drug Administration，FDA）强制执行的法定标准。美国药典现为USP42-NF37，于2019年5月1日生效。

（二）英国药典

《英国药典》（British Pharmacopoeia，BP）由英国药品与医疗保健产品监管局（Medicines and Healthcare Products Regulatory Agency，MHRA）英国药典委员会秘书处制定出版。它是英国药品制剂和药用物质的官方标准文集。英国药典是药品生产、供应、使用、检验和管理部门共同遵循的法定技术标准。英国药典更新周期为1次/年。现为BP2020，于2020年1月1日生效，共6卷。

（三）日本药典

《日本药典》（The Japanese Pharmacopoeia，JP），又名《日本药局方》，由日本药局方编辑委员会编纂，日本厚生省颁布执行。它分两部出版，第一部收载原料药及其基础制剂，第二部主要收载生药、家庭药制剂和制剂原料。《日本药局方》现为第17修正版，于2016年4月1日生效。

实训

活动一　网上查询相关法规

登录相关网站，查询《药品管理法》《药品经营质量管理规范》《药品经营许可证管理办法》《药品价格与广告的管理》《劳动合同法》《消费者权益保护法》《反不正当竞争法》《互联网药品信息服务管理办法》等相关法规全文。

活动二　案例分析

各小组选取3个药品生产或营销案例，分析与讨论以下内容：

1. 违法事实与依据。

2. 应该承担法律责任的主体是谁（单位或个人）？
3. 处罚措施与处罚依据是什么？
将分析内容填入以下表格。

案例及案例分析

编号	案例题目	分析

活动三　查阅药典

制定查阅项目，学会《中国药典》（2020年版）一、二、三、四部的使用。

《中国药典》查阅记录

序号	查阅内容	药典第　部第　页	查阅结果
1	一号筛		
2	无菌检查法		
3	维生素C片的贮藏要求		
4	药典中糖浆剂的概念		
5	注射用水的定义		
6	极易溶解		
7	对乙酰氨基酚的性状		
8	阿胶的鉴别		
9	溶出度的测定方法		

第三章 医药商品知识

学习目标

知识目标

掌握：常见药物剂型及特点，药品包装上各类标志，药品说明书的格式和内容，药物的体内过程。

熟悉：影响药物吸收、分布、代谢、排泄的主要因素，药物作用的类型，药物不良反应的类型、特点，影响药物作用的因素，药品包装的基本要求，包装的类别和常用材料，药品电子监管码。

了解：常见药物剂型的概念，国际通用条形码的结构与功能。

能力目标

能识别医药商品包装上的各类标志和编码，能正确解读药品说明书，能区分不同药物制剂的剂型。

第一节 医药商品的分类

医药商品一般泛指医药商业所经营的化学药、中药、生物制品、保健品、医疗器械、化学试剂等商品。医药商品主要分为药品类和非药品类两大类，药品主要包括化学药、中药、生物制品等，非药品主要包括医疗器械、保健食品、消毒用品、化学试剂、日用品、化妆品等。

一、药物与药品

（一）药物
药物指预防、治疗人类和动物疾病及对其生理功能或病理状态有影响的物质。

（二）药品
药品指用于预防、治疗、诊断人的疾病，有目的地调节人的生理功能，并规定有适应证或者功能主治、用法和用量的物质，包括中药、化学药和生物制品等。

二、药品的分类

与药品有关的领域大致分为药品研制、药品生产、药品流通及药品使用。每种分类方法都会从利于本领域研究、使用的角度出发对药品进行分类，由于各有侧重，很难找到一种为医药商业、制药企业及临床医护人员共同接受的分类方法。常用的药品分类方法如下。

（一）按来源分类
按来源，药品可分为天然药、化学药及生物制品。

1. 天然药

天然药指利用天然资源的药品，包括动物、植物、矿物等天然药材，如动物药鹿茸、植物药黄芪、矿物药硫黄，以及上述药物经过加工提炼制成的酊、水、浸膏等制剂，或提取其中有效成分，如甘草流浸膏、小檗碱等。

2. 化学药

化学药指利用化学原料合成的药品，包括主要用化学原料通过化学方法合成或半合成的药品，如磺胺类药、对乙酰氨基酚等。

3. 生物制品

生物制品指利用天然资源和化学合成高度结合的药品，包括抗生素、生物制品，如青霉素、乙肝疫苗等。

（二）按药理作用及临床用途分类

1. 按药理作用分类

按药理作用，药品分为作用于中枢神经系统、外周神经系统、循环系统、消化系统、呼吸系统、泌尿系统、内分泌系统药和抗微生物、抗寄生虫及诊断用药等。

2. 按临床用途分类

按临床用途，药品分为解热镇痛药、镇咳药、平喘药、抗高血压药、抗十二指肠溃疡药、抗肿瘤药、驱虫药、避孕药、消毒防腐药等。

（三）按给药途径和制剂物理形态分类

1. 按给药途径分类

按给药途径，药品分为口服制剂、外用制剂、注射剂、气雾剂、滴鼻剂、眼用制剂等。

2. 按制剂物理形态分类

按制剂的物理形态，药品分为固体制剂、半固体制剂、液体制剂和其他制剂等。

（四）按药品经营习惯分类

1. 片剂类

片剂类药品包括片剂、丸剂和胶囊剂等。其中，片剂又包括素片、糖衣片、肠溶衣片、薄膜衣片、纸型片；丸剂又包括水丸、蜜丸、糊丸、蜡丸、微丸、浓缩丸、糖衣丸、肠溶丸、滴丸；胶囊剂又包括胶囊及胶丸。

2. 针剂类

针剂类药品包括水针剂、粉针剂、输液剂等。

3. 水剂类

水剂类药品包括酊水类、油膏类。其中，酊水类又包括酊剂、醑剂、浸膏剂及流浸膏剂、芳香水剂、合剂、洗剂、乳剂、混悬剂、溶液剂、糖浆剂（单糖浆、药用糖浆和芳香糖浆）、气雾剂、搽剂、滴眼剂、滴耳剂、滴鼻剂、漱口液以及中成药各类制剂（膏滋、膏药、酒剂、露剂等）；油膏类又包括软膏剂、眼膏剂、霜类、硬膏剂、油脂、药膜、栓剂。

4. 粉剂类

粉剂类药品包括原料药品、颗粒剂、分散剂（散剂、冲剂、干糖浆、茶剂、曲剂）。

本分类方法易从外观上区别药品，在包装、储存、保管、运输等方面均具有共同的特点，便于批发、零售经营业务，以及仓库的保管与养护。

(五)按我国药品的管理制度分类

实施药品分类管理制度,目的是要严格处方药的管理,规范非处方药的管理,保证公众用药安全、有效。

1. 处方药与非处方药

处方药与非处方药并不是药品本质的属性,而是一种管理的界定,是国际药品的通行管理办法。此管理是根据药品的安全性、有效性原则,依其品种、规格、适应证、剂量及给药途径等的不同,将药品进行不同的分类管理。

(1)处方药指必须凭执业医师或执业助理医师处方,才能购买和使用的药品。

(2)非处方药指可不凭执业医师或执业助理医师处方即可自行购买和使用的药品。非处方药称为"柜台药",英文名称为 Over the Counter,简称 OTC。非处方药分甲类和乙类两类。甲类标志为椭圆形红底白字,乙类标识为椭圆形绿底白字。

非处方药的标签、说明书必须印有国家制定的专用标识("OTC"字样)和忠告语(请仔细阅读药品使用说明书,并按说明书使用或在药师指导下购买和使用)。

非处方药具有使用安全、疗效确切、质量稳定、应用方便等特点。《处方药与非处方药分类管理办法》(试行)于2000年1月1日起开始施行,从2004年起开展处方药与非处方药转换评价工作,并对非处方药目录实行动态管理。非处方药的遴选主要依据以下原则:

1)应用安全。应用安全是遴选的主要条件,也是区别处方药与非处方药的标准。目前临床使用的非处方药均是临床长期使用,确已证实为安全性药品,长期使用不产生依赖性和耐药性,无三致(致畸、致癌、致突变)作用,无潜在毒性,不易蓄积中毒,同时不会掩盖其他疾病的诊断,不会诱导病原体产生耐药性或抗药性。

2)疗效确切。非处方药必须疗效可靠、适应证明确,易为消费者掌握使用;使用剂量不需调整,无须进行特殊试验、检查和监测;长期使用,不易产生耐药性。

3)质量稳定。质量稳定是非处方药遴选的必要条件。具体体现在以下3方面:①质量有可靠的控制方法和质量标准作保证;②物理化学性质稳定,不需要特殊的保存条件;③包装严密,有效期及生产批号明确。

4)使用方便。使用前后不必进行特殊检查与试验;其标签和说明书通俗易懂,患者易于掌握;单剂量包装,开启与携带方便。

2. 特殊管理的药品

麻醉药品、精神药品、医疗用毒性药品和放射性药品属特殊管理药物,其生产、销售、使用必须按照国务院颁布的《麻醉药品和精神药品管理条例》《医疗用毒性药品管理办法》《放射性药品管理办法》严格执行。

(1)麻醉药品。麻醉药品指具有依赖性潜力的药品,滥用或不合理使用,易产生生理依赖性和精神依赖性。国家食品药品监管总局、公安部、国家卫生和计划生育委员会联合公布《麻醉药品品种目录》(2013年版)所列麻醉药品共121种,其中我国生产和使用的麻醉药品共有吗啡、芬太尼、可卡因、美沙酮、福尔可定等22种。

(2)精神药品。精神药品指作用于中枢神经系统,使之兴奋或抑制,具有依赖性潜力,滥用或不合理使用,能产生药物依赖性的药品。依据其依赖性潜力和危害人体健康的程度,精神药品分为第一类精神药品和第二类精神药品。其中,第一类精神药品比第二类精神药品更易产生依赖性，而且毒性和成瘾性较强，因此在管理上也更严格。国家食品药品监督管理局、公安部、卫生部联合公布《精神药品品种目录》（2013 年版），所列第一类精神药品有 68 种，我国生产和使用的共有氯胺酮、三唑仑等 7 种。第二类精神药品有 81 种，我国生产和使用的有咖啡因、地西泮、曲马多等 27 种。根据《麻醉药品和精神药品管理条例》有关规定，国家药品监督管理局、公安部、国家卫生健康委员会决定将含羟考酮复方制剂等品种列入精神药品管理（2019 年第 63 号）。联合公告如下：①口服固体制剂每剂量单位含羟考酮碱大于 5 mg，且不含其他麻醉药品、精神药品或药品类易制毒化学品的复方制剂列入第一类精神药品管理；②口服固体制剂每剂量单位含羟考酮碱不超过 5 mg，且不含其他麻醉药品、精神药品或药品类易制毒化学品的复方制剂列入第二类精神药品管理；③丁丙诺啡与纳洛酮的复方口服固体制剂列入第二类精神药品管理。

（3）医疗用毒性药品。医疗用毒性药品指毒性剧烈、治疗剂量与中毒剂量相近，使用不当会致人中毒或死亡的药品。医疗用毒性药品分为西药和中药两大类，西药毒性药品的品种 13 种，中药毒性药品的品种 28 种。

（4）放射性药品。放射性药品指用于诊断、治疗、缓解疾病或身体失常的恢复，改正和变更人体有机功能并能提示出人体解剖形态的含有放射性核素或标记化合物的物质，亦指在分子内或制剂内含有放射性核素的药品。放射性药品包括裂变制品、加速器制品、放射性同位素发生器及配套药盒、放射免疫药盒等。

3. 专门管理要求的药品

国家对蛋白同化制剂、肽类激素、含特殊药品复方制剂、药品类易制毒化学品、终止妊娠等药品有专门管理要求，需实施特殊监管措施。

4. 国家基本药物

《国家基本药物目录》包括化学药品、生物制品、中成药和中药饮片。化学药品和生物制品主要依据临床药理学分类，中成药主要依据功能分类。《国家基本药物目录》在保持数量相对稳定的基础上，实行动态管理，原则上 3 年调整一次。国家基本药物的遴选按照防治必需、安全有效、价格合理、使用合理、中西药并重、基本保障、临床首选和基层能够配备的原则，结合我国用药特点，参照国际经验，合理确定品种（剂型）和数量。基本药物是适应基本医疗卫生需求、剂型适宜、价格合理、能够保障供应、公众可公平获得的药品。

5. 国家基本医疗保险药物

《国家基本医疗保险、工伤保险和生育保险药品目录》包括西药、中成药和中药饮片 3 个部分，按类别又分为甲、乙两类。按照我国的医保报销政策，甲类目录中的药品是临床必需、应用广泛、疗效好、同类药品中价格最低的药品，而乙类目录的药品是可供临床治疗选择使用、疗效好、同类药品中比"甲类目录"药品价格高的药品。同时，两类目录的报销政策也不同，甲类目录中的药品是可以全额报销的，乙类目录中的药品则由医保支付一部分费用，再自付剩余费用。

在我国，药品分类管理制度的推行是分步进行、循序渐进的。国家药品监督管理部门明确规定：

（1）麻醉药品、放射性药品、第一类精神药品、终止妊娠药品、蛋白同化制剂、肽类激素（胰岛素除外）、药品类易制毒化学品、疫苗以及我国法律法规规定的其他药品零售企业不得经营的药品，在全国范围内药品零售企业不得经营。

（2）注射剂、麻醉药品、精神药品、医疗用毒性药品、放射性药品、新上市的新药、本身毒性较大的药品、其他按兴奋剂管理的药品、精神障碍治疗药（抗精神病、抗焦虑、抗躁狂、抗抑郁药）、抗病毒药（反转录酶抑制剂和蛋白酶抑制剂）、肿瘤治疗药、含麻醉药品的复方口服溶液和曲马多制剂、未列入非处方药目录的抗菌药和激素，以及国家药品监督管理局公布的其他必须凭处方销售的药品，在全国范围内凭处方销售。

国家药品监督管理部门利用药品零售企业 GSP 认证和《药品经营许可证》换、发证工作，积极促进药品零售企业达到药品分类管理要求。如加强零售企业驻店执业药师配备及在岗情况、处方审核制度的落实情况、处方药与非处方药分柜摆放情况、专有标志的规范情况、凭处方销售工作的执行情况的考核，进一步推进药品分类管理工作，保障人民群众的用药安全有效，促进合理用药。

三、保健品分类

保健品主要用于保健、滋补、养生，在一定的条件下调节人体生理功能，以提高人们的生活质量，但不能直接用于治疗疾病。保健品包括保健食品、特殊用途化妆品、保健用品等。

（一）保健食品

保健食品指具有特定保健功能或者以补充维生素、矿物质为目的的食品，为适用于特定人群、具有调节机体功能，不以治疗为目的、不产生任何危害的一类食品。保健食品现由国家市场监督管理总局食品审评中心审批，包装盒上有"健"字号标志。保健食品在药店中要单独陈列。

（二）特殊用途化妆品

特殊化妆品指用于染发、烫发、祛斑美白、防晒、防脱发的化妆品以及宣称新功效的化妆品。《化妆品监督管理条例》（2020年）（国务院令第727号）规定：化妆品分为特殊化妆品和普通化妆品。国家对特殊化妆品实行注册管理，对普通化妆品实行备案管理。特殊化妆品经国务院药品监督管理部门注册后方可生产、进口。特殊化妆品注册证有效期为5年。

国务院药品监督管理部门根据化妆品的功效宣称、作用部位、产品剂型、使用人群等因素，制定、公布化妆品分类规则和分类目录。化妆品的最小销售单元应当有标签。标签应当符合相关法律、行政法规、强制性国家标准，内容真实、完整、准确。《化妆品监督管理条例》规范化妆品生产经营活动，加强化妆品监督管理，保证化妆品质量安全，保障消费者健康，促进化妆品产业健康发展。

（三）保健用品

保健用品（含保健器材）具有日常生活用品的性质，如健身器、按摩器、磁水器、健香袋、衣服鞋帽、垫毯等。

四、中药分类

中药指在中医药理论指导下用于临床防治疾病的药物，包括药材、饮片、中成药（见第五章第二、三节）。

五、医疗器械分类

见第五章第四节。

第二节 医药商品的编码

医药商品编码是医药商品分类体系和目录的重要组成部分。它以一定的代表符号表示某种或某类医药商品，符号可以是字母、数字和特殊标记及其组合。

一、医药商品编码的种类

医药商品编码按其使用的符号类型可分为数字型编码、字母型编码、混合型编码以及条形码4种。

（一）数字型编码

数字型编码是用一个或若干个阿拉伯数字来表示商品的编码，该编码的编制方法主要有顺序编码法、层次编码法、平行编码法和混合编码法等，其特点是结构简单、方便实用、便于计算机处理，是目前国际上普遍采用的一种编码。

（二）字母型编码

字母型编码是用一个或若干个字母来表示编码对象的代码。编码可以采用各种字母，最常用的是英文字母，也可用希腊字母。用英文字母对商品进行分类编码时，应按照字母表的顺序进行，通常用大写字母表示大类，用小写字母表示其他类目。字母编码便于识别和记忆，符合消费者的使用习惯，但不便于计算机处理。由于字母表中的字母有限，当编码对象数量较多时，常出现重复现象。因此，字母编码只适用于编码对象数量较少的分类体系，在商品分类编码中很少单独使用。

（三）混合型编码

混合型编码是由数字和字母混合而成的编码，它兼有数字编码和字母编码的优点，结构严密，具有良好的直观性，符合使用上的习惯。但由于编码组成形式复杂，不利于计算机处理，因此在商品分类编码中并不常使用这种编码。

（四）条形码

条形码（简称条码）是商品的识别标志。它是将表示一定信息的字符代码转换成一组黑白（或彩色）相间、粗细不同的平行线条，按照一定的规则排列组合成为特殊图形符号。为使人们方便识别条形码所代表的字符，通常在条形码符号的下部印刷所代表的数字、字母或专用符号。商品条形码是计算机输入数据的一种特殊代码，包含商品的生产国别、制造厂商、产地、名称、价格、数量、生产日期等一系列商品信息。人们借助光电扫描阅读设备，可迅速地将条形码所包含的信息准确无误地输入计算机中，并由计算机自动进行储存、分类排序、统计、打印，并显示出来。条形码的发明，不仅实现了售货、仓储、订货的自动化管理，而且可通过生产、供应、销售信息系统，将销售信息及时提供给生产企业，实现了生产、供应、销售之间的现代化管理。因此，条形码的使用是快捷、准确地进行商品信息流和物流控制的现代化手段。

二、条形码简介

（一）条形码的种类

目前世界上使用的条形码种类很多，由于分类目的和方法不同，可供选择的分类标志也迥然不同。常用的条形码分为：①通用产品条形码（universal product code，UPC 条形码）；②国际物品条形码（european article number，EAN 条形码）；③二五条形码（25code）；④三九条形码（39code）。以上几种条形码各有特点，分别在不同领域中使用。一般商品流通领域用于商品标志的条形码主要使用 EAN 条形码和 UPC 条形码。我国使用的主要是 EAN 条形码系统。

（二）EAN 条形码

EAN 条形码是国际物品编码协会推出的一种国际性通用的商品条形码。它主要用于超市或一些自动销售系统的单件商品。EAN 条形码由前缀码、厂商识别码、商品项目代码和校验码组成。EAN 条形码有 2 种版本，即标准版和缩短版。标准版由 13 位数字组成，称为 EAN-13 条形码（见图 3-2-1）；缩短版由 8 位数字组成，又称为 EAN-8 条形码（见图 3-2-2）。2 种条形码的最后一位数都是校验位，由前面的数字计算得出。

×××　××××　×××××　×
　│　　│　　　│　　　└── 校验码
　│　　│　　　└────── 商品项目代码
　│　　└────────── 厂商识别代码
　└──────────── 国别或地区代码

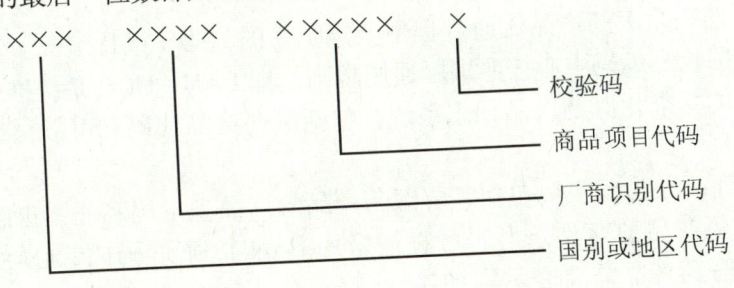

图 3-2-1　EAN-13 条形码

×××　××××　×
　│　　│　　└── 校验码
　│　　└──── 商品项目代码
　└────── 国别或地区代码

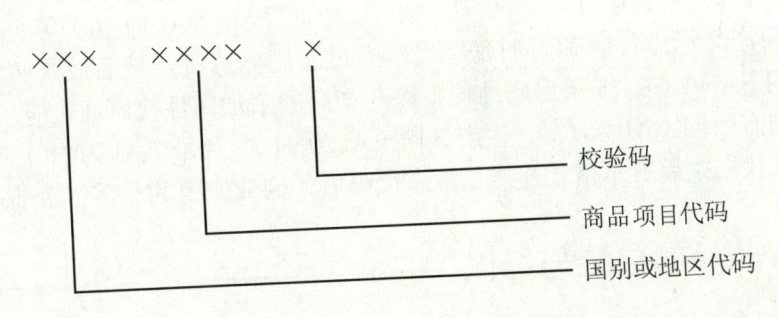

图 3-2-2　EAN-8 条形码

EAN-13 条形码的前缀码是国际物流编码协会对各会员的国别或地区代码，用于标志商品的来源或地区，由国际物品编码协会分配管理，我国为 690～695；国别（地区）代码后面的 4 位数字为厂商识别代码，用于标志生产企业或批发企业，是由 EAN 组织的各国（地区）分支机构在前缀码的基础上，分配给制造厂商的代码，并由分支机构管理；厂商识别代码后面的5位数字为商品项目代码，用于标志商品的特征与属性，由制造厂商根据EAN的编码规则自行编码；最后一位数字是校验码，用于校验代码输入的正确性，根据一定的运算规则由以上3部分数字计算得出。

EAN-8条形码的国别代码与EAN-13条形码是相同的。商品项目代码由4位数字构成，是按照一定规则由EAN-13条形码的厂商识别代码和商品项目代码经过删除"0"而得出，统一由EAN在各国（或地区）的分支机构分配并管理。校验码的计算方法与EAN-13条形码的方法相同，但需要在代码前加5个"0"。

根据国际物品编码协会的规定，只有当EAN-13条形码所占的面积超过总印刷面积的25%时，使用EAN-8条形码才是合理的。由于缩短码不能直接标志生产厂家，所以商品条形码系统成员只有在不得已的情况下才能使用缩短码，对使用缩短码还有一些具体规定。

在编制商品项目代码时，制造厂商必须遵循商品编码的基本原则：同一商品项目必须编制相同的商品项目代码，不同的商品项目必须编制不同的商品项目代码。保证商品项目与其标志代码一一对应，即一个商品项目只有一个代码，同时一个代码也只标志一个商品项目。

（三）医药商品条形码

医药商品条形码是医药产品流通过程中全国统一的代码（或称编码）与条形码符号表示的总称，是中国物品编码中心按照国际通用规则，即EAN／UCC系统推行，并与之相统一的、全球通用的标准化医药产品标志系统，包括医药产品代码和可以自动识别的条形码符号两部分内容。

医药产品的商品条形码主要包括零售医药产品的商品条形码和非零售医药产品的商品条形码。零售医药产品的商品条形码可直接采用EAN-13条形码或EAN-8条形码两种结构表示。当零售医药产品需要表示附加属性信息时，应表示为"应用标志符（application identifier，AI）＋附加属性代码"形式，并与EAN条形码同时标志。通常附加属性信息包括医药产品的生产日期（AI为11）、有效期（AI为17）、批号（AI为10）等。非零售医药产品的代码由医药产品标志代码和附加属性代码通过应用标志符连接而成。非零售医药产品的标志代码采用EAN/UCC-14条形码结构，医药产品的附加属性代码通过应用标志符（AI）表示。将确定的有效期（AI为17）、生产日期（AI为11）、批号（AI为10）和数量（AI为30）等附加属性代码按照所示格式连接在标志代码后，构成完整的非零售医药产品代码。

第三节　药品的包装与标识

一、药品的包装

（一）药品包装的基本要求

药品包装应适应不同流通条件的需要，考虑运输装卸条件、储存时间、气候变化等因素，并应符合标准化要求。

1. 包装应和内容物相适应

药品包装应和内容物相适应，即充分考虑所盛装药品的理化性质和剂型特点，分别采取不同的保护措施。例如，遇光易变质、露置空气中易氧化的药品，应采用遮光容器；瓶装的液体药品应采取防震、防压措施。

2. 包装应适应不同流通条件的需要

由于药品在流通领域中可能受到运输装卸条件、储存时间、气候变化等条件的影响，所以药品的包装应与这些条件相适应。例如，怕冻药品发往寒冷地区时，要加防寒包装；药品包装措施应按相对湿度最大的地区考虑等。同样，在对出口药品进行包装时，应充分考虑出口国（地区）的具体情况，将因包装而影响药品质量的可能性降低到最低限度。

3. 包装应符合标准化要求

符合标准化要求的包装有利于保证药品质量，便于药品运输、装卸与储存，便于识别与计量，有利于现代化港口的机械化装卸，有利于包装、运输、储存费用的减少。此外，药品包装还有一些具体要求，如：药品包装（包括运输包装）必须加封口、封签、封条或使用防盗盖、瓶盖套等；标签必须贴牢、贴正，不得与药物一起放入瓶内；凡封签、标签、包装容器等有破损的，不得出厂和销售。特殊管理药品、非处方药及外用药品的标签上必须印有规定的标志。在国内销售的药品，其包装、标签、说明书必须使用中文，不能使用繁体字、异体字，如加注汉语拼音或外文，必须以中文为主体；在国内销售的进口药品，必须附中文使用说明。凡使用商品名的西药制剂，必须在商品名下方的括号内标明法定通用名称等。

（二）药品包装的分类

1. 按包装在流通领域中的作用分类

（1）销售包装（内包装、零售包装）。销售包装是以销售为主要目的，与药品一起到达消费者手中的包装。它具有保护产品、美化产品、宣传产品、促进销售的作用。要求其结构新颖、造型美观、色彩悦目，符合医药商品的特点，便于陈列和展销；还要求外表的设计应给予消费者一种美感，以达到促进消费的目的。医药企业设计的新颖独特包装，一旦获得"外观设计专利"，对于企业占领市场将会发挥巨大的作用。

（2）储运包装（外包装）。储运包装是以运输储存为主要目的的包装，指内包装外面的木箱、纸箱、桶以及其他包装物。储运包装具有保障药品的安全、避免破损、方便储运装卸、加速交接、点验等作用。储运包装除要满足包装的基本要求以外，还应有明显清楚的运输标志，以便提示装卸、搬运、堆码、保管作业。此外，危险品必须有国家标准的危险货物包装标志，特殊管理药品及外用药品应有专用标签。

2. 按包装技术与目的分类

（1）真空包装。真空包装指将药品装入气密性包装容器，抽去容器内的空气，使密封后的容器内达到预定真空度的一种包装方法。

（2）充气包装。充气包装指将药品装入气密性包装容器，用氮、二氧化碳等气体置换容器中原有空气的一种包装方法。

（3）无菌包装。无菌包装指将药品、包装容器、材料灭菌后，在无菌的环境中进行充填和封合的一种包装方法。

（4）条形包装。条形包装指将一个或一组药片、胶囊之类的小型药品包封在两层连续的带状铝塑包装材料之间，热封合形成一粒一个单元的包装。

（5）喷雾包装。喷雾包装指将液体或膏状药品装入带有阀门和推进剂的气密性包装容器中，当开启阀门时，药品在推进剂产生的压力作用下被喷射出来的一种包装方法。

（6）儿童安全包装。儿童安全包装指一种能够保护儿童安全的包装，其结构设计使大部分儿童在一定时间内难以开启或难以取出一定数量的药品。

（7）危险品包装。危险品指易燃、易爆、有毒、有腐蚀性或有辐射性的药品。危险品包装应能控制温度、防潮、防止混杂、防震、防火，以及能与防爆、灭火等急救措施相结合。

无论哪种形式的包装，都必须有利于保护药品的质量，有利于药品的装卸、储存、运输、销售，单纯为了促销而采用生活用品式包装是不可取的。

（三）常用的包装材料

为了保证药品质量的完好，所有药品包装用材料及容器必须按法定标准生产。直接接触药品的包装材料及容器（包括油墨、黏合剂、衬垫、填充物等）必须卫生、无毒，不与药品发生化学反应，不发生组分游离或微粒脱落，不准采用可能影响药品卫生的包装材料及容器。政府对直接接触药品的包装材料及容器的生产实施生产许可制度。

1. 玻璃

玻璃具有能防潮、易密封、透明和化学性质较稳定等优点，但玻璃也有许多缺点，如较重、易碎，还可因受到水溶液的侵蚀而释放出碱性物质和不溶性脱片。为了保证药品的质量，《中国药典》规定，安瓿、大输液瓶必须使用硬质中性玻璃，在盛装遇光易变质的药品时，应选用棕色玻璃制成的容器。

2. 塑料

塑料具有包装牢固、容易封口、色泽鲜艳、透明美观、质量轻、携带方便、价格低廉等优点。但是由于生产塑料时常加入附加剂，如增塑剂、稳定剂等，这些附加剂直接与药品接触可能与药品发生化学反应，以致药品质量发生变化。塑料还有透气、透光、易吸附等缺点，这些缺点均可加速药品氧化变质。

3. 纸制品

纸制品原料来源广泛，成本较低，刷上防潮涂料后具有一定的防潮性能，包装体积可按需要而制造，具有回收使用的价值，是当今使用最广泛的包装材料之一，但是强度低，易变形。

4. 金属

常用的金属有黑铁皮、镀锌铁皮、马口铁、铝箔等。该类包装耐压、密封性能好，但是成本比较高。

5. 木材

木材具有耐压性能，是常用的外包装材料。由于消耗森林资源，故木材逐步被纸及塑料等材料代替。

6. 复合材料

复合材料指用塑料、纸、铝箔等进行多层复合而制成的包装材料。常用的复合材料有纸-塑复合材料、铝箔-聚乙烯复合材料、铝箔-聚酯乙烯等。这些复合材料具有良好的机械强度、耐生物腐蚀性能、保持真空性能及抗压性能等。

7. 橡胶制品

橡胶制品主要用作瓶装药品的各种瓶塞，由于直接与药品接触，故要求具有非常好的生化稳定性及优良的密封性，以确保药品在有效期内不因空气及湿气的进入而变质。

从发展趋势来看，包装材料在向以纸代木、以塑代纸，或以纸、塑料、铝箔等组成各种复合材料的方向发展。特种包装材料，如聚四氟乙烯塑料、有机硅树脂、聚酯复合板或发泡聚氨酯等应用处于上升趋势。

二、药品的标识

根据《药品管理法》的规定，药品的包装必须印有或贴有标签。药品的标签分为内包装标签与外包装标签。内包装标签与外包装标签内容不得超出国家药品监督管理局批准的药品说明书所限定的内容，文字表达应与说明书保持一致。

内包装标签可根据其尺寸的大小，尽可能包含药品名称、适应证或者功能主治、用法用量、规格、贮藏、生产日期、产品批号、有效期、生产企业等标志内容，但必须标注药品名称、规格及产品批号。

中包装标签应注明药品名称、主要成分、性状、适应证或者功能主治、用法用量、不良反应、禁忌、规格、贮藏、生产日期、产品批号、有效期、批准文号、生产企业等内容。

大包装标签应注明药品名称、规格、贮藏、生产日期、产品批号、有效期、批准文号、生产企业以及使用说明书规定以外的必要内容，包括包装数量、运输注意事项或其他标记等。

（一）药品包装标识

1. 药品名称

药品名称是药品标准的首要内容。药品的通用名称即经国家药品监督管理局批准载入国家正式药品标准的法定药品名称。药品的通用名称不得作为商品名称进行商标注册。商品名称是由该药品生产企业命名，并向所在国家有关部门注册的药品品牌名，其右上角有®的符号。在商品经济环境中，商品名称已不仅是一种产品区别于其他产品的符号，还具有参与市场竞争的特殊功能。

2. 药品注册商标

药品注册商标是由文字、符号及图形等综合组成的，是药品的销售包装及其他宣传品上专用的标志，也是药品生产者为把自己的产品与他人的同类产品相区别的标志。

注册商标的印制方法是，在药品包装物上商标名称的右上方，印上一个®。R是英语registered trademark 的缩写，表示已登记注册。注册商标的有效期为 10 年。

3. 药品包装上的条形码

见第三章第二节。

4. 药品批准文号

药品批准文号是药品生产合法性的标志，其有效期为5年。《药品管理法》规定，生产药品须经国务院药品监督管理部门批准，并发给药品批准文号。为加强药品批准文号管理，原国家药品监督管理局发布的《关于做好统一换发药品批准文号工作的通知》，对药品批准文号格式做出统一规定：国药准字＋1位字母＋8位数字；国药试字＋1位字母＋8位数字。

化学药——国药准（试）字H××××××××

中药——国药准（试）字Z××××××××

生物制品——国药准（试）字S××××××××

进口分包装药品——国药准字J××××××××

药用辅料——国药准字F××××××××

体外化学诊断试剂——国药准字T××××××××

通过国家食品药品监督管理局整顿的中药保健药品——国药准字B××××××××

其中，H代表化学药品，Z代表中药，S代表生物制品，J代表进口分包装药品，F代表药用辅料，T代表体外化学诊断试剂。另外，进口药品的包装和标签还应标明"进口药品注册证号"。

5. 药品产品批号

药品产品批号是药厂生产编号的一种表示。在规定限度内具有同一性质和质量，并在同一连续生产周期生产出来的一定数量的药为一批。每批药品均应有指定产品批号。

根据药品产品批号，可以追溯和审查该批药品的生产历史，能够判断该药品出厂时间的长短，便于掌握先生产、先销售、先使用的原则，以防久贮变质。此外，药品的抽样检验均以产品批号为单位进行处理。

产品批号的识别：我国医药企业一般用6位数来表示批号，前2位表示年份，中间2位表示月份，后2位表示药品的生产批次，如产品批号为040125，则表示2004年1月生产的第25批，也有一些企业以生产日期来表示批次。进口药品产品批号由各国生产企业自定，其表示方法极不一致，在此从略。

6. 药品有效期限

（1）药品有效期。药品有效期指在一定的贮藏条件下，能够保证药品质量的期限。按规定，药品包装应标明有效期的终止日期。一般有效期表述形式按年月排序，如有效期至××××年××月。

（2）有效期和失效期的识别。药品的有效期指药品最终有效的日期，如某药有效期至2023年6月18日，则表示该药可使用到2023年6月18日，6月19日起就不能使用。药品的失效期指药品失去效力的日期，如某药失效期为2023年6月18日，则表示该药可使用到2023年6月17日，6月18日起就不能使用了。

国外生产的进口药品常以Expiry date / Exp（截止日期）表示失效期，或以Use Before（在此之前使用完）表示有效期。

7. 专有标志

特殊管理的药品（麻醉药品、精神药品、医疗用毒性药品和放射性药品）、外用药品、非处方药品，必须在其包装上印有符合规定的标志。

8. 药品电子监管码

药品电子监管码是药品的电子身份证，是为药品提供身份验证、信息存储与采集、物流流向统计等信息服务所使用的电子标识。中国药品电子监管码是由一组规则排列的线条与空白以及对应 20 位数字字符"码"按照一定的编码规则组合起来的表示一定信息的药品标识符号。中国药品电子监管码是"一件一码"，每件产品唯一识别、全程跟踪，实现了政府监管、物流应用、商家结算、消费者查询的功能统一。

（二）药品说明书

药品说明书是药品质量标准的一部分，是医疗上的重要文件，是医生和药师开方、配方的依据，具有科学及法律上的意义。药品说明书也是药品生产企业报请审批药品生产的必备资料之一；生产企业不仅应对药品质量负责，也应对说明书内容是否真实并符合要求负责。为保证合理使用药物，消费者在购买和使用药品前应仔细阅读药品说明书，并接受医师或药师的指导。

表 3-3-1 所列为药品说明书格式。

表 3-3-1　药品说明书格式

1. 化学药品说明书格式 ××××说明书	2. 中药说明书格式 ××××说明书
核准日期 特殊药品、外用药品标志 修改日期 注册商标	
（警示语）请仔细阅读说明书并按说明使用，或在药师指导下购买和使用，或请仔细阅读说明书并在医师指导下使用	
【药品名称】 　通用名称： 　曾用名称： 　商品名称： 　英文名称： 　汉语拼音： 【成　分】 【性　状】 【适应证】 【规　格】 【用法用量】 【不良反应】 【禁　忌】 【注意事项】 【孕妇及哺乳期妇女用药】	【药品名称】 　通用名称： 　汉语拼音： 【成　分】 【性　状】 【功能主治】 【规　格】 【用法用量】 【不良反应】 【禁　忌】 【注意事项】 【药物相互作用】

续表

1. 化学药品说明书格式 ××××说明书	2. 中药说明书格式 ××××说明书
【儿童用药】	
【老年用药】	
【药物相互作用】	
【药理作用】	
【药物过量】	
【药理毒理】	
【临床试验】	
【药代动力学】	
【贮　　藏】	
【包　　装】	【贮　　藏】
【有　效　期】	【包　　装】
【执行标准】	【有　效　期】
【批准文号】	【执行标准】
【说明书修订日期】	【批准文号】
【生产企业】	【说明书修订日期】
企业名称：	【生产企业】
生产地址：	企业名称：
邮政编码：	生产地址：
电话号码：	邮政编码：
传真号码：	电话号码：
注册地址：	传真号码：
网　　址：	注册地址：
（提示语）如有问题可与生产企业联系	网　　址：
【附：×××】	

第四节　药物的剂型

　　药物经过加工制成的应用于临床的适宜形式称为剂型。目前中西药物制剂共有40余种剂型，最常用的三大剂型是片剂、胶囊剂和注射剂。同一种药物有时可以制成多种剂型，如对乙酰氨基酚可以制成片剂，也可以制成胶囊剂、注射剂、颗粒剂、凝胶剂或栓剂等。

一、剂型的分类

（一）按形态分类

　　按形态，剂型分为：液体剂型，如芳香水剂、溶液剂、注射剂、合剂、洗剂、搽剂等；固体剂型，如散剂、片剂、胶囊剂、丸剂、膜剂等；半固体剂型，如软膏剂、糊剂等；气体剂型，如气雾剂、喷雾剂、吸入剂等。由于剂型不同，药物的释出和吸收速度也不同，故起效的快慢存在差异，如液体剂型，尤其是溶液剂口服给药作用快，而固体剂型口服给药作用较慢。

（二）按给药途径分类

按给药途径，剂型分为经胃肠道给药剂型和非经胃肠道给药剂型两大类。

每种剂型都具有各自的优缺点和适应范围，因此要对各种剂型从临床应用的安全性、有效性、方便性及药物的稳定性等方面进行分析、研究与改进，以满足医疗应用的需要。

二、常用药物剂型及其特点

（一）片剂

片剂指药物与适宜的辅料均匀混合，通过制剂技术压制而成的圆片状或异形片状的固体制剂。片剂可供内服和外用。为了增强药物的稳定性，掩盖不良嗅味，改善外观，片剂可包上糖衣、薄膜衣或肠溶衣。

片剂是目前在临床上应用最广泛的剂型之一，其特点主要有：①剂量准确，应用方便，患者按片使用；②质量稳定，受外界空气、水分等影响较小，还可包衣加以保护；③使用方便，便于携带、运输和贮藏；④生产成本较低；⑤能适应治疗与预防用药的多种要求，可制成舌下片、分散片、缓释和控释片等，达到速效、长效、控释、肠溶等目的。但片剂也有缺点：婴幼儿和昏迷患者不宜吞服；含挥发性成分的片剂，久贮含量会有所下降；片剂储存不当，会影响崩解度、溶出度和生物利用度。

（二）胶囊剂

胶囊剂指将药物或加入辅料充填于空心胶囊或密封于弹性软质囊材中制成的固体制剂。胶囊剂分为硬胶囊剂、软胶囊剂（胶丸）、肠溶胶囊剂和速释、缓释与控释胶囊剂。胶囊剂一般供口服用，也可供其他部位如直肠、阴道等置入使用。

胶囊剂的主要特点有：①可掩盖药物不良嗅味和刺激性，携带和使用方便；②药物分散，溶出快，血药达峰时间比片剂短，有较高的生物利用度；③不稳定的药物装入胶囊后，可提高稳定性；④药物可以不同形态装入胶囊，以适应不同性质药物的吸收和使用；⑤可制成速释、缓释、控释、肠溶等多种类型的胶囊剂，以满足各种医疗用途的需要。

（三）颗粒剂

颗粒剂指由药物或药材提取物与适宜的辅料制成，具有一定粒度的干燥颗粒状的制剂。颗粒剂分为可溶性颗粒剂和混悬型颗粒剂，可以直接吞服，也可分散或溶解在水中或其他适宜的液体中服用。

颗粒剂的特点主要有：①药物可溶解或混悬于水中，有利于在体内的吸收，必要时还可以包衣或制成缓释制剂；②服用方便；③性质稳定，易于贮藏、运输与携带；④生产工艺简单，容易进行机械化生产。颗粒剂的主要缺点是容易吸潮，因此在生产、储存和包装密封性上应加以注意。

（四）散剂

散剂指由药物或与适宜辅料经粉碎、均匀混合而制成的干燥粉末状制剂。散剂分为内服散剂和局部用散剂。

散剂有以下特点：①比表面积大，易分散，奏效快；②散剂外用覆盖面大，具有保护、吸收分泌物和收敛作用；③制作工艺简单，剂量易于控制，便于小儿服用；④贮藏、运输、携带都很方便。但由于药物粉碎后，比表面积较大，其气味、刺激性、吸湿性及化学活性等也相应增加，使部分药物易起变化，挥发性成分也易散失。

（五）注射剂

注射剂指由药物制成的供注入体内的灭菌溶液、乳状液和混悬液，以及供临用前配成溶液或混悬液的无菌粉末或浓缩液。注射剂有不同的给药途径，如静脉注射、椎管注射、肌内注射、皮下注射、皮内注射等。给药途径不同，其作用特点也不一样。

注射剂是目前应用广泛和非常重要的剂型之一，其主要特点有：①药效迅速，无首过效应，疗效可靠，尤其是静脉注射，适用于抢救危重患者或提供能量；②适用于易被消化液破坏、首过效应显著、口服不易吸收或对消化道刺激性较大的药物，如青霉素、胰岛素可被消化液破坏，链霉素口服不易吸收，制成注射剂后可发挥其应有的药效；③对于不能吞咽、昏迷或严重呕吐而不能进食的患者，可以经注射给药或补充营养；④可通过局部麻醉药注射、封闭疗法、穴位注射等，产生特殊疗效。此外，某些注射剂还具有延长药效的作用，有些注射剂可以用于疾病诊断。注射剂也存在一些缺点：使用不便且产生疼痛，安全性较低，制备过程复杂，成本较高。

（六）液体制剂

液体制剂包括口服液体制剂、外用及黏膜用液体制剂等。口服液体制剂包括口服溶液剂、混悬剂、乳剂、滴剂、糖浆剂等。外用及黏膜用液体制剂主要有滴耳剂、滴鼻剂、洗剂、搽剂、含漱剂、灌肠剂等。

液体制剂与固体制剂比较，其主要特点有：①药物吸收快，药效发挥迅速；②剂量易增减，而且易服用，特别适用于婴幼儿和老年患者；③可以减少某些药物对胃肠道的刺激性，如溴化物、水合氯醛等药物；④可以内服或用于皮肤、黏膜、腔道等，给药途径广泛。液体制剂的不足主要有：①化学稳定性较差；②贮藏、携带不方便；③水性制剂易霉败，需加防腐剂；④非均匀性液体制剂如乳剂、混悬剂等，易出现物理化学稳定性问题。为了增大制品的溶解度，提高稳定性和改善其色、气味，以便于应用，常需在液体制剂中添加不同的附加剂。

（七）软膏剂

软膏剂指由药物与适宜基质制成的具有适当稠度的膏状外用制剂。其中用乳剂基质制成的软膏剂亦称为乳膏剂。

软膏剂对皮肤或黏膜及创面主要起保护、润滑和局部治疗作用，如防腐、杀菌、收敛、消炎等。某些药物透皮吸收后，亦能产生全身治疗作用。

（八）滴眼剂

滴眼剂指一种或多种药物制成供滴眼用的水性、油性澄明溶液、混悬液或乳剂（多数为水溶液）。其中，洗眼剂是将药物配成一定浓度的灭菌水溶液，如生理氯化钠溶液等，一般供临床冲洗眼部用。

滴眼剂一般用于杀菌消炎、缩瞳散瞳、诊断、麻醉、降低眼压等，有的也用于润滑、代替泪液或治疗白内障等。

（九）眼膏剂

眼膏剂指由药物和适宜基质制成的供眼用的灭菌软膏剂。

眼膏剂较一般滴眼剂的作用缓和持久，并能减轻眼睑对眼球的摩擦。

（十）栓剂

栓剂指由药物和适宜的基质制成的具有一定形状、供腔道给药的固体外用制剂。栓剂主要包括肛门栓和阴道栓。

栓剂在塞入人体腔道后，可迅速熔融、软化或溶解于分泌液，释放药物而产生局部作用，如润滑、收敛、抗菌、杀虫、局麻等，也可通过直肠吸收发挥全身作用。用于全身作用的栓剂，与口服剂型相比有以下特点：①可避免胃肠 pH 或酶对药物的影响和破坏；②可以避免一些药物对胃的刺激作用；③大部分药物可避免肝脏首过作用，同时也减少对肝脏的毒副作用；④对不能或不愿吞服药物的患者可通过直肠给药，且给药后达峰快，血药浓度高。因此，栓剂的全身治疗作用越来越受到重视。

（十一）丸剂

丸剂指由药物细粉或药材提取物加适宜的黏合剂或辅料制成的球形或类球形的制剂，包括蜜丸、水丸、水蜜丸、糊丸、浓缩丸、微丸等，主要供内服。

丸剂的主要特点是：①药物作用缓和持久，适用于慢性病的治疗和调理气血；②药物制成丸剂可延缓吸收，减少毒性和不良反应；③通过包衣可掩盖药物的不良气味。丸剂一般有显效慢、服用量较大、小儿吞服困难等缺点。

（十二）滴丸剂

滴丸剂指由固体或液体药物或药材提取物与适宜基质加热熔融后，溶解、混悬或乳化于基质中，滴入不相混溶的冷凝液中，经收缩冷凝而制成的制剂。滴丸剂主要供口服应用，也可供鼻用、耳用、直肠用、眼用等。

滴丸剂的主要特点如下：①药物分散度高，含量准确，疗效迅速；②可提高药物的稳定性；③可根据需要制成内服、外用、缓释、控释或局部治疗等多种类型的滴丸剂。

（十三）气雾剂

气雾剂指含药溶液、混悬液或乳浊液与适宜的抛射剂共同装封于具有特制阀门系统的耐压容器中，使用时借助抛射剂的压力将内容物呈雾状喷出，用于肺部吸入或直接喷至腔道黏膜、皮肤及空间消毒的制剂。

气雾剂的特点有：①具有定位作用，药物分布均匀，起效快，如平喘气雾剂吸入 2 min 即能显效；②药物稳定性好；③可避免胃肠道不良反应和肝脏首过效应，生物利用度高；④喷雾给药，减小或消除了对创面的机械刺激；⑤使用方便，剂量准确。但气雾剂使用效果受呼吸节律的影响，其抛射剂多次使用于受伤皮肤上，可引起不适与刺激，有时可致敏心脏，造成心律失常；气雾剂容器具较高压力，易因泄漏而失效，故须避热与防震。

（十四）膜剂

膜剂指由药物与适宜的成膜材料经加工而制成的膜状制剂，可供口服、口含、外用及眼用。

膜剂的应用特点主要有：①药物含量准确，使用方便；②便于携带、运输和储存；③生产工艺简单，无粉尘飞扬；④可多种途径给药，可制成多层膜以解决药物间的配伍禁忌，控制释药和药物分析上的干扰作用。但膜剂载药量较小，只限于小剂量药物。

（十五）煎膏剂

煎膏剂指药材经加水煎煮、去渣、浓缩后，再加糖或炼蜜制成的稠厚半流体状制剂。

煎膏剂的效用以滋补为主，兼有缓和的治疗作用，故习称"膏滋"。

第五节 药物的作用

一、药物的基本作用

药物的基本作用指药物对机体原有功能活动的影响。药物种类繁多，但其作用均是在机体原有生理生化功能基础上产生的。

（一）兴奋作用

兴奋作用指凡能使机体生理生化功能活动增强的作用，如肌肉收缩、腺体分泌增加、酶活性增强等。可引起兴奋的药物称为兴奋药，如咖啡因可增强大脑皮质细胞的兴奋性，使人精神振奋。

（二）抑制作用

抑制作用指凡能引起机体生理生化功能活动减弱的作用，如肌肉松弛、腺体分泌减少、酶活性降低等。可引起抑制的药物称为抑制药，如地西泮可降低中枢神经系统的兴奋性，产生镇静催眠的效果。

药物的兴奋作用和抑制作用是药物作用的基本表现。在一定条件下，药物的兴奋和抑制作用可互相转化，如某些药物使中枢神经系统过度兴奋而出现惊厥，长时间的惊厥引起呼吸衰竭，甚至死亡。有些药物的兴奋和抑制作用，在体内对不同组织器官的表现不同，如吗啡对中枢神经系统有抑制作用，呈现镇静、镇痛、呼吸抑制效应，但对消化道平滑肌有兴奋作用，呈现止泻、便秘现象。

药物对病原体的作用，则主要是通过干扰病原体的代谢而抑制其生长繁殖。

二、药物作用的一般规律

（一）药物作用的选择性

一种药物对于器官组织的作用并不是一样的，往往对某一个或几个器官组织的某些功能影响特别明显，而对其他器官组织不明显。这种药物在治疗剂量时对机体器官组织的作用差异现象，称为药物作用的选择性。由于大多数药物都具有各自的选择作用，所以它们各有不同的适应证和毒性。如强心苷加强心肌收缩力的作用，表现出药物作用的选择性。

药物作用的选择性是药物分类的基础和临床选药的依据。药物作用选择性高是由于药物与组织的亲和力大，且组织细胞对药物的反应性高。选择性高的药物，大多数药理活性较高，使用时针对性较强，不良反应少，作用范围窄；选择性低的药物，应用时针对性差，不良反应常较多，但作用范围广。药物的选择性是相对的，不是绝对的。临床上产生单一作用的药物几乎没有。

（二）药物作用的二重性

药物除具有防治作用外，还存在不良反应，这称为药物作用的二重性。临床用药应充分发挥药物的防治作用，尽量减少药物不良反应的发生。

预防作用指提前用药以防止疾病或症状发生的作用，如接种卡介苗预防结核病，使用维生素 D 预防佝偻病等。

治疗作用指药物针对治疗疾病的需要所呈现的作用。治疗作用又分为对因治疗和对症治疗。对因治疗是针对病因的治疗，目的是消除原发致病因子，彻底治愈疾病，也称治本，如抗生素杀灭体内病原微生物。对症治疗是用药物改善疾病的症状，而不能根除病因，也称为治标，如用镇痛药止痛，用解热镇痛药使发热患者体温降至正常，失眠患者服用催眠药，高血压患者服用降压药等。

一般来说，对因治疗比对症治疗重要，但对一些严重危及患者生命的症状，对症治疗的重要性并不亚于对因治疗。如骨折引起的剧痛可能导致休克，及时应用镇痛药，虽不能消除病因，但可通过缓解疼痛而避免休克的发生。用药的基本原则是急则治其标，缓则治其本，必要时应标本兼顾。

不良反应指合格药品在正常用法用量下出现的与用药目的无关的有害反应，是药物固有效应的延伸。不良反应主要包括：

（1）副作用。副作用指治疗量时出现的与治疗目的无关的反应，常难以避免。当一种药物具有多种作用，其某一作用为治疗目的时，其他效应就成为副作用。

（2）毒性反应。毒性反应指用药剂量过大或用药时间过久，药物在体内蓄积过多，从而对机体造成损害的反应。

（3）变态反应。变态反应指机体受药物刺激后所发生的异常免疫反应，可引起生理功能障碍或组织损伤。这种反应的发生与用药剂量无关，与毒性反应不同，不易预知。变态反应仅见于少数过敏体质的患者，不同药物有时可出现类似的反应，轻者表现为药物热、皮疹、血管神经性水肿等，重者可引起皮炎、红斑或过敏性休克等。对于易致变态反应的药物或过敏体质者，用药前应询问患者有无用药过敏史，并需做皮肤过敏试验，凡有过敏史或过敏试验阳性反应者，应禁用有关药物。

除此之外，不良反应还有继发反应、致突变作用、致畸作用和致癌作用等。

三、药物的体内过程

药物在体内的吸收、分布及排泄过程称为药物转运；代谢变化的过程称为生物转化；代谢和排泄合称为消除。

（一）吸收

吸收指药物从用药部位进入血液循环的过程。除直接静脉注射外，一般的给药途径都存在吸收过程。影响药物吸收的因素主要有药物的理化性质、首过效应、吸收环境和药物的剂型等。

首过效应又称第一关卡效应。口服药物在胃肠道吸收后，经门静脉到肝脏，有些药物在通过肠黏膜及肝脏时极易代谢灭活，在第一次通过肝脏时，即有一部分被破坏，使进入血液循环的有效药量减少，药效降低，这种现象称为首过效应。

（二）分布

分布指药物从血液转运到各组织器官的过程。影响药物在体内分布的因素很多，包括药物与血浆蛋白的结合率、各器官的血流量、药物与组织的亲和力、血-脑脊液屏障以及体液pH和药物的理化性质等。

（三）生物转化

生物转化也称药物代谢，指药物在体内发生的化学变化。大多数药物主要在肝脏经药物代谢酶（简称药酶）催化，部分药物亦可在其他组织被有关酶催化，发生化学变化；多数药物经生物转化后失去其药理活性，这称为灭活；少数药物由无活性药物转化为有活性药物或者由活性弱的药物变为活性强的药物，这称为活化。某些水溶性药物可在体内不转化，以原形从肾排出。但大多数脂溶性药物在体内则是转化成为水溶性高的或解离型代谢物，使肾小管对它们的重吸收率降低，以便迅速从肾脏排出。转化的最终目的是有利于药物排出体外。

（四）排泄

药物以原形或代谢产物的形式通过不同途径排出体外的过程称为排泄。挥发性药物及气体可从呼吸道排出，非挥发性药物则主要由肾脏排出。

四、影响药物作用的因素

药物作用主要受到药物、机体等方面的影响。药物方面包括化学结构、剂型、剂量、给药方法、药物相互作用等，机体方面包括年龄、体重、性别、个体差异、病理状态、环境、精神因素等。

（一）药物方面的因素

1. 药物的化学结构

药物的特异性化学结构与药理作用关系极为密切。一般化学结构相似的药物，其作用相似。有时药物的化学结构式虽相同，但不同的光学异构体，其药理作用或作用强度却往往不同，如左旋体奎宁有抗疟作用，而右旋体奎尼丁则有抗心律失常作用。多数药物的左旋体比其右旋体的药理活性强。

2. 药物的剂型

药物的剂型或所用赋形剂的不同可影响药物的吸收及消除。

同一药物剂型不同，可适用于不同的给药途径，其作用的快慢、强弱、时间及不良反应均有所不同。如氨茶碱临床常用的几种剂型有注射剂、片剂、栓剂及缓释片等，它们的药理作用虽相同，但氨茶碱注射剂作用迅速，适用于哮喘的急性发作及持续状态，而缓释片可使药物缓慢释放，作用维持达24 h，栓剂通过直肠给药，可减少药物对胃肠道的刺激。

同一药物的剂型相同，但所用赋形剂不同，亦可影响药物的疗效。如肾上腺素注射液的水溶液较油溶液显效快，作用强，持续时间短。

3. 药物的剂量

剂量指用药的分量。剂量的大小可决定药物在体内的浓度，因而在一定范围内，剂量越大，血药浓度越高，作用也越强。但超过一定范围，剂量不断增加，血药浓度继续升高，则会引起毒性反应，出现中毒，甚至死亡。因此，临床用药应严格掌握剂量。

（1）最小有效量。最小有效量指刚引起药理作用的剂量。

（2）极量。极量指临床用药剂量的最大限度。除特殊情况外，一般不得超过此用量。

（3）治疗量。治疗量指介于最小有效量与极量之间，可产生治疗作用的剂量。

（4）常用量。常用量指比最小有效量大，比极量小的剂量。临床用药多选用常用量，以确保治疗效果和用药安全。

（5）最小中毒量。最小中毒量指引起毒性反应的最小剂量。

（6）安全范围。安全范围指最小有效量和最小中毒量之间的范围。此范围愈大，用药愈安全，反之则易引起中毒。

（7）半数致死量（median lethal dose，LD_{50}）。半数致死量指使半数实验动物死亡的剂量，可作为药物毒性大小的指标。

（8）半数有效量（median effective dose，ED_{50}）。半数有效量指使半数实验动物出现疗效的剂量。

（9）治疗指数。治疗指数指 LD_{50}/ED_{50} 的值。此值愈大，说明此药物毒性愈小，临床用药愈安全。

4. 给药方法

（1）给药途径。给药途径不同可直接影响药物作用的快慢和强弱，有时甚至可改变药物作用的性质。如口服硫酸镁具有导泻作用，而肌内注射则有降压及抗惊厥作用。因此，应熟悉各种常用给药途径的特点，以便根据药物性质和病情需要，选择适当的给药途径。

不同的给药途径导致药物有不同的吸收速度。按吸收作用从快到慢，给药方式的顺序依次为静脉注射＞吸入＞舌下给药＞肌内注射＞皮下注射＞口服＞直肠＞皮肤给药。

（2）给药的时间和次数。给药的时间往往影响药物疗效。给药的时间和次数通常参考以下因素：①根据病情需要和药物特点而定。在一般情况下，饭前服药吸收较好，且发挥作用较快；饭后服药吸收较慢，显效也较慢。有刺激性的药物宜饭后服用，可减少对胃肠道的刺激作用；驱肠虫药宜空腹服用，以便迅速入肠，并保持较高浓度；催眠药宜在睡前服用。②根据药物在体内的消除速率而定。药物半衰期是给药间隔的参考依据。

5. 药物相互作用

临床常联合应用两种或两种以上的药物，除达到多种治疗目的外，都是利用药物间的协同作用以增强疗效或利用拮抗作用以减少不良反应。不恰当的联合用药往往由于药物间的相互作用而使疗效降低或出现毒性反应，故应加以注意。

（二）机体方面的因素

1. 年龄和体重

通常所说的药物剂量指 18~60 岁成年人的常用量。老年人和儿童由于体重和生理特点与成年人不同，对药物的反应性也不同。

老年人由于肝、肾等重要器官的功能逐渐减退，对药物的代谢和排泄能力亦减退，各种药物的血浆半衰期有不同程度的延长，用药剂量一般为成年人剂量的3/4。

儿童用药除考虑体重外，还应考虑儿童处于生长时期，尤其是婴幼儿的肝脏代谢功能和肾脏排泄功能尚未发育完全，消除药物能力较弱。儿童对某些药物特别敏感，易引起药物的蓄积性中毒，用药剂量应小于成人剂量。

老年人、儿童用药的剂量可按《中国药典》列出的老幼剂量折算表（见表3-5-1）进行折算。

表3-5-1 老幼剂量折算表

年龄	剂量	年龄	剂量
初生~1个月	成人剂量的1/18~1/14	4~6岁	成人剂量的1/3~2/5
1~6个月	成人剂量的1/14~1/7	6~9岁	成人剂量的2/5~1/2
6个月~1岁	成人剂量的1/7~1/5	9~14岁	成人剂量的1/2~2/3
1~2岁	成人剂量的1/5~1/4	14~18岁	成人剂量的2/3~全量
2~4岁	成人剂量的1/4~1/3	60岁以上	成人剂量的3/4

注：本表仅供参考，使用时可根据患者体质、病情及药物性质等各方面因素斟酌决定。

2. 性别

不同性别对药物的反应性差别并不明显。在生理功能方面，妇女在月经、妊娠、分娩、哺乳等期间应考虑适当用药。在月经期或妊娠期应禁用作用强烈的泻药或抗凝血药，以免引起月经过多、流产、早产或出血不止；妊娠早期应禁用抗代谢药、激素等可能引起胎儿畸形的药物；哺乳期用药应注意药物对乳汁分泌及乳儿的影响。

3. 个体差异

一般在年龄、体重、性别等都相同的情况下，大多数人对药物的反应基本相同。但也有个别人对药物的反应与众不同，有量甚至有质的差异，称为个体差异。有少数人对某些药物特别敏感，使用较小剂量可产生较强的药理作用，称为高敏性。与此相反，有少数人对药物特别不敏感，必须使用较大剂量才能产生应有的药理作用，称为耐受性。还有少数过敏体质的人，对某些具有抗原性的药物产生变态反应，甚至可诱发过敏性休克。此外，有少数人由于遗传性缺陷、体内缺乏某种酶，对药物的生物转化异常，用药后产生特殊反应，称为特异质反应。如缺乏6-磷酸葡萄糖脱氢酶（G-6-PD）者，对伯氨喹、磺胺药等易出现溶血反应，引起溶血性贫血或出现黄疸。

个体差异的产生，除遗传因素外，还与药物在患者体内吸收、分布、生物转化、排泄的差异有关。因此，临床用药必须根据患者的具体情况，合理选择药物并调整剂量。

4. 病理状态

病理状态能改变药物在体内的药动学，从而影响药物的作用。如解热镇痛药可使发热的患者体温下降，但对正常体温无影响；强心苷只对心性水肿患者产生利尿作用。在肝、肾功能不全时，药物在肝、肾内的生物转化和排泄速率减慢，因而作用加强，持续时间延长,甚至会引起蓄积性中毒,用药时应加以注意。

5. 环境和精神因素

患者的居住环境、精神状态,医务人员的语言、态度均可影响药物的作用。实验证明,即使服用安慰剂,对某些慢性疾病,如神经症也可产生一定疗效。这说明患者的精神因素(心理作用)和对医务人员的信任都对药物的疗效有一定影响。因此,医务人员在治疗、护理期间,应引导患者正确对待疾病,增强战胜疾病的信心,以利于身体的早日康复。

实训

活动一 剂型识别

准备15~20种药品,认识注射剂、片剂、胶囊剂、颗粒剂、丸剂、气雾剂、栓剂、软膏剂等常用剂型。

活动二 阅读说明书

1. 准备5种化学药品说明书(包括处方药、甲类非处方药、乙类非处方药)和2种中药药品说明书,认真阅读各项内容。
2. 准备医疗器械使用说明书,根据使用说明对该产品进行正确介绍。

第四章

急救常识与安全知识

> **学习目标**
>
> **知识目标**
> 掌握：体温的测量，电气火灾的原因，灭火的方法。
> 熟悉：中暑救治，人工呼吸法，触电发生时的现场急救。
>
> 了解：家庭急救箱配置，燃烧的条件和类型，防盗知识。
> **能力目标**
> 能对中暑患者及时救治，能正确处理火灾和触电事故，能正确选择灭火器。

药品经营单位随时都可能有各种突如其来的事情发生，单位要做好员工的培训，使员工具备良好的服务心态与应变能力，预防意外事件的发生并做好应急处理。

（1）下雪、下雨的天气，要注意斜坡、人行道、出入口的地面，如有冰冻，应及时清除，打扫干净并放置脚垫或纸皮，放上"小心地滑"的警示牌。玻璃门若有破损，应临时贴上"此门已坏，请注意"的警示语，提醒顾客注意，避免误伤，并及时修理玻璃门。要防止楼梯过于光滑等，确保顾客不会在店内发生伤害。

（2）要确保店内悬挂物的牢固。商品上架时，要将重物置底部，桶装或罐装物不要顶部；同一处不要堆放过多商品，上完货后，摇摇货架，看是否稳定，以免倒塌后砸伤顾客（或员工）、损坏商品。要防止橱窗玻璃的破裂；受损或有裂痕的玻璃台面应用胶布暂时贴住或及时更换，避免割伤顾客；商品的陈列架、柜台或售点广告（point of purchase，POP）架若有突出的尖锐物，应调整改善或包好，以免伤人。

（3）严格遵守有关消防规定，不随便在主要通道、紧急出入口、楼梯等地方堆放物品，应保持通道的畅通。发现走道上有障碍物，应立即清除，以免顾客撞到或被绊倒。

（4）若顾客受到伤害，如较轻微，则应赠送小礼物并当面致歉；需送医院治疗者，则需通报上级出面致歉，赠送礼物，并负担医药费；严重者还要通知其家人，以抢救、送医院治疗为第一优先，不要在现场争吵或追究责任。现场要快速清理，以免影响营业或再度发生意外。

（5）对突然患病顾客应作如下处理：①发现或听说有危急患者时，应先让顾客躺下或坐下，然后立即通知有关人员。②在通知之前，一定要请周围同事代为看护顾客。③在现场，先判断是否需要救护车；如果不能搬动顾客，同时又需要安静时，应防止其他人的围观；通知顾客的家人；若为重伤患者，与警方取得联系。④一定要记下顾客的姓名、家庭住址、电话号码。

（6）突然停电时，应作如下处理：①沉着冷静，首先应使顾客安心，防止发生混乱。②防止在混乱中发生失窃等事件。

第一节　急救常识

营业员具备一些急救常识，对自身及他人的安全保护和急救是非常必要的。

一、配置家庭急救箱

当遭受水、电、交通事故和疾病袭击的时候，如果家里有一个急救箱，就会带来很多方便。即使是应付常见的小伤、小病，也能得心应手，免除后顾之忧。

（一）配置方法

（1）首先要准备一些无菌纱布、绷带、胶布、脱脂棉、创可贴、酒精消毒片。如有条件，最好准备一块边长1 m左右的大三角巾。

（2）体温计是常用的量具，必须准备。医用的镊子和剪子也要相应配齐，在使用时用火或酒精消毒。

（3）外用药大致可配置医用酒精、碘伏、烫伤膏、眼药膏、清凉油、伤湿止痛膏等。

（4）内服药大致可配置解热药、止痛药、止泻药、防晕车药和助消化药等。

（二）注意事项

（1）家庭急救箱的配置应根据家庭成员的健康状况而定。解热类的药品，最好配置大人用和小孩用的两种。秋冬季节，老年人、小孩易受呼吸道、消化道疾病困扰，上有老、下有小的家庭不妨选择具有止咳平喘、祛痰、止泻作用的药品充实药箱，如氢溴酸右美沙芬、急支糖浆、口服补液盐、蒙脱石散等。三四十岁的中青年人因饮食不规律，易患消化道疾病，家里常备几种抗酸药、胃黏膜保护剂等，可以有效地缓解胃部不适。中老年的家庭，需准备一些助消化、促进胃肠蠕动的药物。

（2）一般病情的患者在服用药物时，可按说明书中规定的方法与剂量执行。小孩、老年人、体弱或某些病情特殊的患者，在服用药物时应遵照医嘱。

（3）家庭急救箱内的药品要定期检查和更换，药物外观发生霉点、颜色改变、膨胀等变化的要停止使用，不使用超过有效期的药物。

（4）按照药品包装盒上标明的贮藏条件贮藏药品。

二、中暑救治

中暑指在高温环境下人体体温调节功能紊乱而引起的以中枢神经系统和循环系统障碍为主要表现的急性疾病。高温、烈日暴晒、工作强度过大、睡眠不足、过度疲劳等均为中暑常见的诱因。

（一）中暑的具体救治办法

（1）立即将患者移到通风、阴凉、干燥的地方，如走廊、树荫下。

（2）让患者仰卧，解开其衣扣，脱去或松开其衣服。如衣服被汗水湿透，应更换干衣服，同时打开电扇或空调，以尽快散热。

（3）尽快使患者体温下降至38 ℃以下。具体做法有：用凉湿毛巾冷敷头部、腋下，以及腹股沟等处；用温水或酒精擦拭全身；冷水浸浴 15~30 min。

（4）意识清醒的患者或经过降温清醒的患者可饮服绿豆汤、淡盐水等解暑。

（5）还可服用人丹、藿香正气水和十滴水等。另外，对于重症中暑患者，要立即拨打 120 电话，以请求医务人员紧急救治。

（二）中暑的预防

（1）饮水。天气炎热时，不论是否进行大量体力活动，都应常饮水，而不要到口渴后才饮水。如果运动量大，则每小时至少要喝 500 mL 水。但不能饮冰水，也不要饮含酒精或大量糖的饮料，这些饮料会使体液丢失更明显。

（2）及时补充盐和矿物质。人体在大量出汗时，许多盐分和矿物质会随汗液排出体外，导致水和电解质代谢紊乱，因此必须及时补充。但对需要限制每日摄入盐的部分患者，在补充时应该向医生咨询相关事宜。

（3）防晒。天气炎热时，应尽量选择轻便、色浅且松紧适宜的服装。外出不要打赤膊，以免吸收更多的辐射热，透气的棉衫更有消暑的作用。日光灼伤也会影响皮肤的散热功能，从而加速体液的流失，因此在外出时应佩戴大沿帽和太阳镜，并在出门前 30 min 涂抹防晒霜。

（4）安排好出门时间。夏天太阳短波辐射最强烈的时间是 10：00~15：00，应尽量避开这段时间外出。外出应尽量安排在早晨和晚上，在室外活动时也要尽量在阴凉处，以给机体的体温调节系统提供一段适应室内外环境变化的时间。

（5）放缓活动节奏。对不习惯在炎热环境中工作、活动的人而言，应放缓节奏，在机体逐渐适应环境后，再逐步增加工作量或活动量。如果在工作、活动中出现心慌、气短，特别是头晕、无力等症状，甚至昏厥时，要立即停止一切活动，并转移至阴凉处休息。

（6）忌受热后"快速冷却"。炎夏人们外出归来，不能开足电扇或立即洗冷水澡，这样会使全身毛孔快速闭合，体内热量反而难以散发，还会因脑部血管迅速收缩而引起大脑供血不足，使人头晕目眩。即使天气再热，空调温度也不应低于 24 ℃，最适宜的空调温度为 27~28 ℃。此外，室内温度还应随室外温度的变化进行调整，以室内、外温差小于 5 ℃ 为宜。

（7）饮食要清淡。平时常吃些新鲜蔬菜、瓜果等消暑佳品，如冬瓜、丝瓜、苦瓜、西瓜、桃子。多吃绿豆粥、荷叶粥。乳制品既能补水，又能满足身体的营养之需。

（8）准备防暑降温药品。如十滴水、人丹、风油精等一定要备在身边，以备应急之需。

（9）老年人、孕妇、有慢性疾病的人，特别是有心血管疾病的人，在高温季节要尽可能地减少外出活动。

三、体温测量

体温指机体内部的温度。正常人腋下温度为 36~37 ℃，口腔温度比腋下高 0.2~0.4 ℃，直肠温度又比口腔温度高 0.3~0.5 ℃。

人体的温度是相对恒定的，正常人在 24 h 内体温略有波动，一般相差不超过 1 ℃。生理状态方面，早晨体温略低，下午略高。运动时、进食后、妇女月经期前或妊娠期间体温稍高，而老年人体温偏低。体温高于正常温度称为发热，37.5~38 ℃为低热，38~39 ℃为中度发热，39~40 ℃为高热，40 ℃以上为超高热。临床上检查患者体温，观察其变化对诊断疾病或判断某些疾病的预后有重要意义。

体温测量时，最常用的是腋下测量法，即先将体温计的水银柱甩到35 ℃以下，再将体温计头端置于受测者腋窝深处，令其用上臂将体温计夹紧，5~10 min后读数。读数方法是一手拿住体温计尾部，即远离水银柱的一端，使眼与体温计保持同一水平，读出水银柱右端所对应的数字。读数时注意千万不要触碰体温计的头端，因为手会影响水银柱而造成测量不准，且眼睛不要高于或低于体温计。测量时要确认腋窝处没有保暖或者降温的物品，并且应该将腋窝的汗液擦干。

第二节 消防知识

一、消防基础知识

消防工作应贯彻"以防为主、防消结合"的方针。以防为主就是要把防火放在首位，严格控制发生火灾的各种因素，消除可能引起火灾的漏洞，避免发生火灾。防消结合就是充分做好各种防范准备，在万一发生火灾时，能迅速将其扑灭，将损失减少到最低限度。

（一）引起火灾的原因

从消防角度讲，非正常的燃烧现象就是着火或称失火。火灾发生的原因很多，概括起来可以分为以下3种类型：①由于人们思想麻痹，缺乏防火知识，或者违反防火安全制度和操作规程而引起；②由物质的（温度、湿度、与空气接触等）、生物的、化学的作用而引起；③人为纵火。

仓库由于物资高度集中，经济价值高，同时进出库等作业频繁，因此做好仓库防火工作的意义重大。仓储要认真贯彻"以防为主、防消结合"的方针，确保人身、商品和设备的安全。由于仓库储存物品繁杂，所存物品火灾危险性程度不一，因此仓库火灾原因也很复杂。火灾原因大致有以下几种。

1. 违章用火

在库区内违章使用炉火取暖做饭、吸烟、使用明火照明、违章使用电气焊等。

2. 违章用电

库区内电线老化，违章使用临时线，违章安装或使用照明、电热器具和用电设备。易燃易爆物品库区内，电气线路、设备和用电器不符合防爆要求等。

3. 违章作业

进入库区的机动车辆没有防火防爆措施，输送机、码垛机等由于故障而导致摩擦生热起火等。

4. 化学危险物品混存

由于缺乏化学危险物品保管常识，将有机氧化剂和无机氧化剂混存，将可燃气体（物）与助燃气体（物）混存，将点火器材与起爆器材、爆炸性物品混存，将一些燃烧后需用不同灭火剂、灭火方法的物品混存等。

5. 自燃

由于所存物品堆垛过大，没有间距，堆放时间过长，或遇潮湿、高温、通风不良等原因，可燃物蓄热而引起自燃。一些化学危险物品由于包装破损、遇水、受潮，也会发生自燃。

6. 雷击和静电

在化学危险物品仓库、储罐和规模较大的物资库，未按要求采取防雷措施，有的虽有防雷设施，但年久失修。易燃物品的储罐、管线、输送设备等没有采用导除静电的措施。

7. 纵火

仓库由于物资集中，常常成为一些犯罪分子的攻击目标。

（二）燃烧的条件和类型

1. 燃烧的条件

燃烧是一种放热、发光、剧烈的化学反应。燃烧必须同时具备以下3个必要条件和3个充分条件。3个必要条件指要有可燃物、助燃物和着火源。3个充分条件：一是可燃物质与氧或其他氧化剂必须达到一定的数量比例；二是着火源必须有一定的温度和足够的热量；三是可燃物、助燃物和着火源同时具备并相互作用，才会燃烧。因此，需要学会运用燃烧的必要条件和充分条件，有针对性地采取措施，以防止火灾的发生。

2. 燃烧的类型

燃烧的类型可分为闪燃、着火、自燃和爆炸4种。

（三）常用灭火设施

1. 灭火剂

灭火剂指能够有效地破坏燃烧条件，使燃烧终止的物质。对灭火剂的基本要求是灭火效能高，取用方便，对人体和物体基本无害。灭火剂的种类较多，常用的有水、化学泡沫、二氧化碳、干粉、卤代烷灭火剂、沙土、水蒸气等。

（1）水。水是应用最广的灭火剂。水能迅速冷却燃烧物，隔绝空气，使燃烧窒息。当水喷到燃烧物上后，部分变成水蒸气，减少燃烧区内氧的含量。水是既经济又实惠的常用灭火剂。一般建筑物和木材等固体可燃物质火灾可用水扑救，但是水不能扑救下列物质和设备的火灾：①比水密度小的石油、汽油、苯等，能浮在水面的油类火灾；②遇水能发生燃烧或爆炸的化学危险品，如金属钾、钠、铝粉、电石等的火灾；③熔化的铁水、钢水，灼热的金属和矿渣等火灾；④高压电气设备火灾；⑤精密仪器设备和贵重文件档案火灾。

（2）化学泡沫。灭火器中应用的化学泡沫是酸性物质（硫酸铝）和碱性物质（碳酸氢钠）及泡沫稳定剂相互作用而形成的膜状气泡群。泡沫是扑救易燃和可燃液体的最经济、最有效的灭火剂。泡沫灭火器可用来扑灭木材、棉布等燃烧引起的失火，它除用于扑救一般固体物质火灾外，还能扑救油类等可燃液体火灾，但不能扑救带电设备和醇、酮、酯、醚等有机溶剂的火灾，也不可与干粉联合使用。

（3）二氧化碳。二氧化碳是无色无味的惰性气体，具有不燃烧、不助燃、比空气密度大的特性。把二氧化碳气体经高压灌装在钢瓶内即是二氧化碳灭火剂。使用时，打开阀门，二氧化碳呈雪花状喷出，并迅速汽化，以达到灭火的目的。其特点是不导电，不留污迹。二氧化碳适用于扑救电气设备、精密仪器、档案资料等，以及范围不大的油类、气体和一些不能用水扑救的物质的火灾，不能扑救与二氧化碳能发生化学反应的金属钾、钠、镁、铝等物质的火灾。注意，在室内用二氧化碳灭火，当含量达到5%时，人会感到呼吸困难。灭火时，人要站在上风向，手要握住喷筒木柄，以免冻伤。

（4）干粉。干粉灭火剂的主要成分是碳酸氢钠等盐类物质，并掺入一些润滑剂和防潮剂。干粉具有灭火速度快、毒性低、可以长期保存等优点，且成本相对较低。干粉灭火剂适用于扑救易燃液体、可燃气体和电气火灾，以及某些不宜用水扑救的火灾。有粉尘爆炸危险的场所不宜使用干粉灭火剂灭火，以防把沉积的粉尘吹扬。另外，精密仪器不能使用干粉灭火剂。使用干粉灭火剂时，打开保险，一手紧握胶管，拉动拉环，干粉即喷出灭火，距火源以2~3 m为宜。干粉灭火剂应存放在阴凉通风处，每年检查一次，以防止干粉结块。

（5）卤代烷灭火剂。卤代烷灭火剂是卤族元素的氟、氯、溴等原子取代甲烷或乙烷等碳氢化合物中的氢原子而构成的化合物。常用的卤代烷灭火剂是1211和1301，即二氟一氯一溴甲烷和三氟一溴甲烷。它们均为无色气体，用加压的方法将其液化，装在钢瓶内，当打开开关时，气体呈雾状喷出，中断燃烧的连锁反应，抑制燃烧。卤代烷灭火剂的灭火效率比二氧化碳高5倍，且毒性低、不留痕迹。卤代烷灭火剂用于扑救石油及其产品、有机溶剂、带电设备、精密仪器和文物、档案等物品的火灾。但卤代烷灭火剂和其他灭火剂相比，其成本较高。

（6）沙土。沙土是经济而常用的灭火剂材料，其灭火原理就是覆盖火焰，使燃烧物与空气隔绝，从而达到灭火的目的。

（7）水蒸气。当燃烧区内充填水蒸气含量达到35%时，燃烧就会被遏止。其灭火原理是降低燃烧区内氧气的含量。如果装有锅炉设备的场所着火，则可以通过排放大量水蒸气来灭火。

2. 固定消防设施

固定消防设施包括消火栓、消防水带和水枪、消防水泵结合器、自动报警和自动灭火设施。

（1）消火栓。消火栓是消防用水的主要人工水源，分室内消火栓和室外消火栓2种。室内消火栓安装在建筑物内消防管网上，与消防水枪、水带配套放置在消火栓箱内。室外消火栓与城镇自来水管网相连，供消防队灭火用。平时，要经常检查消火栓是否完好，有无渗漏、锈蚀现象，接口、垫圈是否完整无损。阀杆上应经常加油润滑，以保持开启灵活。室外消火栓冬季要注意防冻保温。室内外的消火栓要设有明显标志，并不准埋压、圈占、遮挡。

（2）消防水带和水枪。水带和水枪都是火场输水的灭火器材。使用水带时，应防止扭转和骤然折弯，以防止阻挡水流顺利通过。铺设水带应避开尖锐物体和油类。平时要经常检查消火栓箱内的器材，单层卷好，竖放，防止丢失和挪作他用。

（3）消防水泵结合器。消防水泵结合器是为高层建筑室内灭火管网送水的专用消防设施，用以连接消防车机动泵向建筑物管网加压输送消防水，解决室内消防给水管道供水不足问题。平时消防水泵结合器要由专人管理，定期保养，检查密封件是否老化，并做到开启正常。附近不准圈占和堆放物品，以免影响消防车靠近。

（4）自动报警和自动灭火设施。自动报警和自动灭火设施是现代防、灭火设施的重要组成部分。火灾自动报警系统由火灾探测器、区域报警器和集中报警器组成。火灾所产生的烟雾高温和光辐射被探测器接收，转换成电信号。区域报警信号传给集中报警器，将火灾信号显示在屏幕上，记录时间和位置，发出指令以驱动和操纵有关灭火设备，喷出灭火剂将火扑灭。自动报警与灭火设施要由专门人员经常检查维护，排除故障。其值班人员要经过专门培训，精通业务，持证上岗，并做到 24 h 不离岗。

（四）防火工作的基本措施

（1）认真贯彻执行上级消防安全工作的有关规定，成立安全工作领导小组，确定一名主要领导人为防火安全负责人，全面负责消防安全工作。

（2）建立健全安全管理制度和责任制，经常检查执行情况，切实做到有章可循、有章必循、违章必究。

（3）开展防火宣传教育和消防法制教育，普及防火知识。

（4）认真开展消防安全检查，及时消除隐患。

（5）做好灭火准备，要有一支训练有素的义务消防队，并要根据生产、储存等实际需要配足灭火器材和装备，以保证在发生火灾时能及时扑救。

（6）对易燃、可燃杂物要及时清除，特别是对具有易燃、易爆等性质的化学危险品，要按照《化学危险物品安全管理条例》进行生产、储存、经营、运输、装卸和使用，切不可掉以轻心。

（7）加强对火源的管理，要选择具备安全生产条件的环境。

（8）加强对电源的管理，对电源的管理应从安装、使用和维护三方面着手。线路、设备、用电器具由正式电工安装，并符合安全规定要求。单位用电做到不超负荷，不乱拉临时线，不带故障运行、使用，用完电器及时断电。

二、灭火的方法

火灾发生时，应根据火灾发生的不同地点的实际情况采取不同的应急处理措施。

燃烧需要同时具备可燃物、助燃物和着火源 3 个条件。按照这个道理，一切灭火方法都是为了破坏燃烧条件，使燃烧反应终止。灭火的基本方法有 4 种：冷却灭火法——降低燃烧物质的温度、窒息灭火法——减少空气中氧的含量、隔离灭火法——隔离与火源相近的可燃物质、抑制灭火法——消除燃烧过程中的游离基。

（一）冷却灭火法

冷却灭火法是根据可燃物质发生燃烧必须达到一定温度这个条件，将灭火剂直接喷洒在可燃物上，使可燃物温度降低到燃点以下，从而使燃烧停止。用水和二氧化碳灭火剂扑救火灾，其主要原理就是冷却灭火。一般物质起火，都可以用水来冷却灭火。

（二）窒息灭火法

窒息灭火法是根据可燃物质发生燃烧需要足够的助燃物（如空气）这个条件，采取适当的措施，防止空气进入燃烧区，或用惰性气体稀释空气，降低含氧量，使燃烧物质缺乏或断绝氧气而熄灭。如可采用石棉布、浸湿的棉被等不燃或难燃材料覆盖燃烧物，用金属锅盖盖油锅灭火等。在扑救初期火灾时，未做好灭火准备前，一般暂不打开起火建筑的门窗，以阻止新鲜空气进入，使室内缺氧，从而延缓或终止燃烧。在灭火准备充分后，再采用水或泡沫淹没的方法扑救。

（三）隔离灭火法

隔离灭火法是将燃烧物体附近的可燃物质隔离或疏散开，使燃烧停止。这种方法适用于扑救各种固体、液体和气体火灾。具体措施有：将火源附近的易燃易爆物品从燃烧区转移到安全地点；关闭阀门，阻止可燃气体、液体流入燃烧区；拆除与起火部位相毗连的易燃建筑结构，造成阻止火势蔓延的空间地带。

（四）抑制灭火法

抑制灭火法是将化学灭火剂喷入燃烧区，使之参与化学反应，从而使燃烧反应停止。采用这种方法，主要使用的灭火剂有干粉和卤代烷等。要起到抑制燃烧反应的目的，一定要将足够的灭火剂准确地喷在燃烧区，阻断燃烧反应。此外，还要采取必要的冷却降温措施，以防复燃。

第三节　安全用电知识

安全用电是保障各行各业正常开展工作的重要条件。

一、安全用电基础知识

（一）电气火灾的原因

随着经济建设的不断发展，人们用电越来越多，负荷日趋增加。如果用电不当，管理不善，电气火灾也会不断增多。电气设备发生火灾的原因是多方面的，主要是由电气设备安装不符合技术规范、违章使用电气设备、平时缺乏维修保养等造成的。

1. 电气线路或电气设备短路

电气线路上，由于各种原因相接或相碰，造成电流突然增大而引起短路。短路时，电阻突然减小，电流突然增大，瞬间放热量极大，产生的电火花使绝缘材料烧毁，金属熔化，引起周围易燃、可燃物燃烧，从而造成火灾。

2. 超负荷

电气线路和电气设备允许连续通过而不至于使电线和电气设备过热的电流称为安全电流。如果导线或设备通过的电流超过安全电流，则称为过载或超负荷。超负荷运行会使电线、电气设备温度急剧上升，使绝缘材料迅速老化，设备损坏，引起短路起火事故。

3. 接触电阻过大

接触电阻指导体连接时，如导线与导线、导线与用电设备，在接触面上形成的电阻。

若接头干净、无杂质，连接紧固，则其电阻值小；否则电阻值增大，使接触部位发热，引起绝缘材料起火，甚至使金属熔化。

4. 电气设备发热部件引燃可燃物

电气设备在运行中，有的部件，如照明灯具、日光灯镇流器、电动机、变压器等往往产生热量。另外，有些电器本身就是电热器具，如电烙铁、电炉、电烘箱等。如果对电热器具管理不严，疏忽大意，发热设备和器具接触可燃物，就会引起火灾。另外，配电线路发生短路、开关电器、保险丝带电抢修作业等时候，都会产生电火花或电弧，这种高达几千度的电火花和电弧很容易引起周围可燃气体或可燃物起火，是一种危险的火源。

5. 电磁感应中的涡流发热

在闭合电路中，有电场就有磁场。在密集的电源线圈电磁场内，往往产生涡流，涡流能发热，会引起线圈被烧，造成导线或可燃物起火。

（二）电气火灾的预防

预防电气火灾，首先必须明确凡安装电气线路和电气设备，都应有正式电工严格遵照电气安装技术规范操作施工，未经配电和安全部门许可，不准随意增加大功率电气设备。非电工不允许乱拉电线或维修电气设备。其次要经常检查电气绝缘程度，防止漏电、短路发生。电热器具和发热部件必须安装在不燃基座上，并远离可燃物，需有专人负责看管。用毕或中途停电时，务必拉闸断电。电气设备不准带病运行，以防连电。此外，在有酸碱腐蚀的场所，要注意采取防腐措施。在火灾及爆炸危险场所，必须采取不同防爆等级、有专门防护装置的电气设备，以防止因电火花、电弧和高温而引起场所内的可燃物或有爆炸危险的混合物发生燃烧或爆炸。

（三）安全用电注意事项

（1）电力新装、迁移或增容，应向电力管理部门申请，经审批同意后，由用户委托有资质的单位施工，工程经检验合格后，方能装表接电。

（2）电气设备的安装和使用要严格按照用电设备的容量选配与负荷量相应的电线、电器、开关和电器仪表等，防止私拉乱接电线或随意增加用电量，导致超负荷用电，使电气设施过热而造成火灾。

（3）电风扇等用电设备的金属外壳要有牢固可靠的接地保护。使用带有接地线的三眼插头、插座，电热器具应做到人离电断，这样既可保护人身和设备安全，也可防止因长期过热而引发火灾。

（4）电灯器具安装要牢固，临时用灯要装插头，火线（相线）应接入开关控制，确保关灯时灯头无电。电线不准爬地铺设。

（5）选用与设备容量相匹配的保险丝，当电流超过额定值即可自行熔断，以防止烧毁设备和扩大停电范围。

（6）电线、保险盒、开关、灯头、插座、电器等应使用经国家检验（许可生产）合格的产品。如果电气设备有破损、漏电、接头发热或绝缘损坏、带电外露等问题，应及时断电，请持有电工职业资格证书的电工检查和更换。

（7）电气安装要符合国家技术规范。电力线与网线、广播线、电话线应严格分开铺设，防止串电。电视天线要远离电力线。严禁在电线上晾晒（挂）衣服。

（8）开关和带熔丝的刀闸，不可有触电隐患，即不能有可被触摸到的金属裸露部分。

（9）电线、电器、开关各接头接触要牢固，防止因接头松动、接触不良而引起过热着火。

（10）电线落地走线时，应加装绝缘套管，并要采取防鼠咬、虫蛀等措施。

（11）不要用湿手、湿脚触摸或搬动电气设备，更不要带电安装、移动、修理电气设备。

二、发生触电时的现场急救方法

触电事故的发生要以预防为主，充分发动群众，宣传安全用电知识，防患于未然。一旦发生触电事故，应及时进行正确救护。

（1）迅速解脱电源。发生触电事故时，切不可惊慌失措，应马上切断电源。当有电的电线触及人体而引起触电时，可用绝缘的物体（如木棒、竹竿、手套等）将电线移开，使触电者脱离电源。必要时可用绝缘工具（如带有绝缘柄的电工钳、木柄斧头以及锄头等）切断电源。此时，人体的肌肉不再受电流的刺激，会立即放松，触电者会自行摔倒，因此还要有相应的保护措施。

（2）检查触电人员。将脱离电源后的人员迅速移至比较通风、干燥的地方，使其仰卧，将其上衣与裤带放松。用一些简单有效的方法，判断一下是否"假死"及"假死"的类型。观察一下其是否有呼吸存在，摸一摸颈部的颈动脉和腹股沟处的股动脉是否搏动，看一看瞳孔是否扩大。

（3）触电人员处理。经过简单诊断后的触电人员，要分情况处理，有如下几种情况：①触电人员神志清醒，但感觉乏力、头昏、心悸、出冷汗，甚至恶心或呕吐。此类触电人员应就地安静休息，减轻心脏负担，加快恢复；情况严重时，送往医疗部门，请医护人员检查治疗。②触电人员呼吸、心跳尚存，但神志不清。此时应将触电人员仰卧，周围的空气要流通，并注意保暖。除了要严密地观察外，还要做好人工呼吸和心脏按压的准备工作，并立即通知医疗部门或用担架将触电人员送往医院。③如经检查后，触电人员处于"假死"状态，则应立即针对不同类型的"假死"进行对症处理。心跳停止的，用体外人工心脏按压法来维持血液循环；如呼吸停止，则用口对口的人工呼吸法来维持气体交换；呼吸、心跳全部停止时，则需要同时进行体外心脏按压法和人工呼吸法，同时向医院告急求救。

人工呼吸法的操作方法是：①将触电人员仰卧，解开其衣领，松开紧身衣着，放松裤带。然后将触电人员的头偏向一边，张开其嘴，用手指清除其口中的黏液、血块和呕吐物及其他异物，有活动义齿者必须取下义齿，使呼吸道畅通。②抢救者在触电人员的一边，以近其头部的一手紧捏触电人员的鼻子（避免漏气），并将手掌外缘压住其额部，另一只手托在触电人员的颈后，将其颈部上抬，使其头部充分后仰，以解除舌下坠所致的呼吸道梗阻。③急救者先深吸一口气，然后用嘴紧贴触电人员的嘴或鼻孔大口吹气，同时观察其胸部是否隆起，以确定吹气是否有效和适度。④吹气停止后，急救者头稍侧转，并立即放松捏紧患者鼻孔的手，让气体从患者的肺部排出，此时应注意患者胸部复原的情况，倾听其呼气声，观察有无呼吸道梗阻。如此反复进行，每分钟吹气12次，即每5秒吹一次。

体外心脏按压是指有节律地以手对心脏按压，用人工的方法代替心脏的自然收缩，从而达到维持血液循环的目的。操作方法是：①使患者仰卧于硬板上或地上，以保证挤压效果。②抢救者跪跨在患者的腰部。③抢救者以一手掌根部按于患者胸下1/2处，即中指指尖对准其颈部凹陷的下缘，当胸一手掌，另一手压在该手的手背上，肘关节伸直。依靠体重和臂、肩部肌肉的力量，垂直用力，向脊柱方向压迫胸骨下段，使胸骨下段与其相连的肋骨下陷3～4 cm，间接压迫心脏，使心脏内血液搏出。④挤压后突然放松（要注意掌根不能离开胸壁），依靠胸廓的弹性使胸复位，此时，心脏舒张，大静脉的血液回流到心脏。按照上述步骤连续操作，每分钟需进行60次，即每秒一次。

第四节　防盗知识

药店防盗是长期任务，营业员在工作中宜留心观察，及时发现问题，做好对盗、抢的防范。有时顾客中有一时冲动想偷拿药品的，营业员应该做好防范，对偷盗者而言，不给他们机会比抓住他们更重要。

一、防范的对策

防范的对策包括：①随时避免柜台无人看守；②店内不得存放太多钱款；③门和玻璃上不要张贴太多的海报；④高度警觉，留意店外可疑的人；⑤注意携带特别包装物进店的人；⑥保持药品的整齐，预防偷盗行为的发生。

二、发现偷盗时的对策

（1）应当引起注意的顾客包括：两人一同进店，一人主动与店员说话，而另一人有意躲避店员；有意解开大衣纽扣者；只看店员而不看药品者；盯着出入口附近药品的人；专挑顾客多的柜台东张西望者；装作不在意将药品压在提包下面者。营业员如果发现行动可疑者，应主动招呼"您好，有什么需要我帮忙的吗？"以作预防。

（2）一旦发现偷窃者，不能大声呼叫。如果偷窃者尚未得手，则营业员应尽量将药品收回；如果偷窃者已经得手，则营业员应在一边监视其行动，并尽快与保安人员联系，自己不要草率地直接劝阻顾客。不论证据如何确凿，都不能强行搜身，应认真妥善处理。即使人赃俱在，也应当尽量不惊动其他顾客，然后立即通知警方。

（3）如有意外事件发生，应保持冷静沉着，如歹徒有凶器，不要轻易做出无谓的抵抗，以确保顾客和自身的人身安全。在不影响个人安全和顾客人身安全的情况下，尽可能拖延时间，假装与歹徒合作。尽量记住歹徒的特征，如身高、口音、穿着、脸部长相等，不要触碰歹徒触摸过的物品及设备，并伺机报警。

但需要注意的是，在防盗过程中，一定要尊重顾客，千万别把每一位进店的顾客都当小偷一样提防。

实训

活动一　人工呼吸法的操作
学生以小组为单位，进行人工呼吸法的操作练习。

活动二　参观消防设施
教师带领学生参观学校教学楼、实验楼、宿舍楼中配备的灭火器、消火栓、消防水带和水枪、消防水泵结合器、自动报警和自动灭火等消防器材和设施。

下篇
医药商品营销工作技能

第五章 医药商品各论

学习目标

知识目标

掌握：化学类药物的分类、药品通用名称、商品名称和适应证。

熟悉：常用中成药，医疗器械分类，保健食品标识。

了解：常用中药材，医疗器械产品注册及管理。

能力目标

能正确进行化学类药物的分类。

第一节 化学类药物

本节的化学类药物主要选自《国家基本药物目录》(2018版)和《中国药典》(2020年版)。下面按照临床药理学的分类，列表介绍各类药物的应用（见表 5-1-1 至表 5-1-18）。表 5-1-1 所列为抗微生物药物应用。

表 5-1-1 抗微生物药物应用

序号	通用名称	商品名称	适应证
1	阿莫西林	再林、益萨林、阿莫仙、阿莫灵、日奥	用于敏感菌引起的呼吸道、尿路、胆管感染和伤寒等
2	阿莫西林克拉维酸钾	安奇、超青、舒仙琳	用于敏感菌所致的呼吸道、泌尿生殖系统、皮肤和软组织感染等
3	氨苄西林	凯兰欣	用于泌尿系统、呼吸系统、胆管和肠道感染、脑膜炎等
4	苯唑西林钠		用于耐青霉素的葡萄球菌所致的各种感染，如心内膜炎、骨髓炎、脑膜炎、败血症、烧伤等
5	青霉素V钾	维百斯、力特尔新	用于青霉素敏感菌株所致的轻、中度感染，包括链球菌所致的扁桃体炎、咽喉炎、猩红热、丹毒等，肺炎球菌所致的支气管炎、肺炎、中耳炎、鼻窦炎等，敏感葡萄球菌所致的皮肤和软组织感染等
6	哌拉西林钠		用于绿脓杆菌及其他敏感菌所致的尿路感染及其他严重感染等
7	头孢氨苄	福林、申嘉	用于呼吸道、尿路、耳鼻喉、皮肤及软组织感染等

续表

序号	通用名称	商品名称	适 应 证
8	头孢曲松钠	安塞隆、果复每、罗塞秦、罗氏芬	用于敏感菌感染的脑膜炎、肺炎、皮肤和软组织感染、腹膜炎、泌尿系统感染、淋病、肝胆感染、外科创伤，也可用于败血症及生殖系统感染等
9	头孢唑林钠		用于敏感菌所致的呼吸道、泌尿生殖系统、皮肤和软组织、骨和关节、胆管等感染，也可用于心内膜炎、败血症、咽和耳部感染
10	头孢呋辛钠	瑞呋欣、立健新、司佩定、新福欣	用于泌尿系统、呼吸道、骨和关节、耳鼻喉、软组织感染等
11	头孢克洛	希刻劳、新达罗、再克、苏刻乐	用于敏感菌引起的上呼吸道、泌尿系统、皮肤和软组织感染等
12	头孢拉定	申优、泛捷复	用于敏感菌所致的急性咽炎、扁桃体炎、中耳炎、支气管炎和肺炎等呼吸道感染、泌尿生殖道感染及皮肤软组织感染等
13	头孢他定	复达欣、泰得欣、凯复定、新天欣、安塞定	用于敏感革兰阴性杆菌所致的败血症、下呼吸道感染、腹腔和胆道感染、复杂性尿路感染和严重皮肤软组织感染等。对于由多种耐药革兰阴性杆菌引起的免疫缺陷者感染、医院内感染以及革兰阴性杆菌或铜绿假单胞菌所致中枢神经系统感染尤为适用
14	红霉素		用于扁桃体炎、猩红热、淋病等，为军团菌肺炎、支原体肺炎的首选药
15	阿奇霉素	维宏、希舒美	用于敏感菌所致的呼吸道、耳鼻喉、泌尿生殖系统、儿科疾病的感染等
16	琥乙红霉素	利君沙、艾加星	用于扁桃体炎、咽炎、副鼻窦炎、支原体肺炎、婴儿肺炎、新生儿结膜炎、白喉、百日咳、中外耳炎、牙科疾患、军团菌病、李斯特菌感染，轻度到中度的皮肤及软组织感染，空肠弯曲菌肠炎、泌尿生殖系统感染以及淋病、梅毒、痤疮等
17	罗红霉素	严迪、亚力希、赛乐林、欣美罗	用于敏感菌所致的呼吸道、耳鼻喉、泌尿生殖系统、儿科疾病的感染等
18	硫酸庆大霉素	瑞贝克	用于铜绿假单胞菌、大肠杆菌、痢疾杆菌等革兰阴性菌引起的败血症、呼吸道、胆管和尿路感染及菌痢等
19	硫酸阿米卡星		用于敏感菌所致的肾盂肾炎、败血症、尿路、呼吸道及肺部感染等
20	万古霉素		用于耐青霉素金葡菌所引起的严重感染，如肺炎、心内膜炎及败血症等
21	盐酸四环素		作为首选或选用药物应用于流行性斑疹伤寒、地方性斑疹伤寒、落基山热、恙虫病和Q热、输卵管炎、宫颈炎及沙眼等

续表

序号	通用名称	商品名称	适应证
22	盐酸米诺环素	美克威、美依、玫满	用于尿路、胃肠道、皮肤、骨髓、眼、耳、鼻、喉部感染及妇科疾病、男性淋病等
23	多西环素	永喜、多迪、艾瑞得安	作为选用药物之一，可用于下列疾病：①立克次体病，如流行性斑疹伤寒、地方性斑疹伤寒、落基山斑点热、恙虫病和Q热；②支原体属感染；③衣原体属感染，包括鹦鹉热、性病、淋巴肉芽肿、非特异性尿道炎、输卵管炎、宫颈炎及沙眼；④回归热；⑤布鲁菌病；⑥霍乱；⑦兔热病；⑧鼠疫；⑨软下疳。治疗布鲁菌病和鼠疫时需与氨基糖苷类联合应用。 由于目前常见致病菌对四环素类耐药现象严重，仅在病原菌对本品敏感时，方有应用指征。葡萄球菌属大多对本品耐药。 用于对青霉素类过敏患者的破伤风、气性坏疽、雅司病、梅毒、淋病和钩端螺旋体病以及放线菌属、李斯特菌感染。 用于中、重度痤疮患者作为辅助治疗
24	克拉霉素	卡碧士、长迪、君然、臻克、冰克、澳扶安、克尼邦	用于克拉霉素敏感菌所引起的下列感染：①鼻咽感染；②下呼吸道感染；③皮肤软组织感染；④急性中耳炎、肺炎支原体肺炎、沙眼衣原体引起的尿道炎及宫颈炎等；⑤军团菌感染
25	盐酸克林霉素	力派、特丽仙	用于敏感菌引起的扁桃体炎、化脓性中耳炎、急性支气管炎、皮肤和软组织感染、泌尿系统感染、肺部感染等
26	磷霉素	维尼康	用于敏感的革兰阴性菌引起的尿路、皮肤及软组织、肠道等部位感染，对肺部、脑膜感染和败血症也可考虑应用
27	复方磺胺甲噁唑	玉安立清、欧林、诺达明	用于肠道感染、心内膜炎、急慢性支气管炎、淋病、骨髓炎、婴儿腹泻、旅游者腹泻等
28	磺胺嘧啶		用于：①敏感脑膜炎球菌所致的流行性脑脊髓膜炎的治疗和预防；②与甲氧苄啶合用可治疗对其敏感的流感嗜血杆菌、肺炎链球菌和其他链球菌所致的中耳炎及皮肤软组织等感染；③星形奴卡菌病；④对氯喹耐药的恶性疟疾治疗的辅助用药；⑤为治疗沙眼衣原体所致宫颈炎和尿道炎的次选药物；⑥由沙眼衣原体所致的新生儿包涵体结膜炎的次选药物
29	诺氟沙星	久诺	用于敏感菌所致的尿路感染、前列腺炎和伤寒等，也用于菌痢、急性气管炎、化脓性扁桃体炎及其他外科、妇科、皮肤科疾病的感染等
30	环丙沙星	悉复欢、林青、赛克星	用于敏感菌所致的呼吸道、尿路、消化道、胆管、皮肤和软组织、盆腔、眼、耳、鼻、咽喉等部位的感染
31	左氧氟沙星	来立信、金诺尔曼、可乐必妥、利复星、清康	用于敏感菌所致的泌尿生殖系统、呼吸道、胃肠道、骨和关节、皮肤和软组织感染以及败血症等

续表

序号	通用名称	商品名称	适 应 证
32	氧氟沙星	泰利必妥、奥复星、贝立德	用于敏感菌所致的呼吸道、泌尿系统、皮肤及软组织、胆囊及胆管、中耳、鼻窦、肠道感染等
33	莫西沙星		用于：①成人（≥18岁）上呼吸道和下呼吸道感染，如急性窦炎、慢性支气管炎急性发作、社区获得性肺炎及皮肤和软组织感染；②复杂腹腔感染，包括混合细菌感染，如脓肿
34	甲硝唑	舒瑞特、一孚晴、华适、天力宁、迷尔脱、麦斯特、碧洁、麦芙欣	用于治疗肠道和肠外阿米巴病（如阿米巴肝脓肿、胸膜阿米巴病等），还可用于治疗阴道滴虫病、小袋虫病和皮肤利什曼病、麦地那龙线虫感染等。目前还广泛用于厌氧菌感染的治疗
35	替硝唑	津和、替诺康、晓力、迪克新、乐净、可立泰、替尼津、乐净怡	用于各种厌氧菌感染，如败血症、骨髓炎、腹腔感染、盆腔感染、肺支气管感染、肺炎、鼻窦炎、皮肤蜂窝组织炎、牙周感染及术后伤口感染；用于结肠直肠手术、妇产科手术及口腔手术等的术前预防用药；用于肠道及肠道外阿米巴病、阴道滴虫病、贾第虫病、细菌阴道病等的治疗；也可作为甲硝唑的替代药用于幽门螺杆菌所致的胃窦炎及消化性溃疡的治疗
36	呋喃妥因		用于敏感菌所致的泌尿系统感染，如肾盂肾炎、尿路感染、膀胱炎及前列腺炎等
37	异烟肼	胜君	用于各种类型结核病的治疗，除预防应用外，治疗时必须与其他第一线药物联合应用，以防抗药性产生。对急性粟粒性结核和结核性脑膜炎，应增大剂量，必要时静脉滴注
38	利福平	舒兰新、维夫欣	用于各型结核病，疗效与异烟肼相同。也可用于耐药金葡菌、肺炎双球菌、厌氧菌、麻风杆菌的感染以及沙眼的治疗
39	吡嗪酰胺		与其他抗结核药（如硫酸链霉素、异烟肼、利福平及盐酸乙胺丁醇）联合用于治疗结核病
40	盐酸乙胺丁醇		用于经其他抗结核药治疗无效的患者，常与其他抗结核药联合应用，以增强疗效，并延缓细菌耐药性的产生
41	硫酸链霉素		用于结核病，也用于由敏感细菌所致的脑膜炎、肺炎、败血症、泌尿系统感染和肠道感染等
42	对氨基水杨酸钠		用于结核分枝杆菌所致的肺及肺外结核病，静脉滴注可用于治疗结核性脑膜炎及急性扩散性结核病
43	氨苯砜		主要用于治疗各型麻风。近年试用于治疗系统性红斑狼疮、痤疮、银屑病、带状疱疹等
44	氟康唑	康锐、依利康、护齐、大扶康、麦尼芬、汝宁	用于念珠菌、隐球菌感染，如肺、皮肤、腹膜、心内膜感染等

续表

序号	通用名称	商品名称	适应证
45	硝呋太尔制霉菌素	水青、朗依	主要用于治疗皮肤、黏膜念珠菌病，也适用于口腔、阴道、眼、耳等念珠菌感染，如真菌性甲沟炎、阴道炎、口腔炎等
46	克霉唑	诺亚涂膜	用于皮肤、黏膜、腔道等部位真菌感染
47	酮康唑	采乐、敬宇、显克欣、必亮	用于治疗敏感真菌所致的皮肤和指甲癣、阴道白色念珠菌病、胃肠真菌感染等，也用于白色念珠菌、类球孢子菌、组织胞浆菌等引起的全身感染
48	伊曲康唑	斯皮仁诺、美扶、易启康	用于浅表和深部真菌感染，与酮康唑不同的是，对孢子丝菌、曲菌、新型隐球菌、球孢子菌、暗色真菌有高效作用
49	小檗碱（黄连素）		用于肠道感染，如胃肠炎
50	奥司他韦	可威、达菲	用于：①成人和1岁及1岁以上儿童的甲型和乙型流感治疗（磷酸奥司他韦能够有效治疗甲型和乙型流感，但是乙型流感的临床应用数据尚不多）；②成人和13岁及13岁以上青少年的甲型和乙型流感的预防
51	恩替卡韦	博路定、天丁	用于病毒复制活跃，血清丙氨酸氨基转移酶（ALT）持续升高或肝脏组织学显示有活动病变的慢性成人乙型肝炎的治疗
52	替诺福韦二吡呋酯	韦瑞德	与其他抗反转录病毒药物联用，用于治疗成人HIV-1感染
53	阿昔洛韦	爱尔新	用于防治单纯疱疹病毒的Ⅰ型、Ⅱ型皮肤或黏膜感染，也可用于水痘-带状疱疹病毒感染
54	利巴韦林	利迈欣、威乐星、奥佳	用于病毒性感冒、腺病毒、肺炎、麻疹、甲型肝炎、流行性出血热、带状疱疹及病毒性脑炎等
55	阿糖腺苷		用于疱疹性角膜炎、疱疹性脑炎、带状疱疹、慢性乙型肝炎等

表5-1-2所列为抗寄生虫病药物应用。

表5-1-2 抗寄生虫病药物应用

序号	通用名称	商品名称	适应证
1	磷酸氯喹		用于疟疾急性发作，控制疟疾症状，还可用于治疗肠道外阿米巴病及肝脓疡
2	羟氯喹	纷乐、Plaquenil	用于对潜在严重副作用小的药物应答不满意的以下疾病：类风湿关节炎、青少年慢性关节炎、盘状红斑狼疮和系统性红斑狼疮，以及由阳光引发或加剧的皮肤病变
3	乙胺嘧啶		用于疟疾的预防，也可用于弓形虫病的治疗
4	青蒿素		用于间日疟、恶性疟及脑型疟

续表

序号	通用名称	商品名称	适应证
5	磷酸伯氨喹		用于根治间日疟和控制疟疾传播，常与磷酸氯喹或乙胺嘧啶合用
6	甲硝唑	舒瑞特、麦斯特	用于肠道和肠道外阿米巴病，还可用于阴道滴虫病、小袋虫病和皮肤利什曼病、麦地那龙线虫感染等
7	吡喹酮		用于各种血吸虫病、华支睾吸虫病、肺吸虫病、姜片虫病以及绦虫病和囊虫病
8	阿苯达唑	肠虫清	用于驱蛔虫、钩虫、蛲虫、鞭虫等
9	盐酸左旋咪唑		用于蛔虫病、钩虫病，也可用于丝虫病
10	葡萄糖酸锑钠		用于黑热病

表 5-1-3 所列为抗肿瘤药物应用。

表 5-1-3 抗肿瘤药物应用

序号	通用名称	商品名称	适应证
1	环磷酰胺	匹服平	用于恶性淋巴瘤、急慢性淋巴细胞性白血病等，也用于卵巢癌、乳腺癌、精原细胞瘤、多发性骨髓瘤、头颈部癌等
2	盐酸氮芥		用于恶性淋巴瘤、肺癌、头颈部癌，亦用于慢性白血病、乳腺癌、卵巢癌及绒癌等
3	白消安		用于慢性粒细胞性白血病的慢性期及真性红细胞增多症、原发性血小板增多症
4	卡莫司汀		用于急性白血病、霍奇金病、脑瘤、恶性肿瘤的脑和骨髓转移以及恶性黑色素瘤、肺癌、淋巴瘤、乳腺癌、睾丸肿瘤、前列腺癌等
5	氟尿嘧啶	格芬特、宁兰欣	用于结肠癌、直肠癌、胃癌、乳腺癌、卵巢癌、绒毛膜上皮癌、恶性葡萄胎、头颈部鳞癌、皮肤癌、肝癌、膀胱癌等
6	盐酸阿糖胞苷	赛德萨	用于急性淋巴细胞性及非淋巴细胞性白血病的诱导缓解期或维持巩固期，慢性粒细胞性白血病的急变期，也可联合用于非霍奇金淋巴瘤。也用于病毒性眼病，如树枝状角膜炎、角膜虹膜炎、流行性角膜、结膜炎等
7	氨甲蝶呤		用于急性白血病，尤其是对急性淋巴细胞性白血病、绒毛膜上皮癌及恶性葡萄胎等效果较好。对头颈部癌、乳腺癌、肺癌及盆腔肿瘤均有一定疗效
8	羟基脲		用于胃癌、肠癌、转移性恶性黑色素瘤、头颈部癌、乳腺癌、睾丸胚胎癌、膀胱癌、甲状腺癌、脑瘤及原发性肝癌。与放射疗法合并应用能提高疗效

续表

序号	通用名称	商品名称	适应证
9	巯嘌呤		用于急性白血病，尤其是对急性淋巴细胞性的白血病效果较好。对急慢性粒细胞性白血病、绒毛膜上皮癌、恶性葡萄胎、恶性淋巴瘤、多发性骨髓瘤也有疗效
10	放线菌素D		用于肾母细胞瘤、睾丸肿瘤及横纹肌瘤。对霍奇金病、绒毛膜上皮癌、恶性葡萄胎及恶性淋巴瘤亦有一定疗效
11	丝裂霉素		用于消化道癌、肝癌及肺癌、乳腺癌、宫颈癌、膀胱癌、慢性白血病、头颈部癌、绒毛膜上皮癌、恶性淋巴瘤等
12	注射用盐酸平阳霉素		用于头颈部鳞癌、恶性淋巴瘤、食管癌、鼻咽癌、宫颈癌、乳腺癌、肺癌、肝癌等
13	高三尖杉酯碱	赛兰、华普乐	用于急性早幼粒细胞性白血病、急性单核细胞性白血病、急性粒细胞性白血病及恶性淋巴瘤等
14	硫酸长春新碱		用于急性淋巴细胞性白血病、霍奇金病、恶性淋巴瘤、小细胞肺癌、乳腺癌、卵巢癌、消化道癌等

表5-1-4所列为局部麻醉药物应用。

表5-1-4 局部麻醉药物应用

序号	通用名称	商品名称	适应证
1	利多卡因	万严亭、雅兵、毓罗纡、瑞立泰、克泽普	用于浸润麻醉和硬膜外麻醉
2	布比卡因	奥桂仁、伊捷卡、速卡	用于浸润麻醉、传导麻醉和硬膜外麻醉
3	普鲁卡因	凯宁、可谱诺	用于浸润麻醉，亦可用于阻滞麻醉、硬膜外麻醉、腰麻和全麻的辅助药

表5-1-5所列为镇痛、解热、抗炎、抗风湿、抗痛风药物应用。

表5-1-5 镇痛、解热、抗炎、抗风湿、抗痛风药物应用

序号	通用名称	商品名称	适应证
1	吗啡		用于其他镇痛药无效的急性锐痛，如严重创伤、烧伤及晚期癌症所引起的疼痛等；也用于胆绞痛、肾绞痛，此时应与解痉药硫酸阿托品合用；还用于心源性哮喘
2	枸橼酸芬太尼	瑞捷	用于各种疼痛及外科、妇科等手术后和手术过程中的镇痛，还可用于麻醉前给药和诱导麻醉
3	盐酸哌替啶	度冷丁	用于各种剧痛，如创伤性疼痛、手术后疼痛；对内脏绞痛，应与阿托品配伍应用；用于分娩止痛时，须监护本品对新生儿的抑制呼吸作用

续表

序号	通用名称	商品名称	适应证
4	阿司匹林	巴米尔、阿西乐、利脉	常与其他解热镇痛药配成复方，用于头痛、牙痛、肌肉痛、神经痛、痛经及感冒发热等，为风湿热、风湿性关节炎及类风湿关节炎首选药，小剂量可用于预防心肌梗死、动脉血栓、动脉粥样硬化等
5	对乙酰氨基酚	泰诺林	用于解热，缓解轻、中度疼痛，如关节痛、神经痛、肌肉痛、头痛、偏头痛、痛经、牙痛、咽喉痛等，缓解普通感冒及流行性感冒症状；可用于对阿司匹林过敏、不能耐受者
6	布洛芬	芬克、美林	用于缓解轻、中度疼痛，如头痛、关节痛、偏头痛、牙痛、肌肉痛、神经痛、痛经，也用于普通感冒或流行性感冒引起的发热
7	双氯芬酸钠	扶他林、迪克乐、扶他捷、依尔松	用于风湿性关节炎、粘连性脊椎炎、非炎性关节痛、关节炎、非关节性风湿病、非关节性炎症引起的疼痛，各种神经痛、癌症疼痛、创伤后疼痛及各种炎症所致发热等
8	吲哚美辛	美达新、意施丁	用于中、重度类风湿关节炎和骨关节炎，软组织损伤和炎症，缓解急性痛风性关节炎的疼痛及炎症，偏头痛、痛经等的镇痛对症治疗
9	萘普生	适洛特	用于类风湿关节炎、骨关节炎、痛风及运动系统疾病，如关节、肌肉及腱等的慢性变性疾病，以及轻、中度疼痛，如痛经等
10	舒林酸		用于风湿性、类风湿关节炎及急性痛风等
11	吡罗昔康		用于风湿性和类风湿关节炎、骨关节炎等
12	别嘌醇	易达通、奥迈必利	用于痛风、痛风性肾病等
13	丙磺舒		用于慢性痛风，但对急性痛风无效
14	秋水仙碱		用于急性痛风性关节炎，预防复发性痛风性关节炎的急性发作
15	苯溴马隆	立加利仙、尔同舒、尤诺	用于原发性高尿酸血症，以及痛风性关节炎间歇期

表 5-1-6 所列为神经系统药物应用。

表 5-1-6 神经系统药物应用

序号	通用名称	商品名称	适应证
1	盐酸金刚烷胺		用于帕金森病、帕金森综合征、药物诱发的锥体外系反应，一氧化碳中毒和帕金森综合征及 A 型流感病毒所引起的呼吸道感染

续表

序号	通用名称	商品名称	适应证
2	左旋多巴		用于帕金森病、肝昏迷等
3	卡比多巴		用于各种原因引起的帕金森病
4	盐酸苯海索		用于帕金森病、药物引起的锥体外系反应等
5	溴新斯的明		用于治疗重症肌无力，还可作为重症肌无力的诊断用药；治疗手术后腹部胀气和尿潴留；筒箭毒碱等非去极化肌松剂的拮抗剂；皮下或肌内注射治疗阵发性室上性心动过速
6	卡马西平	得理多	用于抗癫痫，治疗三叉神经痛、躁狂症、尿崩症等
7	丙戊酸钠		用于各种类型的癫痫发作
8	苯妥英钠		用于抗癫痫，治疗三叉神经痛、舌咽神经痛和坐骨神经痛，治疗强心苷中毒引起的心律失常
9	苯巴比妥		用于镇静、催眠、抗惊厥、抗癫痫
10	硫酸镁		用于缓解子痫、破伤风等惊厥，也用于高血压危象的救治
11	尼莫地平	布瑞喜、宝依恬、尼达尔、尼膜同、易夫林	用于各种原因的蛛网膜下腔出血后的脑血管痉挛和急性脑血管病恢复期的血液循环改善
12	麦角胺咖啡因		用于偏头痛
13	甘露醇	辰雅、丰海露、普可、佳乐同泰、伸宁	用于脑水肿及青光眼的治疗，亦用于因溶血反应、外科手术、创伤性大出血等所致的急性少尿症（或无尿症）
14	地西泮	安定	用于焦虑症、失眠症，还可用于抗癫痫和惊厥
15	胞磷胆碱	奥格尔	用于急性颅脑外伤和颅脑术后意识障碍
16	吡拉西坦		用于中、老年人记忆力减退和脑血管意外、一氧化碳中毒等原因引起的思维障碍，也用于儿童智能低下等
17	盐酸甲氯芬酯		用于多种原因如脑血管疾病、脑卒中、脑创伤、脑瘤、脑动脉硬化、新生儿缺氧症、手术后的复苏等所致昏迷及意识障碍
18	尼可刹米		用于疾病或中枢抑制药中毒引起的呼吸及循环衰竭，对肺心病引起的呼吸衰竭及吗啡过量引起的呼吸抑制疗效显著
19	盐酸洛贝林		用于新生儿窒息、一氧化碳引起的窒息、吸入麻醉剂及其他中枢抑制药（如阿片、巴比妥类）的中毒，以及肺炎、白喉等传染病引起的呼吸衰竭
20	咖啡因		用于解救严重传染病、酒精中毒、催眠药或抗组胺药中毒引起的呼吸循环衰竭；还可与解热镇痛药配伍制成解热镇痛复方制剂（如复方阿司匹林、去痛片），用于治疗感冒发热及一般性头痛

表 5-1-7 所列为精神障碍药物应用。

表 5-1-7 精神障碍药物应用

序号	通用名称	商品名称	适应证
1	盐酸氯丙嗪		用于精神分裂症及其他精神失常的躁狂症，也用于镇吐、人工冬眠、麻醉前给药等
2	盐酸奋乃静		用于精神分裂症或其他精神病性障碍，以及各种原因所致的呕吐或顽固性呃逆
3	氟奋乃静		用于急、慢性精神分裂症
4	氟哌啶醇		用于控制以兴奋躁动、幻觉、妄想为主的精神分裂症效果最佳，是治疗精神分裂症的首选药物之一；对躁狂症也有效；亦可治疗焦虑性神经症和各种原因引起的呕吐及顽固性呃逆
5	艾司唑仑		用于焦虑、失眠、紧张、恐惧及抗癫痫等
6	碳酸锂		用于躁狂症
7	盐酸阿米替林		用于各种抑郁症
8	盐酸多塞平		用于抑郁症、焦虑症、神经症

表 5-1-8 所列为心血管系统药物应用。

表 5-1-8 心血管系统药物应用

序号	通用名称	商品名称	适应证
1	辛伐他汀	舒降之、苏之、西之达、幸露	用于高脂血症、冠心病
2	瑞舒伐他汀	可定	用于经饮食控制和其他非药物治疗（如运动治疗、减轻体重）仍不能适当控制血脂异常的原发性高胆固醇血症（Ⅱa型，包括杂合子家族性高胆固醇血症）或混合型血脂异常症（Ⅱb型）；也用于纯合子家族性高胆固醇血症的患者，作为饮食控制和其他降脂措施（如 LDL 去除疗法）的辅助治疗，或在这些方法不适用时使用
3	阿托伐他汀	尤佳、阿乐、立普妥	用于高胆固醇血症和混合型高脂血症、冠心病和脑卒中的防治
4	吉非罗齐	维绦知、常衡林	用于原发性和继发性高脂蛋白血症
5	非诺贝特	利必非	用于高甘油三酯血症，也可用于高胆固醇血症
6	阿昔莫司	益平	用于高甘油三酯血症、高胆固醇血症

续表

序号	通用名称	商品名称	适应证
7	洛伐他汀	罗华宁、俊宁、欣露	用于饮食疗法及其他药物治疗效果欠佳的原发性高胆固醇血症
8	氟伐他汀	来适可	用于饮食治疗未能完全控制的原发性高胆固醇血症和原发性混合型血脂异常
9	普伐他汀钠	美百乐镇、富利他之、浦惠旨、福他宁	用于高脂血症、家族性高胆固醇血症
10	硝酸甘油	耐较咛、保欣宁、异述欣	用于各型心绞痛、急性心肌梗死、重度心力衰竭和难治性心功能不全
11	硝酸异山梨酯	异舒吉	用于各型心绞痛
12	硝苯地平	拜新同、源孚	用于高血压、冠心病（慢性稳定型心绞痛）
13	地尔硫䓬	合贝爽、艾克朗	用于心绞痛、室上性心律失常、高血压等
14	尼可地尔	喜格迈	用于冠心病、心绞痛的治疗
15	卡托普利	开富林	用于高血压、心力衰竭
16	马来酸依那普利	悦宁定、依苏	用于各期原发性高血压、肾血管性高血压、各级心力衰竭等
17	赖诺普利	易集康、帝益洛、益迈欧	用于治疗原发性高血压及肾血管性高血压，可单独使用或与其他类的抗高血压药如利尿药合并使用。充血性心力衰竭患者，在用洋地黄或利尿药效果不好时可加用本品
18	缬沙坦	维尔坦、平欣、怡方、代文、托平、穗悦、佳菲、缬克	用于轻、中度原发性高血压
19	缬沙坦氨氯地平		用于治疗原发性高血压，以及单药治疗不能充分控制血压的患者
20	氯沙坦	科素亚	用于高血压
21	硝普钠		用于其他降压药无效的高血压危象，以及心力衰竭
22	硫酸镁		用于降低血压，常用于妊娠期高血压疾病
23	尼群地平		用于原发性及继发性高血压
24	氨氯地平	络活喜	用于高血压及稳定型心绞痛
25	硝苯地平	纳欣同、拜新同、欣然	用于各种类型的高血压及心绞痛
26	非洛地平	联环笑定、康宝得维、联环尔定	用于轻、中度原发性高血压
27	吲达帕胺	纳催离	用于原发性高血压

续表

序号	通用名称	商品名称	适应证
28	甲磺酸酚妥拉明		用于诊断嗜铬细胞瘤及治疗其所致的高血压发作，也用于左心室衰竭
29	复方利血平		用于早期和中期高血压
30	复方利血平氨苯蝶啶		用于轻、中度高血压，对重度高血压需与其他降压药合用
31	盐酸普鲁卡因胺		用于各种室性期前收缩和室性心动过速
32	盐酸美西律		用于室性心律失常，对急性心肌梗死和洋地黄中毒引起的室性心律失常效果较好
33	盐酸普罗帕酮	悦复隆	用于室上性及室性期前收缩、室上性及室性心动过速
34	盐酸普萘洛尔	百尔洛、杭达来	用于多种原因引起的心律失常，也用于心绞痛和高血压等
35	酒石酸美托洛尔	倍他乐克、托西尔康、蒙得康	用于高血压、心绞痛、心肌梗死、心律失常、甲状腺功能亢进、心力衰竭等
36	比索洛尔	洛雅、安适、荣宁、博苏、康忻	用于高血压、冠心病（心绞痛）、伴有心室收缩功能减退的中度至重度慢性稳定性心力衰竭
37	拉贝洛尔	欣宇森	用于治疗各种高血压，尤其是高血压危象
38	阿替洛尔		用于高血压、心绞痛、心肌梗死，也可用于心律失常、甲状腺功能亢进、嗜铬细胞瘤
39	索他洛尔	坦释、喜安林、伟特、济迪	用于：①转复和预防室上性心动过速，特别是房室结折返性心动过速，也可用于预激综合征伴室上性心动过速；②心房扑动、心房颤动；③各种室性心律失常，包括室性期前收缩、持续性及非持续性室性心动过速；④急性心肌梗死并发严重心律失常
40	乌拉地尔	裕优定、亚利敌、利喜定、罗浩、捷平、捷通、劳麦纳、亚宁定	用于原发性高血压、肾性高血压及嗜铬细胞瘤引起的高血压的治疗
41	哌唑嗪		用于轻、中度高血压
42	波生坦	全可利	用于治疗肺动脉高压
43	盐酸胺碘酮	可达龙	用于室上性及室性心律失常，也适用于冠心病并发的心律失常
44	盐酸维拉帕米		用于冠心病和抗心律失常
45	地高辛		用于急性或慢性心力衰竭
46	去乙酰毛花苷		用于充血性心力衰竭

续表

序号	通用名称	商品名称	适应证
47	肾上腺素		用于心脏骤停、过敏性休克、支气管哮喘
48	重酒石酸去甲肾上腺素		用于抗休克,也用于治疗药物中毒性低血压
49	盐酸异丙肾上腺素	喘息定	用于支气管哮喘、房室传导阻滞、心脏骤停和抗休克
50	重酒石酸间羟胺		用于各种休克早期、手术后或脊椎麻醉后的休克,还可局部使用,减轻鼻黏膜充血
51	盐酸多巴胺	阿斯克丁	用于抗休克,可与利尿剂合用治疗急性肾衰竭
52	盐酸多巴酚丁胺	安畅、奥万源、丰海芬、康利托	用于短期治疗心肌梗死或心脏手术后并发心力衰竭

表 5-1-9 所列为呼吸系统药物应用。

表 5-1-9 呼吸系统药物应用

序号	通用名称	商品名称	适应证
1	盐酸溴己新		用于慢性支气管炎、哮喘、支气管扩张等
2	盐酸氨溴索	沐舒坦、安普索、伊诺舒	用于慢性支气管炎急性加重、喘息型支气管炎、支气管扩张、支气管哮喘、肺炎的祛痰治疗
3	羧甲司坦	化痰片	用于慢性支气管炎、支气管哮喘等疾病引起的咳嗽、咳痰,尤其是痰液黏稠,咳出困难
4	氯化铵		用于呼吸道炎症初期痰少而稠,不易咳出者。氯化铵为弱酸性,还可用于酸化尿液和某些碱血症
5	枸橼酸喷托维林		用于上呼吸道感染所致的无痰干咳和百日咳,常与氯化铵合用
6	复方甘草		用于上呼吸道感染、急性支气管炎引起的咳嗽
7	氢溴酸右美沙芬	洛顺	用于感冒、急慢性支气管炎、咽喉炎、支气管哮喘、肺结核及其他上呼吸道感染时的咳嗽
8	沙丁胺醇	赛比舒、万托林	用于哮喘、支气管哮喘、慢性阻塞性肺病、肺炎等
9	硫酸特布他林	伊坦宁、博利康尼	用于支气管哮喘、喘息型支气管炎和肺气肿等引起的支气管痉挛
10	硫酸克仑特罗		用于支气管哮喘、喘息型慢性支气管炎、肺气肿等所致的支气管痉挛
11	硫酸丙卡特罗	美普清、川迪	用于支气管哮喘、喘息型支气管炎、伴有支气管反应性增高的急性支气管炎、慢性阻塞性肺病

续表

序号	通用名称	商品名称	适应证
12	茶碱	埃斯玛隆	用于缓解支气管哮喘、喘息型慢性支气管炎、慢性阻塞性肺病等的喘息症状，也可用于心功能不全和心源性哮喘
13	氨茶碱		用于缓解支气管哮喘、喘息型支气管炎、阻塞性肺气肿等的喘息症状，也可用于心源性肺水肿引起的哮喘
14	丙酸倍氯米松		外用治疗湿疹、神经性皮炎、接触性皮炎、过敏性皮炎等，气雾剂可用于慢性、过敏性哮喘和过敏性鼻炎等
15	布地奈德	普米克	用于糖皮质激素依赖性或非依赖性的支气管哮喘和喘息型慢性支气管炎
16	色甘酸钠		用于支气管哮喘、过敏性鼻炎和季节性枯草热，外用治疗湿疹及某些皮肤瘙痒
17	异丙托溴铵	可必特、爱全乐	用于支气管哮喘和喘息型慢性支气管炎

表 5-1-10 所列为消化系统药物应用。

表 5-1-10 消化系统药物应用

序号	通用名称	商品名称	适应证
1	复方氢氧化铝		用于胃酸过多、胃和十二指肠溃疡等
2	三硅酸镁		常作为复方抗酸药的成分之一，如胃舒平片
3	西咪替丁	泰胃美	用于十二指肠溃疡、胃溃疡、反流性食管炎、上消化道出血等
4	盐酸雷尼替丁	瑞倍、西斯塔、欧化达、普而太等	用于十二指肠溃疡、胃溃疡、术后溃疡、反流性食管炎及胃泌素瘤等，静注可用于上消化道出血
5	法莫替丁	立复丁、信法丁、贝兰德、高舒达、朵颐	用于胃溃疡、十二指肠溃疡、上消化道出血、反流性食管炎及胃泌素瘤等
6	哌仑西平		用于胃溃疡、十二指肠溃疡及胃炎等，能缓解患者疼痛，降低抗酸药用量
7	奥美拉唑	洛赛克、奥克、奥西康、奥康、奥美	用于十二指肠溃疡、胃溃疡和反流性食管炎等
8	丙谷胺		用于胃溃疡、十二指肠溃疡和胃炎，也可用于急性上消化道出血
9	枸橼酸铋钾	得乐、丽珠得乐、丽科得诺	用于胃溃疡、十二指肠溃疡、消化道出血等
10	硫糖铝	舒可捷、迪先	用于消化性溃疡、慢性浅表性胃炎、反流性食管炎等
11	乳酶生		用于消化不良、肠内过度发酵、腹胀及小儿饮食不当引起的腹泻等

73

续表

序号	通用名称	商品名称	适应证
12	胃蛋白酶		用于胃蛋白酶缺乏症及消化功能减退引起的消化不良
13	胰酶		用于消化不良、食欲减退及胰液分泌不足等引起的消化障碍
14	颠茄		用于胃及十二指肠溃疡，轻度胃肠道平滑肌痉挛等
15	氢溴酸山莨菪碱	康明、京坦松	用于缓解胃肠道平滑肌痉挛所致疼痛，也用于感染性休克、眩晕病、有机磷农药中毒的治疗等
16	硫酸阿托品	迪善	用于各种内脏绞痛，如胃肠绞痛及膀胱刺激症状，也用于解救有机磷酸酯类中毒等
17	多潘立酮	吗丁啉、恒邦、邦能	用于慢性胃炎、上腹疼痛、恶心、嗳气、厌食、消化不良等，对偏头痛、颅外伤、放射治疗引起的恶心、呕吐也有效
18	甲氧氯普胺		用于慢性功能性消化不良引起的胃肠运动障碍、恶心、呕吐，也用于化疗、放疗所引起的各种呕吐等
19	莫沙必利	新络纳、加斯清、瑞琪、贝络纳	用于功能性消化不良伴有胃灼热、嗳气、恶心、呕吐、早饱、上腹胀、上腹痛等消化道症状
20	匹维溴铵	得舒特	用于与肠易激综合征有关的腹痛、排便紊乱、肠道不适的症状，以及钡灌肠前准备
21	甘油	开塞露	用于便秘
22	硫酸镁		口服溶液或直肠用开塞露灌肠剂用于导泻；用于外科手术前或结肠镜检查前排空肠内物，辅助排出肠内毒物或肠道寄生虫；用于胆囊炎、胆石症、阻塞性黄疸等
23	酚酞		用于慢性和习惯性便秘
24	蒙脱石	思密达、思克特、必奇	用于成人及儿童急、慢性腹泻；食道、胃、十二指肠疾病引起的相关疼痛症状的辅助治疗，但本品不作为解痉剂使用；外用治疗口腔溃疡
25	聚乙二醇	优赛乐、润可隆、长松、福松	用于缓解成人便秘的症状
26	地衣芽孢杆菌活菌	整肠生	用于细菌或真菌引起的急、慢性肠炎，腹泻；也可用于其他原因引起的胃肠道菌群失调的防治
27	双歧杆菌三联活菌	培菲康	用于因肠道菌群失调引起的急、慢性腹泻，便秘；也可用于轻中型急性腹泻，慢性腹泻及消化不良、腹胀，以及辅助治疗因肠道菌群失调引起的内毒素血症
28	枯草杆菌二联活菌	妈咪爱	用于因肠道菌群失调引起的腹泻、便秘、胀气、消化不良等
29	柳氮磺吡啶	维柳芬、长建宁	用于炎症性肠病，即克罗恩病和溃疡性结肠炎；也可用于类风湿性关节炎

续表

序号	通用名称	商品名称	适应证
30	熊去氧胆酸	优思弗	用于不宜手术治疗的胆固醇型胆结石，并对中毒性肝障碍、胆囊炎、胆管炎和胆汁性消化不良等也有一定疗效
31	苯丙醇		用于胆石症、胆囊炎、胆管炎、胆道手术后综合征等
32	谷氨酸		用于肝昏迷及肝昏迷前期，还可用于癫痫辅助治疗
33	乳果糖口服溶液		用于血氨升高引起的肝昏迷，亦用于容积性导泻
34	联苯双酯		用于迁延性肝炎及长期单项转氨酶升高者
35	盐酸小檗碱		用于肠道感染，如胃肠炎等

表 5-1-11 所列为泌尿系统药物应用。

表 5-1-11　泌尿系统药物应用

序号	通用名称	商品名称	适应证
1	呋塞米		用于心、肝、肾等病变引起的各种水肿
2	布美他尼		用于各种顽固性水肿和急性肺水肿等
3	氢氯噻嗪	久保克、复欣、海捷亚	用于各种水肿、高血压及尿崩症
4	螺内酯	使尔通	用于伴有醛固酮升高的顽固性水肿
5	氨苯蝶啶		用于心力衰竭、肝硬化腹水、慢性肾炎和其他原因引起的顽固性水肿
6	特拉唑嗪	高特灵、马沙尼、泰乐、派速、罗迪尔、悦克	用于良性前列腺增生症；单独用药或与其他抗高血压药物合用，可治疗轻、中度高血压
7	普乐安	前列康	用于前列腺增生症及前列腺炎
8	盐酸坦索罗辛	必坦、齐索、积大本特、哈乐	用于缓解良性前列腺增生症引起的排尿障碍
9	非那雄胺	再安列、士怡、孚列、利尔泉、亦通、隆通、意安林、保列治	用于治疗已有症状的良性前列腺增生症：①改善症状；②降低发生急性尿潴留的危险性；③降低需进行经尿道切除前列腺和前列腺切除术的危险性

表 5-1-12 所列为血液系统药物应用。

表 5-1-12 血液系统药物应用

序号	通用名称	商品名称	适应证
1	硫酸亚铁	益源生	用于缺铁性贫血
2	右旋糖酐铁	科莫非	用于缺铁性贫血，不能口服或口服铁剂疗效不佳者
3	叶酸	斯利安、美天福	用于各种原因引起的巨幼细胞贫血
4	维生素 B_{12}	威可达、贯新克	用于恶性贫血以及巨幼细胞贫血，也用于神经炎和神经萎缩等
5	阿司匹林		见表 5-1-5
6	双嘧达莫	升达、凯乐迪	用于血栓性疾病和人工心脏瓣膜置换术后，防止血栓的形成
7	维生素 K_1	凯乃金	用于维生素 K_1 缺乏引起的出血
8	氨甲苯酸	赫尔康、奥瑞艾	用于纤维蛋白溶解过程亢进引起的出血，如肺、肝、脾、前列腺等术后出血，也用于链激酶和尿激酶过量引起的出血
9	肝素	海普林、齐征	用于防治血栓栓塞性疾病，治疗弥散性血管内凝血及其他体内、体外抗凝血
10	华法林钠		用于防治血栓栓塞性疾病
11	枸橼酸钠		用于体外抗凝血，如血液的保存等
12	注射用重组链激酶	思凯通、国大欣通	用于急性血栓栓塞性疾病，如急性肺栓塞、深静脉栓塞、脑梗死和心肌梗死早期等
13	尿激酶	洛欣	与链激酶相似，用于脑梗死
14	右旋糖酐	福他乐	用于低血容量性休克

表 5-1-13 所列为激素及影响内分泌药物应用。

表 5-1-13 激素及影响内分泌药物应用

序号	通用名称	商品名称	适应证
1	绒促性素	波热尼乐	用于不孕症、黄体功能不足、功能性子宫出血、隐睾症、男性性腺功能减退症、先兆性流产或习惯性流产等
2	戈舍瑞林		用于可用激素治疗的前列腺癌及绝经前和绝经期的乳腺癌，也用于子宫内膜异位症
3	醋酸地塞米松		用于湿疹、神经性皮炎及过敏性皮肤病
4	氢化可的松		用于肾上腺皮质功能减退引起的疾病、类风湿关节炎、风湿性发热等

续表

序号	通用名称	商品名称	适应证
5	泼尼松		用于各种急性严重细菌感染、严重过敏性疾病、胶原性疾病、风湿病、肾病综合征、严重支气管哮喘、血小板减少性紫癜、粒细胞减少症、各种肾上腺皮质功能不足症、剥脱性皮炎等
6	泼尼松龙		同泼尼松
7	倍他米松		用于活动性风湿病、类风湿关节炎、红斑狼疮、严重支气管哮喘、严重皮炎、急性白血病等,也用于某些感染的综合治疗
8	丙酸倍氯米松		外用治疗湿疹、神经性皮炎、接触性皮炎、过敏性皮炎等,气雾剂可用于慢性、过敏性哮喘和过敏性鼻炎等
9	曲安奈德		用于各种皮肤病(如神经性皮炎、湿疹、牛皮癣等)、关节痛、支气管哮喘、肩周围炎、腱鞘炎、急性扭伤、慢性腰腿痛及眼科炎症等
10	胰岛素	优泌林、诺和灵	用于各种类型的糖尿病。与葡萄糖和氯化钾合用可纠正细胞内缺钾,用于心肌梗死早期,可防止心律失常
11	格列本脲		用于单凭饮食控制疗效不满意的轻、中度非胰岛素依赖型糖尿病,但病人胰岛 B 细胞须有一定的分泌胰岛素的功能且无严重的并发症
12	格列吡嗪	美吡达、依必达	用于经饮食控制及体育锻炼疗效不满意的轻、中度 2 型糖尿病
13	格列美脲	唐弗、瑞平、普仁平、安尼平、佑苏、亚莫利、迪北、万苏平	用于单用饮食疗法、运动疗法及减轻体重均不能满意控制血糖的 2 型糖尿病
14	格列喹酮	卡瑞林、捷适	用于 2 型糖尿病
15	格列齐特	弘旭阳、达美康	用于单用饮食疗法、运动疗法和减轻体重不足以控制血糖的 2 型糖尿病,同时应饮食控制
16	达格列净	安达唐	用于 2 型糖尿病成人患者改善血糖控制
17	盐酸二甲双胍		用于单纯饮食控制不满意的 2 型糖尿病,尤其是伴高胰岛素血症者;亦可用于伴胰岛素治疗,以减少胰岛素用量
18	瑞格列奈	诺和龙、孚来迪	用于经饮食控制、降低体重而不能有效控制血糖的 2 型糖尿病
19	阿卡波糖	拜唐苹	配合饮食控制治疗 2 型糖尿病
20	罗格列酮	太罗、爱能、文迪雅	用于 2 型糖尿病

77

续表

序号	通用名称	商品名称	适应证
21	吡格列酮	万苏敏、夷友、顿灵、泰洛平、贝唐宁、瑞格临、佳普喜、艾可拓	用于2型糖尿病
22	西格列汀	捷诺维、捷诺达	用于改善2型糖尿病患者的血糖控制
23	利格列汀	欧唐宁、欧双宁	用于治疗2型糖尿病
24	甲状腺片		用于各种原因引起的甲状腺功能减退症
25	甲巯咪唑	赛治	用于各种类型的甲状腺功能亢进症
26	丙硫氧嘧啶		用于甲状腺激素合成过量的各种甲状腺功能亢进症
27	碘化钾		用于甲状腺功能亢进的手术前准备以及甲状腺危象
28	甲睾酮		用于男性性腺机能减退症、无睾症及隐睾症,妇科疾病,如月经过多、子宫肌瘤、子宫内膜异位症,老年性骨质疏松症及小儿再生障碍性贫血等
29	丙酸睾酮		用于男性内源性雄激素缺乏的替代治疗,也用于绝经后女性乳癌复发、月经过多或再生障碍性贫血及其他骨髓病性贫血等
30	苯丙酸诺龙		用于女性晚期乳腺癌姑息性治疗,也用于伴有蛋白分解的消耗性疾病的治疗
31	雌二醇		用于卵巢功能不全或卵巢激素不足引起的各种疾病,如功能性子宫出血、原发性闭经、绝经期综合征以及前列腺癌等
32	己烯雌酚		用于卵巢功能不全或垂体功能异常引起的各种疾病,如闭经、子宫发育不全、功能性子宫出血、绝经期综合征、老年性阴道炎等,也用于前列腺癌
33	黄体酮	琪宁、安琪坦	用于先兆流产和习惯性流产、痛经、经血过多或血崩症、闭经等
34	醋酸甲羟孕酮		用于痛经、功能性闭经、功能性子宫出血、先兆流产或习惯性流产、子宫内膜异位症等

表5-1-14所列为抗变态反应药物应用。

表5-1-14 抗变态反应药物应用

序号	通用名称	商品名称	适应证
1	马来酸氯苯那敏		用于过敏性鼻炎及药物、食物、虫咬的过敏等
2	盐酸苯海拉明		用于皮肤黏膜的过敏性疾病,也用于防止乘船、乘车引起的恶心呕吐

续表

序号	通用名称	商品名称	适应证
3	盐酸赛庚啶		用于荨麻疹、湿疹、皮肤瘙痒等
4	盐酸异丙嗪		用于长期的、季节性的过敏性鼻炎及其他皮肤黏膜过敏性疾病,也可用于晕动病、镇静催眠
5	氯雷他定		用于缓解与过敏性鼻炎有关的症状,如打喷嚏、流涕、鼻痒、眼部痒及烧灼感,亦用于缓解慢性荨麻疹及其他过敏性皮肤病的症状

表 5-1-15 所列为维生素、矿物质类药物应用。

表 5-1-15 维生素、矿物质类药物应用

序号	通用名称	商品名称	适应证
1	维生素 B_1		用于防治因缺乏维生素 B_1 所导致的脚气病及各种疾病的辅助治疗
2	维生素 B_2		用于防治因缺乏维生素 B_2 导致的口角炎、舌炎、口角溃疡、结膜炎、阴囊炎、脂溢性皮炎等
3	维生素 B_6	申凯能、洁傲、昊强、菲力古	用于防治维生素 B_6 缺乏症,也用于减轻放疗、抗癌药物等原因引起的恶心、呕吐等胃肠反应,与烟酰胺合用可治疗糙皮病及其他 B 族维生素治疗无效的脂溢性皮炎
4	维生素 C	力度伸、高喜	用于防治维生素 C 缺乏症,各种急、慢性传染性疾病或其他疾病,以增强机体抵抗力,也用于病后恢复期、创伤愈合期及过敏性疾病的辅助治疗
5	维生素 A		用于维生素 A 缺乏症,如夜盲症、眼干燥病、角膜软化症和皮肤粗糙等,也用于补充需要,如妊娠、哺乳、婴儿及长期发热、营养不良等所导致的维生素 A 缺乏
6	维生素 D		用于防治维生素 D 缺乏症、骨软化症及婴儿手足搐搦症等
7	维生素 E		用于早产儿溶血性贫血、进行性肌营养不良、习惯性流产、不孕症等的辅助治疗,也用于冠心病、动脉硬化、肌痉挛、红斑狼疮等
8	葡萄糖酸钙		用于防治钙缺乏症,如骨质疏松症、手足抽搐症、骨发育不全、维生素 D 缺乏症等,以及妊娠和哺乳期妇女、绝经期妇女钙的补充等
9	葡萄糖酸锌		用于小儿及青少年缺锌引起的生长发育迟缓、营养不良、厌食症、复发性口腔溃疡、皮肤痤疮等,亦用于老年缺锌者,以增强其免疫功能
10	复方氨基酸 18AA		用于蛋白质摄入不足、吸收障碍等氨基酸不能满足机体代谢需要的患者,亦用于改善手术后患者的营养状况

表 5-1-16 所列为调节水、电解质与酸碱平衡药物应用。

表 5-1-16　调节水、电解质与酸碱平衡药物应用

序号	通用名称	商品名称	适应证
1	葡萄糖		用于身体虚弱、营养不良等以补充营养，或用于血糖过低者
2	氯化钾		用于各种原因引起的低钾血症，预防低钾血症，亦用于洋地黄中毒引起的频发性、多源性期前收缩或快速心律失常
3	氯化钠		用于各种原因所致的失水，亦用于中毒及严重的低钠血症
4	复方氯化钠		用于各种原因所致的失水及低氯性代谢性碱中毒
5	葡萄糖氯化钠		用于各种原因引起的进食不足或大量体液丢失
6	碳酸氢钠		用于代谢性酸中毒等，亦用于治疗胃酸过多引起的疾病
7	乳酸钠林格		用于代谢性酸中毒或有代谢性酸中毒的脱水
8	口服补液盐（Ⅰ、Ⅱ、Ⅲ）		用于防治体内失水，治疗腹泻时体液丢失

表 5-1-17 所列为解毒药物应用。

表 5-1-17　解毒药物应用

序号	通用名称	商品名称	适应证
1	硫代硫酸钠		治疗氰化物中毒的首选药，也可用于治疗砷、汞、铅、铋、碘等中毒
2	氯解磷定		用于解救多种有机磷酸酯类中毒。对各种有机磷酸酯类中毒疗效有差异：对内吸磷、对硫磷、碘依可酯等中毒的疗效较好；对敌百虫、敌敌畏、马拉硫磷中毒的疗效较差；对乐果中毒无效
3	亚甲蓝		小剂量用于亚硝酸盐中毒的解救，大剂量用于轻度氰化物中毒的解救
4	盐酸纳洛酮	苏诺	用于阿片类药物急性中毒的解救
5	乙酰胺		用于氟乙酰胺、氟乙酸钠及甘氟中毒的解救

表 5-1-18 所列为专科药物应用。

表 5-1-18　专科药物应用

序号	通用名称	商品名称	适应证
1	醋酸咪康唑	达克宁、拜尼多	用于由表皮真菌、酵母菌等引起的体股癣、手足癣、头癣和甲癣等，由念珠菌引起的口角炎和外耳炎。局部治疗外阴阴道念珠菌病和革兰阳性细菌引起的双重感染

续表

序号	通用名称	商品名称	适应证
2	尿素		用于手足皲裂及角化型手足癣所引起的皲裂
3	鱼石脂		用于疖肿
4	水杨酸	联邦清风	用于银屑病、皮肤浅部真菌病、脂溢性皮炎、痤疮、鸡眼、疣和胼胝等
5	氢化可的松	尤卓尔	用于过敏性皮炎、湿疹、神经性皮炎、脂溢性皮炎及瘙痒症等
6	维A酸	丽英、唯爱、芙晴	用于寻常痤疮及角化异常性疾病
7	氯霉素	润舒	用于沙眼、结膜炎、角膜炎、眼睑缘炎等
8	硝酸毛果芸香碱	真瑞	用于急性闭角型青光眼、慢性闭角型青光眼、开角型青光眼、继发性青光眼等
9	马来酸噻吗洛尔		用于原发性开角型青光眼
10	乙酰唑胺		用于各种类型的青光眼
11	硫酸阿托品		用于散瞳、虹膜睫状体炎
12	醋酸可的松		用于过敏性结膜炎
13	盐酸麻黄碱		用于急慢性鼻炎及感冒鼻塞等
14	氧氟沙星		用于敏感细菌引起的中耳炎、外耳道炎和鼓膜炎
15	盐酸地芬尼多		用于防治多种原因或疾病引起的眩晕、恶心、呕吐，如乘车、船、机时的晕动病等
16	醋酸氯己定		用于咽峡炎、口腔溃疡、齿龈炎及口腔感染
17	甲硝唑芬布芬		用于溃疡性牙龈炎、牙周炎、牙周脓肿、牙髓炎及口臭，预防牙科术后感染
18	缩宫素		用于引产、催产及各种原因的子宫出血
19	麦角新碱		用于产后或流产后防治子宫收缩无力或缩复不良所致的子宫出血
20	垂体后叶注射液		用于肺、支气管出血（如咯血），消化道出血（呕血、便血），并适用于产科催产及产后收缩子宫、止血等
21	复方左炔诺孕酮		用于女性口服避孕
22	复方炔诺酮（口服避孕片1号）		用于女性口服避孕
23	左炔诺孕酮炔雌醚片		用于长期同居夫妇避孕
24	复方甲地孕酮注射液		用于女性长效避孕

续表

序号	通用名称	商品名称	适应证
25	左炔诺孕酮	毓婷、安婷	用于女性紧急避孕，即在无防护措施或其他避孕方法偶然失误时使用
26	醋酸甲地孕酮（探亲避孕片1号）	佳迪、宜利治、爱克	用于月经不调、功能性子宫出血、子宫内膜异位症，亦用于晚期乳腺癌和子宫内膜腺癌
27	炔诺酮（探亲避孕片）		用于女性探亲时短效避孕
28	壬苯醇醚		女性外用短期避孕

第二节 中成药

一、中成药概述

中成药是我国医药学的重要组成部分，经过历代医家临床实践、积累总结、演变发展，形成千余种常用中成药，对保障人民健康、防病治病起到积极重要的作用。

（一）中成药的命名

中成药的品种繁多，名称各异，命名方法有多种。中成药的命名规则主要有以下几种：①采用组成药物加剂型命名。如主要组成药物的天麻丸、苏合香丸、香连丸、桂附地黄丸、葛根芩连片，又如包括全部组成药物的良附丸、茵栀黄注射液。②采用主要功能（中医术语，下同）加剂型命名。该类型命名中，可直接以功能命名，如补中益气合剂、除痰止嗽丸、补心丹、定志丸等；也可采用比喻、双关、借代、对偶等各种修辞手法来表示方剂功能，如交泰丸、玉女煎、月华丸、玉屏风散、六神丸、二仙膏等。③采用药物味数加剂型命名。如四物汤、六味地黄丸、十全大补丸等。④采用剂量（入药剂量、方中药物剂量比例、单次剂量）加剂型命名。如七厘散、六一散等。⑤以药物颜色加剂型命名。如桃花汤等。⑥以服用时间加剂型命名。如鸡鸣散等。⑦采用君药或主要药材名称加功能及剂型命名。如龙胆泻肝丸、当归补血汤等。⑧采用药味数与主要药材名称，或者药味数与功能或用法加剂型命名。如五苓散、三生饮等。⑨采用功能与药物作用的病位（中医术语）加剂型命名。如温胆汤、利胆片、养阴清肺丸。⑩采用主要药材和药引结合并加剂型命名。如川芎茶调散，以茶水调服，故名。⑪采用成药主治病证加剂型命名。如寒喘丸、神经衰弱丸。⑫采用命名中加该药的用法命名。如小儿敷脐止泻散、含化上清片等。⑬采用制剂的性状特点命名。如紫金锭、一捻金、紫雪丹、如意金黄散等。⑭采用处方来源与主要功能结合命名。如金匮肾气丸、普济回春丸、济生肾气丸等。⑮采用成方创始人命名。如周氏回生丹、马应龙麝香痔疮膏、华佗再造丸、万氏牛黄清心丸等。⑯儿科用药可加该药临床所用的科名，如小儿消食片等。⑰其他，如药名前冠以产地的云南白药、广东蛇药片等。

在遵照命名原则条件下，命名可体现阴阳五行、古代学术派别思想、古代物品的名称等，以突出中国传统文化特色，如左金丸、玉泉丸等。

以上中成药的传统命名主要是根据处方来源、主要药物、处方组成、主要功效、主治病证、服用方法等方面而定的。这些名称通常对中成药某一方面有提示作用，可作为使用时的参考。但要正确使用中成药，还必须全面了解其组成、功效和主治，特别是要在中医药理论指导下应用，才能取得满意的效果。

对新研制中成药的命名，《新药审批办法》中做出明确规定：命名应简短、科学，不用易误解和混同的名称；命名不应与现有药品的名称重复；药品一般不再另取商品名，以避免一方多名。

（二）中成药的组方原则

来源于中医药文献的中成药遵循"君、臣、佐、使"配伍原则组方，其组方严谨，结构合理。

1. 君（主）

君指针对主病或主证起主要治疗作用的药物，是方剂组成中不可缺少的药物。一般一个方剂中有君药1～2味。

2. 臣（辅）

臣有2种意义：一是辅助君药加强治疗主病或主证的药物；二是针对兼病或兼证起主要治疗作用的药物。

3. 佐

佐有3方面含义：一是指佐助药，即协助君、臣药以加强治疗作用，或直接治疗次要症状的药物；二是指佐制药，即用以消除或减弱君、臣药的毒性，或制约药性峻烈的君、臣药；三是指反佐药，即病重邪甚，可能拒药时，配用与君药性味相反而又能在治疗中起到相成作用的药物。

4. 使

使包括引经药和调和药。引经药指能引导方中诸药直达病所的药物；调和药指具有调和方中诸药作用的药物。

属于经验方的中成药，虽大多数仍按"君、臣、佐、使"来组方，但药多庞杂，每方常由数组药物组成，有的品种因药物众多，作用重叠，很难分辨。它的适应范围广，但针对性、专一性不足。这类中成药大多作用稳妥、缓和，患者可不经医生诊治而直接自行购买和使用。

（三）中成药的使用原则

中成药在临床应用上，应以中医药理论为指导，根据患者的症状辨证施治。

1. 遵循中医辨证论治原则

中医药学具有独特的理论体系和用药形式，中医治疗疾病一贯主张先议病、后议药。议病即辨证，议药即论治。辨证就要了解患者的症状，从症状中进行综合分析，以辨别疾病的不同属性，再根据疾病的不同属性、类型，采用不同的治法，选用切合病情的中成药，达到治愈疾病的目的。

2. 掌握中成药用药知识

掌握中成药的处方来源、组成、配伍、功效、适应证、用法用量、剂型规格及使用注意等理论知识，是合理使用中成药的基本保证。

（四）中成药的使用方法

正确掌握中成药的使用方法，是充分发挥中成药作用的重要环节。

1. 内服法

一般内服中成药，多为每日 2~3 次，早、晚（晚上睡前服一次）或早、中、晚各服一次，宜在空腹时间服用。

（1）直接吞服法。中成药中的露剂、合剂、酒剂、酊剂、糖浆剂、流浸膏剂、口服液剂等液体制剂，皆可直接吞服。

（2）温开水送服法。中成药中的蜜丸剂、水丸剂、糊丸剂、蜡丸剂、浓缩丸剂、滴丸剂、散剂、丹剂、片剂等多种固体制剂，皆可用温开水送服。

（3）含服法。中成药中的含片、部分滴丸，可放于口中或舌下含化。

（4）药汁送服法。中成药中的一些丸剂、散剂、丹剂、片剂等，还须用药汁送服，如用盐水、醋、黄酒、白酒、蜜水、竹沥汁、姜汁等送服。

（5）沸水冲服法。中成药中的茶剂、饮剂皆须用沸水泡汁，频服代茶饮；冲服剂、膏滋剂或流浸膏剂也须用沸水冲泡稀释后服用。

（6）炖服法。中成药中的胶剂如鹿角胶、龟板胶、阿胶等单服时，皆可用黄酒或糖、水，隔水加热，使之溶化后服下。

（7）调服。用糖水、乳汁或温开水将中成药调成糊状后服用。

2. 外用法

一般外用的中成药（除个别治疗跌打损伤的中成药外），未注明可内服的，均不准内服。特别是处方中含有毒性药物的中成药，切忌入口，以免发生中毒。

3. 注射法

中成药注射法给药主要分为皮下、肌内、静脉、穴位及患处局部等不同给药方法，运用注射法的无菌操作要求与化学药注射剂完全相同。

（五）中成药的使用剂量

中成药标明的常用剂量，无论临床用药或患者根据经验自行购买，都应按规定剂量服用。临床用药需根据患者的年龄大小、体质强弱、病情轻重、病势缓急、病程长短、发病季节等进行调整。作用峻猛或名贵的药物均应严格掌握用量，有毒的药物应严格控制在安全范围内。药物的使用剂量过小，达不到治疗效果；反之，剂量过大，可损伤人体的正气或造成不必要的浪费。近年来由于剂量掌握不当，中毒事故常有发生。必须正确掌握中成药的使用剂量，要因病、因药、因人而异。只有恰当准确地确定中成药的使用剂量，才能取得良好的治疗效果，达到安全有效的用药目的。

老年人、儿童、月经期女性、体质虚弱者的用药剂量要适当减少。一般情况下，3 岁以内儿童可用成人量的 1/4，3~5 岁儿童可用成人量的 1/3，5~10 岁儿童可用成人量的 1/2，10 岁以上可接近成人量。

(六)中成药的使用注意事项

掌握中成药的使用注意事项,是达到安全有效用药目的的保障。

(1)辨清症候,因病施治。按照中医理论,中成药应用时必须辨清症候,一般需分寒、热、虚、实、新病、痼疾。

(2)辨析药名,保证疗效。中成药品种繁多,名称近似而易混淆者,不能只看药名就轻易服药,对药名相似而功效不同的中成药尤须注意。如感冒清热颗粒与感冒退热颗粒,人参归脾丸与人参健脾丸等,名称上仅一字之差,但功效应用往往不同。人参归脾丸,有益气补血、健脾养心之功,用于心脾两虚、气血不足所致的心悸、怔忡、失眠健忘、食少体倦,面色萎黄以及脾不统血所致的便血、崩漏、带下等。人参健脾丸有健脾益气、和胃止泻之功,用于脾胃虚弱所致的饮食不化、脘闷嘈杂、恶心呕吐、腹痛便溏、不思饮食、体弱倦怠等。

(3)避免各种服药禁忌。服药禁忌是人们在长期用药中总结出来的经验教训,包括药物配伍禁忌、妊娠用药禁忌、饮食禁忌等。

(4)高度重视毒副作用。运用中成药治疗疾病,对易引起中毒反应的中成药,如含乌头类药物的制剂,含马钱子的制剂,含蟾酥的制剂,含朱砂、轻粉的制剂,含雄黄、砒霜等的制剂,要遵医嘱服用,慎重使用。

(5)遵循医嘱服用药物。临床用药患者应遵医嘱服药,防止误服、乱用、超量服。过效期药品、变质药品不得使用。

(6)详细阅读药品说明书。自行选购非处方药中成药时,可咨询驻店的执业药师或者其他依法经资格认定的药学技术人员,避免盲目购药。用药前应详细阅读药品说明书,因为说明书是指导患者安全用药的重要依据。

二、常用中成药

(一)内科用药

1. 感冒类药

感冒是临床常见的一种疾病,症状表现以恶寒发热、头痛、咳嗽、鼻塞、流涕为主要特征。根据感受病邪的不同,感冒一般分为风寒感冒、风热感冒、时行感冒、暑湿感冒等。暑湿感冒主要发生在夏秋季,故放在祛暑类中论述。

表5-2-1所列为风寒感冒、风热感冒的主症及用药。

表5-2-1 风寒感冒、风热感冒的主症及用药

类型	主要症状	用药
风寒感冒	怕冷较重,发热较轻,头痛无汗,四肢酸痛,鼻塞不通,流清涕,多嚏,说话声音重,咳嗽痰稀,咽痒等	午时茶颗粒、感冒清热颗粒、川芎茶调丸、风寒感冒颗粒、感冒软胶囊、九味羌活丸、四季感冒片等
风热感冒	发热较重,怕冷较轻,汗出不畅,头痛,四肢酸懒,咳嗽痰黄,咽喉肿痛,口干欲饮等	感冒退热颗粒、银翘解毒片、板蓝根颗粒、双黄连颗粒、银黄口服液、连花清瘟胶囊等

2. 咳嗽类药

咳嗽是呼吸系统疾病的常见症状，多见于现代医学的上呼吸道感染、急慢性支气管炎、肺炎、支气管扩张、肺结核以及百日咳等病。咳嗽的病因大致分为外感、内伤两大类。按其病因和临床症状表现，外感咳嗽分为风寒、风热、燥热咳嗽等，内伤咳嗽分为肺火、痰湿、肺虚咳嗽等。

表5-2-2所列为外感咳嗽的类型、主症及用药。

表5-2-2 外感咳嗽的类型、主症及用药

类型	主要症状	用药
风寒咳嗽	咳嗽咽痒，咯痰稀白，伴有头痛身痛，鼻塞不通，流清涕，或发热、怕冷、无汗等	通宣理肺丸、小青龙颗粒、止嗽青果丸、桂龙咳喘宁胶囊、杏苏止咳颗粒等
风热咳嗽	咳嗽咽痛，痰多黄稠，口渴，伴有头痛、头晕、恶风、身热、汗出等	川贝枇杷糖浆、急支糖浆、羚羊清肺丸、感冒止咳颗粒、枇杷止咳颗粒、橘红丸、蛇胆川贝液、复方鲜竹沥液等
燥热咳嗽	干咳无痰，或痰黏不易咳出，或痰中带血，咽干鼻燥，咳频胸痛，便干尿少等	养阴清肺膏、蜜炼川贝枇杷膏、强力枇杷胶囊、秋梨膏、二冬膏等

3. 胃肠类药

本类成药主要治疗消化系统的疾病，如胃脘痛、呕吐、伤食、泄泻、痢疾、便秘等。
表5-2-3所列为胃脘痛、伤食、便秘的主要症状及用药。

表5-2-3 胃脘痛、伤食、便秘的主要症状及用药

类型	主要症状	用药
胃脘痛	胃脘胀痛，牵及胁肋，嗳气泛酸，食欲减退，或胃痛隐隐，喜温喜按，空腹痛甚，得食痛减，泛吐清水，胃纳差，神疲乏力，甚则手足不温，大便溏泄等	左金丸、胃苏颗粒、气滞胃痛颗粒、小健中合剂、温胃舒胶囊、虚寒胃痛颗粒、附子理中丸、三九胃泰等
伤食	胃脘胀满，痞闷或疼痛，不思饮食，嗳气吞酸，口气有味，或恶心呕逆，大便不畅等	香砂养胃丸、保和丸、大山楂丸、加味保和丸、枳术丸、香砂枳术丸等
便秘	大便干燥硬结，腹胀疼痛，口苦舌干、口臭唇焦，烦躁身热，面红，尿赤；或见面色无华，大便艰涩，腹胀隐痛，精神倦怠等	通便灵胶囊、复方芦荟胶囊、麻仁胶囊、麻仁润肠丸、五仁润肠丸等

4. 祛暑类药

暑是夏令主气，暑为热邪，易耗气伤津。因长夏气候潮湿，人也多食生冷，故暑病多兼湿邪。湿为阴邪，是一种重浊、腻滞的病邪，易缠绵反复发作。暑病较为复杂，其症状表现也各有不同。暑病一般分为伤暑、中暑、暑热挟湿、暑湿感冒等。

表5-2-4所列为暑病的分类、主症及用药。

表 5-2-4　暑病的分类、主症及用药

类型	主要症状	用药
伤暑	身热自汗，心烦口渴，头重眩晕，呕吐恶心，体倦无力，小便短赤等	人丹、避瘟散等
中暑	突然昏倒，神志不清，身热烦躁，呼吸急促，出冷汗，手足发凉等	暑症片、红灵散、痧药等
暑热挟湿	心烦口渴，呕吐腹泻，小便短赤等	六一散、益元散等
暑湿感冒	恶寒发热，头痛头胀，胸膈痞满，呕恶纳差，腹痛腹泻，身体倦怠，口淡无味，食欲不振等	十滴水软胶囊、藿香正气口服液、六合定中丸、暑湿感冒颗粒、祛暑丸、保济丸等

5. 清热降火类药

本类成药具有清热泻火等作用，用于各种热证、火证。实火多因外感诸邪入里化热或脏腑火热偏盛所致。虚火多因久病内伤、阴血亏耗所致。由于受病脏腑不同，故临床有实火与虚火之分，虚火应用的中成药放在虚损类中论述。

表 5-2-5 所列为内热实火的主症及用药。

表 5-2-5　内热实火的主症及用药

类型	主要症状	用药
实火	头痛头晕，目赤烦躁，口舌生疮，牙龈肿痛，咽痛口干，心烦耳鸣，心悸失眠，大便秘结，小便短赤，或吐血、衄血等	三黄片、牛黄解毒片、牛黄上清丸、黄连上清丸等

6. 失眠类药

失眠亦称不寐，古人亦有称"不得卧"或"不得眠"者，指以经常难以入眠，或睡而易醒为临床主要表现的病症。

失眠的原因很多，主要与心脾肝肾及阴血不足有关。多由阴血虚亏、心肾不交，或思虑过度、心气不足，或心火上炎、灼伤阴血，或肝郁化火、扰乱心神，或心胆气虚、心神不宁所致。根据临床症状表现，失眠分为实证和虚证两大类。

表 5-2-6 所列为失眠的分类、主症及用药。

表 5-2-6　失眠的分类、主症及用药

类型	主要症状	用药
实证	失眠，心烦，头昏，口干，五心烦热，烦躁不安，易怒，小便黄等	泻肝安神丸
虚证	失眠，多梦易醒，心悸健忘，头晕耳鸣，腰膝酸软，虚热，面色萎黄等	天王补心丸、刺五加片、柏子养心丸、养血安神丸、安神补心丸等

7. 昏迷类药

昏迷是以神志不清为特征的一种症候,多见于脑卒中、时行热病、中暑、厥证、痰证等。昏迷大多由温邪热毒内陷心包,或痰浊蒙蔽心窍等所致。昏迷分为热闭和寒闭两大类,临床表现主要有热入心包、痰湿蒙蔽心窍、卒中哕恶等。

表5-2-7所列为热入心包、痰湿蒙蔽心窍的主症及用药。

表5-2-7 热入心包、痰湿蒙蔽心窍的主症及用药

类型	主要症状	用药
热入心包	高热神昏,谵语,甚则昏迷不醒,四肢厥逆或抽搐等	安宫牛黄丸、局方至宝散、紫雪、清开灵颗粒等
痰湿蒙蔽心窍	神志不清、意识模糊、喉中痰鸣、胸闷,甚则昏迷不醒等	苏合香丸、通关散、十香返生丹等

8. 痹证类药

"痹"为"闭塞不通"之意,是因风寒湿邪侵袭人体、闭阻经络、气血运行不畅所致。引起肢体关节疼痛、酸楚、麻木、重着、屈伸不利,或关节肿大,灼热等,称为"痹证"。痹证因风寒湿邪的偏盛,其临床症状表现也不同。

表5-2-8所列为痹证的主症及用药。

表5-2-8 痹证的主症及用药

类型	主要症状	用药
痹证	四肢关节疼痛,游走不定,屈伸不利等为行痹;肢体关节痛有定处,重着,手足笨重,肌肤麻木等为着痹;关节疼痛较甚,痛有定处,受寒则疼痛转剧,得热则痛减等为痛痹;关节红肿热痛,得冷则痛减,发热口渴等为风湿热痹	疏风定痛丸、追风活络丸、狗皮膏、小活络丸、大活络丸、再造丸、天麻丸、木瓜丸、寒湿痹颗粒、湿热痹颗粒等

9. 胸痹类药

胸痹,也称"真心痛",现代指冠心病、心绞痛及心肌梗死等心脏功能异常的一类疾病。其发病原因,除精神情志因素外,大多因气血运行异常、心血不足、心肾不交、心阴虚损或水饮内停、瘀血、痰火所致。

表5-2-9所列为胸痹的主症及用药。

表5-2-9 胸痹的主症及用药

类型	主要症状	用药
胸痹	心悸、心烦少寐,神倦乏力,头晕目眩,面色萎黄,或心胸憋闷,甚则大汗淋漓,肢冷,发绀等	复方丹参滴丸、冠心苏合丸、麝香保心丸、地奥心血康胶囊、速效救心丸、活血通脉胶囊、血栓通注射液、丹参注射液、血府逐瘀丸、脉络宁注射液、通心络胶囊等

10. 虚损类药

虚损指五脏诸虚不足而产生多种疾病。本类成药具有补虚扶正、增强抗病能力的作用，能补益人体气血阴阳的不足或补益脏腑之虚损，调理气血阴阳脏腑，用于治疗各种虚证。虚证一般分为气虚、血虚、气血两虚、阴虚、阳虚等类型。

表5-2-10所列为虚损的主症及用药。

表5-2-10 虚损的主症及用药

类型	主要症状	用药
气虚	少气懒言，疲倦乏力，食少便溏，易出虚汗，动则喘促等	生脉饮、补中益气丸、玉屏风颗粒、四君子丸、参麦注射液等
血虚	面色萎黄，唇淡色白，爪甲苍白，头晕耳鸣，心悸失眠，手足麻木，经少色淡等	益血生胶囊、复方阿胶浆、新血宝胶囊、阿胶补血膏等
气血两虚	气短懒言，身体乏力，动则气喘，面色萎黄，唇甲苍白，头晕眼花，心悸失眠等	人参归脾丸、十全大补丸、人参养荣丸、益气养血口服液等
阴虚	身体消瘦，咽干口燥，五心烦热，腰膝酸软，头晕耳鸣，目色昏暗，午后潮热等	六味地黄丸、知柏地黄丸、大补阴丸、左归丸、二至丸等
阳虚	畏寒肢冷，腰膝酸软，阳痿遗精，小便频数，精神不振等	桂附地黄丸、济生肾气丸、右归丸、五子衍宗丸等

（二）外科用药

中医外科包括疮疡、痔疮、脱疽、灼伤等。疮疡是外科中最常见的一种疾病，指体表的肿疡、溃疡、痈、疽、疔疮、疖肿、丹毒、瘰疬、流痰等。疮疡的用药分为内服药与外用药两大类。

表5-2-11所列为疮疡、水火烫伤的主症及用药。

表5-2-11 疮疡、水火烫伤的主症及用药

类型	主要症状	用药
疮疡	阳证：肿胀高起，皮肤灼热，成脓后红肿热痛加剧，溃后脓汁黄白稠厚，兼有发热等。阴证：肿胀不明显，局部颜色不变，不痛或隐痛，疮形漫肿平坦等	连翘败毒丸、如意金黄散、活血消炎丸、醒消丸、小金丸、西黄丸、三黄膏、康复新液等
水火烫伤	局部皮肤红肿起疱，有灼热感，疼痛，严重者可出现高热，烦躁不安，甚则神志不清等	烧伤药膏、京万红、紫云膏、紫花烧伤膏、烧伤灵酊等

（三）妇科用药

妇科在解剖上有"胞宫"，生理上有月经、胎孕、产育、哺乳，病理上有经、带、胎、产诸病。妇科疾病外因多以寒、热、湿为主，内因多以精神因素、饮食不节、劳逸失常、房事不节为主。这些因素可引起人体气血失常，脏腑功能失常，致冲任二脉受损，从而发

生妇科疾病。其临床常见的月经病有月经先期、月经后期、痛经、经闭、崩漏以及绝经前后诸症等。

表 5-2-12 所列为月经不调的主症及用药。

表 5-2-12 月经不调的主症及用药

类型	主要症状	用药
月经不调	月经提前、延后，或先后无定期，行经下腹胀痛或刺痛、隐痛等。胀痛连及胸胁，喜按或拒按，经色紫黑有块、量多或经色淡红、量少质稀，面色暗滞，舌暗红，或面色苍白、萎黄等	逍遥丸、乌鸡白凤丸、安坤颗粒、人参养荣丸、八珍益母丸、益母草膏、七制香附丸、艾附暖宫丸等

（四）儿科用药

小儿由于"形气不足"、脏腑娇嫩，因而卫外功能较弱，易受外邪所侵，故表现为外感病多和饮食停滞多。常见的疾病有感冒、咳喘、饮食停滞、呕吐、泄泻、惊风、麻疹、水痘、痄腮等。小儿服药，一般宜少量多次分服，严格掌握用药剂量，辨证应用。

表 5-2-13 所列为小儿风热感冒、风寒咳嗽的主症及用药。

表 5-2-13 小儿风热感冒、风寒咳嗽的主症及用药

类型	主要症状	用药
风热感冒	发热重，微怕冷，头痛，无汗或微汗，鼻流黄涕，咳嗽痰多，口渴面赤，咽喉肿痛等	小儿感冒颗粒、小儿清咽颗粒、妙灵丹、小儿退热颗粒、小儿清热口服液等
风寒咳嗽	咳嗽痰稀，气促，恶寒无汗，鼻流清涕，发热或不发热，唇舌淡红等	儿童清肺丸、解肌宁嗽丸等

（五）骨伤科用药

骨伤科用药多见于跌打损伤、关节及软组织损伤、扭伤闪挫等，也可见于风寒湿痹对关节部位的损伤而引起的诸多症状，应辨证用药。

表 5-2-14 所列为骨伤的主症及用药。

表 5-2-14 骨伤的主症及用药

类型	主要症状	用药
骨伤	跌打损伤、骨折、脱臼、扭伤、闪挫所致的局部肿痛、压痛、不能活动、畸形，关节功能障碍，软组织、韧带、筋膜、肌腱的损伤等	三七片、云南白药、活血止痛散、七厘散、回生第一丹、红花油、接骨七厘片、伤科接骨片、舒筋活血丸、狗皮膏等

（六）皮肤科用药

皮肤科用药多见手足癣及皲裂，以及尿布性皮炎等。中医认为主要是因风、湿、热蕴阻肌肤,或血瘀生风化燥,皮肤失养,或湿热下注,生成湿癣所致。辨证用药有内服及外用两类。

表 5-2-15 所列为皮肤癣湿疮的主症及用药。

表 5-2-15 皮肤癣湿疮的主症及用药

类型	主要症状	用药
皮肤癣湿疮	癣的大小不一,患处干燥粗糙,局部瘙痒,搔之落屑等。初病足趾间有小水疱,甚痒,经擦破后则流水,局部可脱屑或结痂。重症者渗出液显著增多,并有特殊臭味,局部皮肤易糜烂肿胀等。另有手足干燥皲裂、小儿臀部红肿湿痒等	二妙丸、脚气散、松花粉、癣湿药水、愈裂贴膏等

(七) 五官科用药

五官科疾病包括眼病类、耳病类、鼻病类、齿病类、咽喉病类等,临床应辨证用药。

表 5-2-16 所列为眼病、咽喉病的主症及用药。

表 5-2-16 眼病、咽喉病的主症及用药

类型	主要症状	用药
眼病	实证:白睛红赤,灼热疼痛,眼眵稠黏,怕光羞明,便秘尿赤等。 虚证:视物昏花,眼冒金星,视一如二,头晕耳鸣,目涩,迎风流泪等	黄连养肝丸、明目上清丸、石斛夜光丸、明目地黄丸、杞菊地黄丸等
咽喉病	咽部红肿,干燥灼热,吞咽疼痛,有梗阻感等;声音粗糙,嘶哑或失音,喉内干痒,或微痛,干咳无痰,或痰少黏稠等;扁桃体一侧或两侧红肿,或有黄白色脓样分泌物,灼热疼痛,吞咽困难等	清咽丸、桂林西瓜霜、银黄片、金果饮、复方草珊瑚含片、喉疾灵胶囊、黄氏响声丸等

第三节 中药材

一、中药材商品概述

中药材是未经加工或仅经过简单加工的中药原料,通常分为植物、动物和矿物三大类。根据治疗疾病的要求,将药材净制、切制或炮炙后入药,药材的加工品称为饮片。饮片既可供调配中医临床处方,也可作为生产中药制剂的原料药。

(一) 中药材的命名

中药材的命名方法有多种:①根据药材的产地或集散地命名。如党参产于山西上党,故称"上党人参",简称"党参";又如巴豆产于四川,秦艽产于古代秦国。药材因产地不

同，其质量差异很大，为了强调临床用药佳品，常在药材名前冠以地名，以示优质品，如辽细辛、川贝母、怀地黄等。②根据药材形状命名。如钩藤因其茎枝上有弯曲的钩，乌头形如乌鸦头等。③根据药材的颜色命名。如丹参因其根及根茎外皮紫红，紫草因其色紫，黄檗因其色黄，玄参因其色黑。④根据药材的气味命名。如五味子因其果肉酸、甜，种子苦、辛又有咸味；又如苦参因其味极苦，甘草因其味甜。⑤根据药用植物的生长特性命名。如夏枯草因生长到夏至枯萎，款冬花因冬至才开花，半夏因夏至开始生长等。⑥根据药用部位命名。如桂枝是桂树的嫩枝，鹿角是鹿骨化的角等。⑦根据药材的功效命名。如防风能防治诸风邪，泽泻能渗湿利水，远志能益智强志，伸筋草能舒筋通络等。⑧根据进口药材名的译音命名。如诃子原名"诃黎勒"，产印度、缅甸，因音译而来；又如胡黄连、胡椒均原产于印度、尼泊尔等国，其胡字是印度番语之意。⑨根据人名命名。如何首乌、刘寄奴、杜仲、徐长卿、使君子等都是因纪念最早发现此药的人而得名。⑩根据传说故事而命名，如女贞子、相思子、牵牛子等。

（二）中药饮片的命名

中药饮片的名称以中药材名为基础，结合加工与炮制方法和炮制后形态命名。临床上直接使用新鲜药材加工的饮片，常在饮片名称前冠以"鲜"字，如鲜石斛。一般生用的饮片，使用原药材名称。具有毒性或不同功效的生熟品，在生品的饮片名称前常加"生"字，以引起注意，如生川乌、生地黄。炮制品常在饮片名称前冠以炮制的方法、辅料的名称或缀以炮制后的形态，如煅石膏、巴豆霜、川芎片、酒白芍等。

二、常用中药材

（一）根及根茎类中药

根和根茎是植物的不同器官，但将其严格分开也不容易，通常根、根茎或根及根茎一并入药。根及根茎类中药常用品种包括：干姜、姜炭、大黄、酒大黄、熟大黄、大黄炭、山豆根、山药、麸炒山药、川贝母、川芎、酒川芎、广防己、木香、煨木香、牛膝、酒牛膝、天冬、甘草、炙甘草、升麻、丹参、酒丹参、白芍、炒白芍、白头翁、白芷、白术、土白术、炒白术、白及、白茅根、白薇、半夏、法半夏、清半夏、姜半夏、龙胆、生姜、玄参、鲜地黄、生地黄、熟地黄、地榆、地榆炭、西洋参、百合、蜜百合、百部、蜜百部、当归、酒当归、延胡索、醋延胡索、防己、防风、麦冬、远志、制远志、赤芍、苍术、麸苍术、芦根、鲜芦根、苦参、板蓝根、知母、泽泻、盐泽泻、茜草、南沙参、香附、醋香附、桔梗、柴胡、党参、射干、浙贝母、黄芩、酒黄芩、黄芪、炙黄芪、漏芦、藁本、土茯苓、山慈菇、川木香、煨川木香、木香、川牛膝、酒川牛膝、太子参、天花粉、巴戟天、制巴戟天、巴戟肉、盐巴戟天、乌药、石菖蒲、白前、蜜白前、白蔹、北豆根、北沙参、何首乌、制何首乌、羌活、狗脊、烫狗脊、骨碎补、烫骨碎补、独活、前胡、蜜前胡、秦艽、黄精、酒黄精、葛根、紫菀、蜜紫菀、生晒人参、红参、红参片、人参须、人参粉、三七、三七粉、醋三棱、川乌、制川乌、千年健、天麻、天麻片、天南星、制天南星、胆南星、片姜黄、生白附子、制白附子、红大戟、盐附子、黑顺片、白附片、青木香、京大戟、醋大戟、生草乌、制草乌、徐长卿、黄连、黄连片、酒黄连、姜黄连、萸黄连、锁阳、

92

续断、酒续断、盐续断、绵马贯众、绵马贯众炭、虎杖、细辛。

1. 人参

【主要商品规格】本品分野山参、鲜参、红参、生晒参、糖参。

（1）野山参。主根粗短呈横灵体，支根八字分开，五形全美（芦、皮、纹、体、须相衬），中间丰满，形似枣核，皮紧细。主根上部横纹紧密而深，须根清疏而长，质坚韧，有明显的珍珠疙瘩。表面牙白色或黄白色，断面白色，味甜微苦。一等：每支质量在100 g以上。二等：每支质量在75 g以上。三等：每支质量在32.5 g以上。四等：每支质量在20 g以上。五等：呈横灵体或须体，每支质量在12.5 g以上。六等以下呈横灵体、须体、畸形体。六等：每支质量在6.5 g以上，帽不大。七等：每支质量在4 g以上。八等：每支质量在2 g以上，间有芦须不全的残次品。山参一般以芦、皮、纹、体、须五形俱全者为佳。

（2）鲜参。鲜参分为边条鲜参和普通鲜参。边条鲜参呈长圆柱，芦长、身长、腿长，有支根2~3条。须芦齐全，浆足丰满，不烂，无疤痕、水锈、泥土、杂质。边条鲜参依据体长、芦和每支质量区分等级级别。一等：体长不短于20 cm，芦不超过15%，每支质量在125 g以上。二等：体长不短于18.3 cm，芦不超过15%，每支质量在85 g以上。三等：体长不短于16.7 cm，芦不超过15%，每支质量在60 g以上。

（3）红参。红参包括"普通红参"和"边条红参"两大类，另外还有干浆参、红混须、红直须、红弯须等商品规格。红参以体长，表面棕红色或棕黄色，有光泽，无黄皮、破疤者为佳。

1）普通红参。普通红参的主根呈圆柱形，以芦短、身粗、腿短为特征。表面棕红色或淡棕色，半透明，有光泽。质硬而脆，断面平坦、光洁、角质样。以每500 g所含人参的支数为标准，分为"20普通红参""32普通红参""48普通红参""64普通红参""80普通红参""小货普通红参"6种规格。每个规格名称中的数字表示每500 g普通红参所允许含有的最多支数，例如，"48普通红参"指每500 g最多允许含有48支普通红参。

2）边条红参。由栽培7~9年的边条鲜人参按红参加工方法加工制成。边条红参主根呈圆柱形，芦长、体长、腿长。表面红棕色，半透明，有光泽。肩部有环纹，呈淡棕色或杂有黄色。有2~3条支根，较粗。根茎上有茎痕7~9个。质硬而脆，断面平坦、光滑、角质样。边条红参以每500 g所含支数为标准，分为"16边条红参""25边条红参""35边条红参""45边条红参""55边条红参""80边条红参""小货边条红参"7种规格。

3）参须。依据红参须的长度和形状，将红参须划分为红直须、红混须和红弯须3种规格。

（4）生晒参。生晒参包括全须生晒参、生晒参和白干参3种规格。另外，还有皮尾参、白混须、白直须等，以条粗、体短横、饱满无抽沟者为佳。

1）全须生晒参。全须生晒参完整地保留人参各个部位的特征，芦、体、须齐全。表面黄白色，有抽沟，体质较轻。断面白色或黄白色，皮层和髓部明显，常有大小不等的裂隙。商品按单支质量区分为4个等级。

2）生晒参。生晒参按每500 g含有的支数和体表有无破疤，区分为5个等级。

3）白直须和白混须。长度在8.3 cm以上者，称白直须；长度在8.3 cm以下并与细小弯

93

须混同者，称白混须。白直须区分为2个等级。

（5）糖参。商品主要按支条是否均匀划分为2个等级。一等：根呈圆柱形；芦须齐全，表面色白，体充实，支条均匀，断面白色；味甜、微苦；不返糖，无浮糖；无碎芦、杂质、虫蛀、霉变。二等：根呈圆柱形；表面黄白色，大小不分，断面白色；味甜、微苦；不返糖，无浮糖；无碎芦、杂质、虫蛀、霉变。

【功能】大补元气，复脉固脱，补脾益肺，生津，安神。

2. 西洋参

【主要商品规格】本品分长支、短支、统货等几种规格。其中，根长大于5 cm的为长支；根长2~5 cm的为短支；根体长短不一，粗细不等的称统货。长支、短支还可根据根体大小再分出不同的规格。各种规格性状均以横皱纹细密、断面黄白色、平坦、可见树脂道斑点、形成层环明显、香气浓郁、无青支、无红支、无病疤、无虫蛀、无霉变者为佳。

【功能】补气养阴，清热生津。

3. 麦冬

【主要商品规格】本品分杭麦冬、川麦冬。性状以肥大、淡黄白色、半透明、质柔、嚼之发黏者为佳。

（1）杭麦冬。纺锤形，半透明，表面黄白色，质柔韧，断面牙白色，有木质心，味微甜，嚼之有黏性。一等：每50 g 150粒以内，无须根。二等：每50 g 280粒以内。三等：每50 g 280粒以外，最小不低于麦粒大，油粒、烂头不超过10%。

（2）川麦冬。纺锤形，半透明，表面淡白色，断面牙白色，木质心细软，味微甜，嚼之少黏性。一等：每50 g 190粒以内，无须根、乌花、油粒、杂质、霉变。二等：每50 g 300粒以内。三等：每50 g 300粒以上，最小不低于麦粒大，间有乌花、油粒，但不超过10%，无须根、杂质、霉变。

【功能】养阴生津，润肺清心。

4. 川贝母

【主要商品规格】本品分松贝、青贝、炉贝。

（1）松贝。类圆锥形或近球形，外层鳞叶2瓣，大瓣紧抱小瓣，未抱合部分呈新月形，顶端闭口，基部圆平。一等：每50 g在240粒以上。二等：每50 g在240粒以内。

（2）青贝。扁球形或类圆形，两鳞片大小相似，顶端闭口或微开口，基部较平或圆形。一等：每50 g在190粒以上，对开瓣不超过20%。二等：每50 g在130粒以上，对开瓣不超过25%。三等：每50 g在100粒以上，对开瓣不超过30%。四等：大小粒不分，间有油贝、碎贝、黄贝。

（3）炉贝。长圆锥形，贝瓣略似马牙。一等：表面白色，大小粒不分，间有油贝及白色破瓣。二等：表面黄白色或淡黄棕色。

【功能】清热润肺，化痰止咳。

5. 浙贝母

【主要商品规格】本品分大贝和珠贝。性状以鳞叶肥厚、质坚实、粉性足、断面色白者为佳。

（1）大贝。呈新月形，外表面类白色至淡黄色，内表面白色或淡棕色，被有白色粉末，质硬而脆。断面白色至黄白色，富粉性。气微，味微苦。统货。

（2）珠贝。呈扁球形，表面类白色，外层鳞叶2瓣，肥厚，略似肾形，互相抱合，内有小鳞叶2~3枚及干缩的残茎。统货。

【功能】清热化痰，开郁散结。

6. 党参

【主要商品规格】本品分西党、潞党、川党。性状以条粗长、皮松肉紧、狮子盘头较大、横纹多、味香甜、嚼之无渣者为佳。

（1）西党。呈圆柱形，头大尾小，上端多横纹，外皮粗松。表面米黄色或灰褐色，断面黄白色，有放射状纹理，味甜。一等：芦下直径1.5 cm以上，无油条、杂质、虫蛀、霉变。二等：芦下直径1 cm以上。三等：芦下直径6 mm以上。

（2）潞党。呈圆柱形，芦头较小。表面黄褐色或灰黄色，断面棕黄色或灰白色，味甜。一等：芦下直径1 cm以上，无油条、杂质、虫蛀、霉变。二等：芦下直径8 mm以上。三等：芦下直径4 mm以上。

（3）川党。呈圆柱形，根头部茎痕较少而小，条较长。表面灰白色，断面白色或黄白色，有放射状纹理，味甜。一等：芦下直径1.2 cm以上，无油条、杂质、虫蛀、霉变。二等：芦下直径8 mm以上。三等：芦下直径5 mm以上。

【功能】补中益气，健脾益肺。

7. 黄芪

【主要商品规格】本品呈圆柱形的单条，疙瘩头和喇叭头，顶端间有空心，表面灰白色或浅褐色，断面外层白色，中间淡黄色或黄色，具粉性，味甘，有生豆腥气味。性状以条粗长、皱纹少、质坚而绵、断面色黄白、粉性足、味甜者为佳。特等：长70 cm以上，上中部直径2 cm以上，末端直径不小于6 mm。一等：长50 cm以上，上中部直径1.5 cm以上，末端直径不小于5 mm。二等：长50 cm以上，上中部直径1 cm以上，末端直径不小于4 mm。三等：上中部直径7 mm以上，末端直径不小于3 mm，不分长短。

【功能】补气固表，利尿，脱毒排脓，敛疮生肌。

8. 天麻

【主要商品规格】本品呈长椭圆形，稍扁缩弯曲，表面黄白色或淡棕黄色，略透明，有潜伏芽排列成的多环纹，顶端有红棕色鹦哥嘴状顶芽，末端有脐形疤痕，断面角质样，牙白色。性状以个大、色黄白、质坚实沉重、断面半透明、有光泽者为佳。一等：每千克26个以内。二等：每千克46个以内。三等：每千克90个以内。四等：每千克90个以上。

【功能】息风定痉，平肝潜阳。

9. 黄芩

【主要商品规格】本品分枝芩和枯碎芩。性状一般以条粗、色黄、质坚实、去净外皮、内心充实、枯心少者为佳。

（1）枝芩（条芩）。呈圆锥形，上部较粗糙，有明显网纹及扭曲的纵皱，下部皮细，有顺纹或皱纹，表面黄色或黄棕色，质坚脆，断面深黄色，气微，味苦。一等：条长10 cm以上，中部直径 1 cm 以上。二等：条长 4 cm 以上，中部直径 1 cm 以下，但不小于 0.4 cm。

（2）枯碎芩。老根呈中空的枯芩、块片碎芩及破碎尾芩。表面黄色或浅黄色，质坚、脆，断面黄色，气微，味苦。无粗皮、茎芦、碎渣、杂质、虫蛀、霉变。

【功能】清热燥湿，泻火解毒，止血，安胎。

10. 甘草

【主要商品规格】甘草性状以外皮细紧、红棕色、质坚实、断面黄白色、粉性足、味甜者为佳。主要商品规格分为皮草和粉草两大类，皮草为带皮甘草，粉草为去外皮甘草。皮草按产地分西草和东草。主产于甘肃、内蒙古、陕西、青海、新疆等地的称西草，主产于东北、河北、山西等地的称东草。目前主要以品质区分，不受地区限制。

（1）西草。圆柱形，斩头去尾，皮细色红，质实体重，粉性足。①大草：25～50 cm，顶端直径 2.5～4 cm，黑心草不超过总质量的 5%。②条草：长 25～50 cm，按顶端直径大小分为一等 1.5 cm 以上，二等 1 cm 以上，三等 0.7 cm 以上。③毛草：圆柱形弯曲的小草，去净残茎，不分长短，顶端直径 0.5 cm 以上。④疙瘩头：加工条草砍下的根头，长短不分，间有黑心。

（2）东草。圆柱形，上粗下细，不斩头尾，皮粗，质松，体轻。①条草：一等长 60 cm 以上，芦下 3 cm 处直径 1.5 cm 以上；二等长 50 cm 以上，芦下 3 cm 处直径 1 cm 以上；三等长 40 cm 以上，芦下 3 cm 处直径 0.5 cm 以上。均可见有 5% 20 cm 以上的草头。②毛草：圆柱形弯曲的小草，长短不分，芦下直径 0.5 cm 以上，间有疙瘩头。

【功能】补脾益气，清热解毒，祛痰止咳，调和诸药。

（二）皮及茎木类中药

皮类中药包括树皮、根皮。茎木类中药包括茎枝、茎藤等地上茎或部分入药者。皮及茎木类中药常用品种包括：五加皮、地骨皮、肉桂、合欢皮、杜仲、盐杜仲、牡丹皮、厚朴、姜厚朴、秦皮、桑白皮、蜜桑白皮、黄柏、盐黄柏、大血藤、川木通、苏木、竹茹、姜竹茹、皂角刺、沉香、忍冬藤、鸡血藤、降香、钩藤、桂枝、通草、土荆皮、白鲜皮、苦楝皮、香加皮、首乌藤、络石藤、海风藤、桑寄生、槲寄生、檀香、青风藤。

1. 杜仲

【主要商品规格】杜仲呈平板状，两端切齐，去净粗皮，外表面灰褐色，内表面黑褐色，质脆。断处有胶丝相连。味微苦。性状一般以皮厚、完整、去净粗皮、断面丝多者为佳。特等：整张长 70～80 cm，宽 50 cm 以上，厚 7 mm 以上，碎块不超过 10%，无卷形、杂质、霉变。一等：整张长 40 cm，宽 40 cm 以上，厚 5 mm 以上，碎块不超过 10%。二等：板片状或卷曲状，整张长 40 cm 以上，宽 30 cm 以上，碎块不超过 10%。三等：厚不小于 2 mm，包括枝皮、根皮、碎块。

【功能】补肝肾，强筋骨，安胎。

2. 肉桂

【主要商品规格】本品分为企边桂、桂通、板桂、桂心等，以企边桂质量最优。性状一般以不破碎、体重、外皮细、肉厚、断面色紫、油性大、香气浓、嚼之渣少者为佳。

（1）企边桂。呈两侧向内卷曲的浅槽状，两端成斜面露出桂心，外表面灰棕色，内表面红棕色,刻画可见油痕,断面中间有一条黄棕色的线纹。气香,味甜而辛辣。长约40 cm,宽6~10 cm。

（2）官桂（桂通）。双卷筒或单卷筒。长约30 cm,直径2~3 cm。余同上。

（3）板桂。扁平板状,表面略粗糙,有的可见灰白色地衣斑。

（4）桂心。边条、碎块、大小不等。

【功能】补火助阳,引火归源,散寒止痛,活血通络。

（三）花、叶类中药

花类中药包括干燥完整的花、花序或花的某一部分。其中,完整的花有开放的花和花蕾,花序也有开放的和未开放的,花的某一部分有雄蕊、花柱、柱头、花粉等。叶类中药一般为完整而成熟的干燥叶。花、叶类中药常用品种包括：丁香、月季花、合欢花、红花、辛夷、金银花、玫瑰花、菊花、野菊花、槐花、炒槐花、槐花炭、侧柏叶、侧柏炭、荷叶、桑叶、银杏叶、淡竹叶、番泻叶、鸡冠花、松花粉、旋覆花、蜜旋覆花、密蒙花、款冬花、蜜款冬花、生蒲黄、蒲黄炭、夏枯草、枇杷叶、蜜枇杷叶、炙淫羊藿、紫苏叶、西红花、芫花、醋芫花、洋金花、大青叶、艾叶、谷精草。

1. 金银花

【主要商品规格】本品按产区可分为密银花（亦称"南银花"）、东银花（亦称"济银花"）、山银花等。性状一般以无开放花、花蕾饱满、色泽青绿微白、无霉、无虫蛀、无枝叶、无黑头和油条、身干、气味清香者为佳。

（1）密银花。花蕾呈棒状,上粗下细,略弯曲。表面绿白色,花冠质稍硬,握之有顶手感。气清香,味甘微苦。一等：无开放花朵,破裂花蕾及黄条不超过5%。二等：表面绿白色,花冠厚质稍硬,开放花朵不超过5%,黑头、破裂花蕾及黄条不超过10%。三等：表面绿白色或黄白色,花冠厚质硬,开放花朵、黑条不超过30%。四等：花蕾或开放花朵兼有,色泽不分,枝叶不超过3%。

（2）东银花。花蕾呈棒状,肥壮。上粗下细,略弯曲。表面黄白色、青色。气清香,味甘微苦。一等：开放花朵不超过5%,无嫩蕾、黑头、枝叶。二等：花蕾较瘦,开放花朵不超过15%,黑头不超过3%。三等：花蕾瘦小,开放花朵不超过25%,黑头不超过15%,枝叶不超过1%。四等：花蕾或开放的花朵兼有,色泽不分,枝叶不超过3%。

（3）山银花。花蕾呈棒状,上粗下细,略弯曲,花蕾长瘦。表面黄白色或青白色。气清香,味淡微苦。一等：开放花朵不超过20%。二等：花蕾或开放的花朵兼有,色泽不分,枝叶不超过10%。

【功能】清热解毒,凉散风热。

2. 菊花

【主要商品规格】本品按产地常分亳菊、滁菊、贡菊、杭菊等。性状一般以身干、色白（黄）、花朵完整不散瓣、香气浓郁、无杂质者为佳,通常认为亳菊和滁菊品质最优。

（1）亳菊。呈不规则球形或压扁形头状花序,花序的绝大部分为白色舌状花；直径1.5~4 cm,总苞由3~4层苞片组成,苞片呈卵形或长椭圆形,黄棕色或黄绿色,舌状花数层,类白色或黄色,有的类白色微带紫色,管状花多数,聚合于中心,淡黄色、黄色和深黄色，体轻，质柔润，有的松软，气清香，味甘微苦。一等：呈圆盘或扁扇形，花朵大，瓣密，苞厚，不露心，花瓣长而宽，白色，近基部微带红色，体轻，质柔软，气清香，味甘微苦，无散朵、枝叶、虫蛀、霉变。二等：花朵色微黄，近基部微带红色，气芳香。三等：呈圆盘或扁扇形，花朵小，色黄或暗，间有散朵，枝叶不超过5%。

（2）滁菊。呈不规则球形或扁球形，直径1.5～2.5cm。舌状花类白色，不规则扭曲内卷，边缘皱缩，有时可见淡褐色腺点；管状花大多隐藏。气香浓郁，味甘微苦。一等：多为头花，呈绒球形或圆形，朵大，花粉白色，花心较大，黄色，质柔，气芳香，味甘微苦，不散瓣，无枝叶、杂质、虫蛀、霉变。二等：二水花，呈绒球形，花粉白色，朵均匀，不散瓣。三等：尾花，呈绒球形，朵小，色次，间有散瓣。

（3）贡菊。形似滁菊，呈扁球形或不规则球形，瓣细而厚；舌状花白色或类白色，长1～1.2cm，宽约0.2cm，斜升；上部反折，边缘稍内卷而皱缩，通常无腺点；管状花少外露。中间有少数黄色管状花，基部总苞色翠绿，气清香，味甘。一等：花头较小，球形，花瓣密，白色，花蒂绿色，花心小，淡黄色，均匀不散朵，体轻，质柔软，气芳香，味甘微苦，无枝叶、杂质、虫蛀、霉变。二等：球形，色白，花心淡黄色，朵均匀。三等：花头小，花心淡黄色，朵不均匀，间有散瓣。

（4）杭菊。呈不规则压扁结块状，碟形或扁球形，朵大，瓣宽而疏，舌状花较少，类白色或黄白色，长约2.2cm，宽约0.6cm，平展或微折叠，彼此粘连，通常无腺点；管状花多数，外露。中间有少数深黄色管状花，形成管状花盘。体稍重，气清香，味微甘、辛。一等：蒸花呈压缩状，朵大肥厚，玉白色，花心较大，心黄色，气清香，味甘微苦，无霜打花及枝叶。二等：花朵厚，较小，心黄色。三等：花朵小，间有不严重的霜打花。菊花出口常分甲、乙两级。

【功能】散风清热，平肝明目。

3. 西红花

【主要商品规格】本品有干西红花和湿西红花等规格。性状一般以身长、色紫红、滋润而有光泽、黄色花柱少、味辛凉者为佳。均为统货。

【功能】活血化瘀，凉血解毒，解郁安神。

4. 红花

【主要商品规格】本品分为两等。一等：筒状花冠皱缩弯曲，成团或散在，表面深红、鲜红，微带黄色，无枝叶、杂质。二等：表面浅红、暗红或淡黄色，余同一等。性状一般以质干、花冠长、色红艳、质柔软、无枝刺者为佳。

【功能】活血通络，散瘀止痛。

（四）果实、种子类中药

果实、种子在植物体中是两种不同的器官，但在商品药材中常未严格区分，大多数是果实、种子一起入药。果实、种子类常用品种包括：八角茴香、大枣、山楂、炒山楂、焦山楂、枸杞子、女贞子、小茴香、盐小茴香、五味子、醋五味子、牛蒡子、炒牛蒡子、王不留行、炒王不留行、车前子、盐车前子、火麻仁、炒火麻仁、使君子、瓜蒌、枳实、麸炒枳实、川楝子、炒川楝子、木瓜、乌梅肉、龙眼肉、决明子、炒决明子、苦杏仁、燀苦杏仁、炒苦杏仁、砂仁、枳壳、栀子、炒栀子、焦栀子、山茱萸、酒山茱萸、千金子、千金子霜、马钱子、制马钱子、马钱子粉、桃仁、燀桃仁、炒桃仁、佛手、肉豆蔻、草果、益智仁、连翘。

枸杞子

【主要商品规格】本品分宁夏枸杞、内蒙枸杞和新疆枸杞等，一般以粒大、色红、肉厚、质柔润、子少、味甜者为佳。商品以宁夏枸杞为主，常分为五个等级。一等：呈椭圆形或长卵形，果皮鲜红，紫红或红色，糖质多，质柔软滋润，味甜，每50 g 370粒以内。二等：每50 g 580粒以内。三等：果皮红褐色或淡红色，糖质较少，每50 g 900粒以内。四等：每50 g 1 100粒以内，油果不超过15%。五等：色泽深浅不一，每50 g 1 100粒以外，破子、油果不超过30%。

【功能】滋补肝肾，益精明目。

（五）全草类中药

全草类中药材的一个重要特征是质脆、易碎，因此在加工过程中应防压，尽量保持叶片完整，提高中药材等级。

全草类常用品种包括：小蓟、马齿苋、石斛、鲜石斛、灯心草、灯心草炭、青蒿、鱼腥草、绵茵陈、益母草、鲜益母草、麻黄、蜜麻黄、薄荷、鲜薄荷、车前草、仙鹤草、半边莲、半枝莲、老鹳草、伸筋草、佩兰、金钱草、卷柏、卷柏炭、泽兰、细辛、荆芥、荆芥穗、荆芥炭、芥穗炭、香薷、鸭跖草、蒲公英、瞿麦、广藿香、马鞭草、地锦草、金沸草、积雪草、广金钱草。

（六）动物类中药

药用动物指以身体的全体或局部等可以供药用的动物。根据其种类的不同，药用动物分为昆虫类、两栖类、脊椎动物，以及生理、病理产物四大类。动物类常用品种包括：土鳖虫、水牛角、水蛭、烫水蛭、地龙、全蝎、牡蛎、煅牡蛎、龟甲、醋龟甲、鸡内金、桑螵蛸、生斑蝥、米斑蝥、牛黄、乌梢蛇、乌梢蛇肉、酒乌梢蛇、珍珠、珍珠粉、石决明、金钱白花蛇、海马、海龙、鹿茸、鹿茸片、羚羊角、羚羊角片、蛤蟆油、蛤蚧、麝香、阿胶、燕窝。

1. 蛤蟆油

【主要商品规格】本品呈不规则块状，弯曲而重叠，表面黄白色，呈脂肪样光泽，偶有带灰白色薄膜状干皮。摸之有滑腻感，在温水中浸泡，体积可膨胀。气腥，味微甘，嚼之有黏滑感。性状一般以块大、肥厚、质干、色白、有光泽、无皮膜者为佳。一等：油色呈金黄色，块大整齐，有光泽而透明，干净，无肌、卵等杂物。二等：油色呈淡黄色，皮等其他杂物不超过1%，无碎末。三等：油色不纯白，不变质，碎块和皮肉等杂物不超过5%，无碎末。四等：不符合一、二、三等者，保管不良为黑红色，杂物不得超过10%。

【功能】补肾益精，养阴润肺。

2. 蛤蚧

【主要商品规格】本品呈扁片状，头略呈扁三角状，两眼多凹陷成窟窿，口内有细齿，生于腭的边缘，无异型大齿。吻部半圆形，吻鳞不切鼻孔，与鼻鳞相连，上鼻鳞左右各

1片，上唇鳞12～14对，下唇鳞21片。腹背部呈椭圆形，腹薄。背部呈灰黑色或银灰色，有黄白色或灰绿色斑点散在或密集成不显著的斑纹，脊椎骨及两侧肋骨突起。四足均具5趾；趾间仅具蹼迹，足趾底有吸盘。尾细而坚实，微显骨节，与背部颜色相同，有6～7个明显的银灰色环带。全身密被圆形或多角形微有光泽的细鳞，气腥，味微咸。一般以体肥壮、尾全不碎者为佳。商品以对为单位，原以雌雄为对，捆在一起。现多以一只长尾、一只短尾搭配成对出售。规格有断尾、全尾2种。均分特装、5对装、10对装、20对装和30对装。特装：全尾，长9.5 cm以上。5对装：全尾，长8.5～9.49 cm。10对装：全尾，长8～8.49 cm。20对装：全尾，长7.5～7.9 cm。30对装：全尾，长7～7.49 cm。

【功能】助肾阳，益精血，补肺气，定喘咳。

3. 麝香

【主要商品规格】毛壳麝香为扁圆形或类椭圆形的囊状体，直径3～7 cm，厚2～4 cm。开口面呈皮革质，棕褐色，略平，密生白色或棕色短毛，从两侧围绕中心排列，中间有一小囊孔。另一面为棕褐色略带紫色的皮膜，微皱缩，偶显肌肉纤维，略有弹性，剖开后可见中层皮膜呈棕褐色或灰褐色，半透明，内层皮膜呈棕色，内含颗粒状、粉末状的麝香仁和少量细毛及脱落的内层皮膜（习称"银皮"）。麝香仁中，野生者质软，油润，疏松，其中：颗粒状者习称"当门子"，呈不规则圆球形或颗粒状，表面多呈紫黑色，油润光亮，微有麻纹，断面深棕色或黄棕色；粉末状者多呈棕褐色或黄棕色，并有少量脱落的内层皮膜和细毛。饲养者呈颗粒状、短条形或不规则的团块，表面不平，紫黑色或深棕色，显油性，微有光泽，并有少量毛和脱落的内层皮膜。气香浓烈而特异，味微辣、微苦带咸。性状一般以当门子多、质柔润、香气浓烈者为佳。

（1）按产地分类。按产地分类，麝香有西麝香（陕西、甘肃等地）、川麝香（四川、云南、青海等地）、口麝香（主产内蒙古及东北）。

（2）按性状分类。按性状分类，麝香有毛壳和净香2种规格。①毛壳呈球形或扁球形，囊壳完整，剪净革质盖皮周围的边皮、面皮，灰褐色，囊口周围有灰白色及棕褐色的短毛。内囊皮膜质，无毛，棕褐色。内有饱满柔软的香仁和粉末，质油润。囊内间有少许细柔毛及彩色膜皮，香气特异、浓厚，味微苦、辛。统货。②净香为去净外壳的净麝香。有颗粒状香仁和粉末。香仁表面光滑、油润、黑褐色，断面黑红色。粉末呈黄棕色、紫红或棕褐色，间有薄膜，俗称"银皮"。香气浓厚，味微苦、辛。统货。

【功能】开窍醒神，活血通经，消肿止痛。

4. 牛黄

【主要商品规格】牛黄天然品多呈卵形、类球形、三角形或四方形，大小不一，少数呈管状或碎片。表面黄红色至棕黄色，有的表面挂有一层黑色光亮的薄膜，习称"乌金衣"，有的粗糙，具疣状突起，有的具龟裂纹。体轻，质酥脆，易分层剥落，断面金黄色，可见细密的同心层纹，有的夹有白心。气清香，味先苦而后甘，有清凉感，嚼之易碎，不粘牙。一般以表面有光泽而细腻、体轻而质松、断面层纹薄而整齐、无白膜、嚼之不粘牙、味先苦后甘、气清香而有凉感者为佳。以天然胆黄质最佳。人工合成牛黄仅用于一般制剂。

（1）按产地分类。按产地分类，牛黄有京牛黄（北京、内蒙古一带）、东牛黄（东北地区）、西牛黄（西北及河南一带）、金山牛黄（加拿大、阿根廷等国）和印度牛黄（印度）。

（2）按其出处和性状不同分类。按出处和性状分类，牛黄分为胆黄和管黄2种。大多取自胆囊的称"胆黄"，少数取自胆管或肝管者称"管黄"。

天然牛黄分2个等级。一等：呈卵形、类球形或三角形，表面金黄色或黄褐色，有光泽，质松脆，断面棕黄色或金黄色，有自然形成层，气清香，味微苦后甘，大小块不分，其间有碎块。二等：呈管状或胆汁渗入的各种块黄，表面黄褐色或棕褐色，断面棕褐色，其余同上。

【功能】清心，豁痰，开窍，凉肝，息风，解毒。

5. 鹿茸

【主要商品规格】本品分花鹿茸和马鹿茸。

（1）花鹿茸。以粗壮、主枝圆、顶端丰满、质嫩、茸毛细密、皮红棕色、有油润光泽者为佳。花鹿茸分为锯茸和砍茸2种。

锯茸又可分为二杠茸（包括头茬茸和二茬茸）和三叉茸。根据质量不同，锯茸又可分为特等、一等、二等、三等等规格。①头茬茸呈圆柱形，多有1~2个侧枝，外皮红棕色或棕色，有红黄色或橘黄色致密茸毛，分叉间饱满，或有一条短的黑色筋脉，锯口面黄白色，有细蜂窝状小孔，外围无骨质，体轻，气微腥，味微咸。②二茬茸与头茬茸近似，但主枝不圆或下粗上细，或粗细长短不等。虎口凹陷，下部有纵棱筋。虎口封口线多延伸到主枝上，线端及两旁色黑，光滑无毛，边缘茸毛紧锁，类似针缝状。毛较粗糙，体较重，锯口外围多已骨化。③三叉茸具有两个侧枝，直径较二杠茸略细，略呈弓形而微扁，分枝长而先端尖，下部有纵棱线及小疙瘩，皮呈红黄色，绒毛较稀而粗，气微腥，味微咸。

砍茸为留有头骨的茸。茸形与锯茸相同。外附脑皮，皮上密生茸毛。统货。

（2）马鹿茸。以饱满、体轻、毛灰褐色、下部无棱线者为佳，也分为锯茸和砍2两种。

锯茸又分为单门、莲花、三叉、四叉等，其中以单门、莲花为多。①单门较花茸粗大，具有1个侧枝，外表青灰色或灰白黄色，锯口色较深，常见骨质。稍有腥气，味微咸。②莲花为具有2个侧枝的马鹿茸，下部有棱筋，质不老，茸口面蜂窝小、孔稍大。③三叉为具有3个侧枝的马鹿茸，皮色深，质地较老。④四叉为具有4个侧枝的马鹿茸，皮色深，质地更老。

砍茸与花鹿茸砍茸相似。统货。

【功能】壮肾阳，益精血，强筋骨，调冲任，托疮毒。

6. 阿胶

【主要商品规格】本品呈整齐的长方形块状，表面棕黑色或乌黑色，平滑，有光泽，对光照射显半透明琥珀色，质地坚脆，易碎，断面棕黑色或乌黑色，平滑而有光泽，气微，味微甘甜。性状一般以乌黑光亮、透明、色匀、质脆、断面光亮、无腥气、经夏不软者为佳。统货。

【功能】补血，止血，滋阴润燥。

7. 珍珠粉

【主要商品规格】本品呈类白色或乳白色细粉状，极细，收捻或舌舔均无沙砾感。气微，味淡。

【功能】安神定惊，明目消翳，解毒生肌。

（七）矿物类中药

矿物类中药材多来源于天然矿物、人造矿物或古代动物骨齿的化石。常用矿物类中药饮片品种包括：生石膏、煅石膏、白矾、枯矾、芒硝、朱砂、玄明粉、自然铜、煅自然铜、青礞石、煅青礞石、雄黄粉、紫石英、醋煅紫石英、滑石、滑石粉、磁石、煅磁石、赭石、煅赭石。

1. 朱砂

【主要商品规格】本品分镜面砂、朱宝砂和豆瓣砂。性状一般以色鲜红、有光泽、微透明、不染手、质脆、体重者为佳。

（1）镜面砂。呈板片状、斜方形或长条形，5~15 mm不等，边缘不齐，色鲜红，断面光亮如镜，微透明。质脆、易破碎。统货。

（2）朱宝砂。不规则团块状细粒，长0.5~3 mm，体轻，色红，具闪烁的光泽，触之不染手。统货。

（3）豆瓣砂。呈多角形或方圆形，团块较大，深红色或红褐色，质地坚硬，不易破碎。统货。

【功能】清心镇惊，安神解毒。

2. 雄黄

【主要商品规格】本品分雄黄和明雄黄。性状一般以色红鲜艳、块大、质松脆、有光泽者为佳。

（1）雄黄。呈不规则块状，大小不一，全体深红色或橙红色，以手触之易被染成橙黄色。断面有树脂样光泽，晶面有金刚石样光泽，断面暗红色。体重，质松，易碎。统货。

（2）明雄黄。明雄黄又名"腰黄""雄黄精"，系熟透的雄黄，多呈块状，色鲜红，半透明，有光泽，松脆，质佳，但产量甚少。统货。

【功能】解毒杀虫，燥湿祛痰，截疟。

（八）其他类药材

其他类药材包括藻菌类、树脂类、加工类等。常用的有儿茶、冬虫夏草、灵芝、银耳、青黛、昆布、茯苓、猪苓、雷丸、血竭、没药、醋没药、乳香、醋乳香、安息香、苏合香等。

1. 冬虫夏草

【主要商品规格】本品分毛货和封装虫草。一般以性状完整、干燥、子座短、虫身色黄发亮、丰满肥壮、断面类白色、味香者为佳。

（1）毛货。虫草采挖后，晾晒至六七成干时，除去纤维状附着物及泥沙等杂质，再继续晒干的药材，称为"毛货"。

（2）封装虫草。将毛货扎成小把，7~8个小把尾对尾装入铁格，装3层，每层16个或以上，封装后，经过熏硫和烘干，加上商标，用红丝绳捆扎牢固。商品虫草干燥完全，虫体丰满肥壮，体表金黄色或黄色，有光泽，断面类白色或黄白色，子座粗短完整，无杂质，无泥土。

【功能】益肾壮阳，补肺平喘，止血化痰。

2. 灵芝

【主要商品规格】本品为干燥完全，呈伞状，菌盖呈肾形或半圆形，质地坚硬，木质。表面黄色或红褐色（紫芝呈黑色），下面白色。菌梗呈圆形，紫褐色。个体完整，有光泽，无虫蛀。一般以色棕褐、个大匀整、油润光亮者为佳。统货。

【功能】补气安神，止咳平喘。

第四节 医疗器械

医疗器械是指直接或者间接用于人体的仪器、设备、器具、体外诊断试剂及校准物、材料以及其他类似或者相关的物品，包括所需要的计算机软件，其效用主要通过物理等方式获得，不是通过药理学、免疫学或者代谢的方式获得，或者虽然有这些方式参与但是只起辅助作用。通过医疗器械使用达到下列目的：①疾病的诊断、预防、监护、治疗或者缓解；②损伤的诊断、监护、治疗、缓解或者功能补偿；③生理结构或者生理过程的检验、替代、调节或者支持；④生命的支持或者维持；⑤妊娠控制；⑥通过对来自人体的样本进行检查，为医疗或者诊断目的提供信息。

一、医疗器械的分类

（一）医疗器械分类判定的依据

医疗器械按照风险程度由低到高，管理类别依次分为第一类、第二类和第三类。医疗器械风险程度，应当根据医疗器械的预期目的，通过结构特征、使用形式、使用状态、是否接触人体等因素综合判定。

根据结构特征的不同，医疗器械分为有源医疗器械和无源医疗器械。

根据是否接触人体，医疗器械分为接触人体医疗器械和非接触人体医疗器械。

根据不同的结构特征和是否接触人体，医疗器械的使用形式包括：①无源接触人体器械，如液体输送器械、改变血液体液器械、医用敷料、侵入器械、重复使用手术器械、植入器械、避孕和计划生育器械、其他无源接触人体器械。②无源非接触人体器械，如护理器械、医疗器械清洗消毒器械、其他无源非接触人体器械。③有源接触人体器械，如能量治疗器械、诊断监护器械、液体输送器械、电离辐射器械、植入器械、其他有源接触人体器械。④有源非接触人体器械，如临床检验仪器设备、独立软件、医疗器械消毒灭菌设备、其他有源非接触人体器械。

根据不同的结构特征、是否接触人体以及使用形式，医疗器械的使用状态或者其产生的影响包括以下情形：①无源接触人体器械。根据使用时限分为暂时使用、短期使用、长期使用；接触人体的部位分为皮肤或腔道（口）、创伤或组织、血液循环系统或中枢神经系统。②无源非接触人体器械。根据对医疗效果的影响程度分为基本不影响、轻微影响、重要影响。③有源接触人体器械。根据失控后可能造成的损伤程度分为轻微损伤、中度损伤、严重损伤。④有源非接触人体器械。根据对医疗效果的影响程度分为基本不影响、轻微影响、重要影响。

（二）医疗器械分类的判定原则

医疗器械的分类应当根据医疗器械分类判定表进行分类判定。有以下情形的，还应当结合下述原则进行分类：

（1）如果同一医疗器械适用两个或者两个以上的分类，应当采取其中风险程度最高的分类；由多个医疗器械组成的医疗器械包，其分类应当与包内风险程度最高的医疗器械一致。

（2）可作为附件的医疗器械，其分类应当综合考虑该附件对配套主体医疗器械安全性、有效性的影响；如果附件对配套主体医疗器械有重要影响，附件的分类应不低于配套主体医疗器械的分类。

（3）监控或者影响医疗器械主要功能的医疗器械，其分类应当与被监控、影响的医疗器械的分类一致。

（4）以医疗器械作用为主的药械组合产品，按照第三类医疗器械管理。

（5）可被人体吸收的医疗器械，按照第三类医疗器械管理。

（6）对医疗效果有重要影响的有源接触人体器械，按照第三类医疗器械管理。

（7）医用敷料如果有以下情形，按照第三类医疗器械管理：预期具有防组织或器官粘连功能，作为人工皮肤，接触真皮深层或其以下组织受损的创面，用于慢性创面，或者可被人体全部或部分吸收的。

（8）以无菌形式提供的医疗器械，其分类应不低于第二类。

（9）通过牵拉、撑开、扭转、压握、弯曲等作用方式，主动施加持续作用力于人体、可动态调整肢体固定位置的矫形器械（不包括仅具有固定、支撑作用的医疗器械，也不包括配合外科手术中进行临时矫形的医疗器械或者外科手术后或其他治疗中进行四肢矫形的医疗器械），其分类应不低于第二类。

（10）具有计量测试功能的医疗器械，其分类应不低于第二类。

（11）如果医疗器械的预期目的是明确用于某种疾病的治疗，其分类应不低于第二类。

（12）用于在内镜下完成夹取、切割组织或者取石等手术操作的无源重复使用手术器械，按照第二类医疗器械管理。

（三）医疗器械按产品使用风险进行分类

按产品使用风险，医疗器械分为：

（1）第一类（Ⅰ类），指通过常规管理足以保证其安全性、有效性的器械，如轮椅、氧气袋、视力检查仪、颈椎牵引器等医疗器械产品。

（2）第二类（Ⅱ类），指对其安全性、有效性应当加以控制的器械，如血压计（无电能）、听诊器（无电能）、心电监护仪、体温计（无电能）、电子穴位按摩器等医疗器械产品。

（3）第三类（Ⅲ类），指植入人体，用于支持、维持生命，对人体具有潜在危险，对其安全性、有效性必须严格控制的器械，如植入式心脏起搏器、一次性使用无菌注射器、人工晶体等医疗器械产品。

（四）医疗器械的代码

每类医疗器械都有固定代码，代码为4位数，如6854，前两位根据工业品分类规定编号统一为68，后面2位为医疗器械分类目录的号，54即指第54大类。各类医疗器械包含的每个产品都有相应的分类管理级别。

表5-4-1所列为医疗器械类代码名称、简称及品名举例。

表 5-4-1 医疗器械类代码名称、简称及品名举例

代码	类代码名称	简称	品名举例
6801	基础外科手术器械	基础手术	Ⅰ类：普通手术剪。Ⅱ类：医用缝合针（不带线）
6802	显微外科手术器械	显微手术	Ⅰ类：显微剪
6803	神经外科手术器械	神经手术	Ⅰ类：U形夹钳。Ⅱ类：肿瘤摘除钳
6804	眼科手术器械	眼科手术	Ⅰ类：眼用钩针。Ⅱ类：二氧化碳眼科冷冻治疗仪。Ⅲ类：玻璃体切割器
6805	耳鼻喉科手术器械	耳鼻手术	Ⅰ类：耳用探针
6806	口腔科手术器械	口腔手术	Ⅰ类：牙用镊。Ⅱ类：一次性牙科冲洗针
6807	胸腔心血管外科手术器械	胸腔手术	Ⅰ类：胸骨刀。Ⅱ类：主肺动脉钳。Ⅲ类：心血管吻合器
6808	腹部外科手术器械	腹部手术	Ⅰ类：胃内手术剪。Ⅱ类：肠道吻合器
6809	泌尿肛肠外科手术器械	泌肛手术	Ⅰ类：肠剪。Ⅱ类：血管阻断钳
6810	矫形外科（骨科）手术器械	矫形手术	Ⅰ类：丝锥。Ⅱ类：手锥
6812	妇产科用手术器械	妇产手术	Ⅰ类：子宫剪。Ⅱ类：一次性使用脐带剪
6813	计划生育手术器械	计生手术	Ⅰ类：节育环放置钳
6815	注射穿刺器械	注射穿刺	Ⅱ类：玻璃注射器。Ⅲ类：穿刺针
6816	烧伤（整形）科手术器械	烧伤手术	Ⅰ类：整形镊
6820	普通诊察器械	普通诊察	Ⅰ类：标准视力字标。Ⅱ类：电子体温计
6821	医用电子仪器设备	医电仪器	Ⅰ类：心电导联线。Ⅱ类：多导心电图机。Ⅲ类：各种植入体内的医用传感器
6822	医用光学器具、仪器及内镜设备	窥镜光学	Ⅰ类：医用放大镜。Ⅱ类：生物显微镜。Ⅲ类：眼人工晶体、隐形眼镜润滑液
6823	医用超声仪器及有关设备	医用超声	Ⅰ类：超声耦合剂。Ⅱ类：多功能超声监护仪。Ⅲ类：全数字化彩超仪

续表

代码	类代码名称	简称	品名举例
6824	医用激光仪器设备	医用激光	Ⅰ类：干色激光打印机。Ⅱ类：激光检测仪。Ⅲ类：激光显微手术器
6825	医用高频仪器设备	医用高频	Ⅰ类：医用防辐射裙。Ⅱ类：高频腋臭治疗仪。Ⅲ类：微波手术刀
6826	物理治疗及康复设备	理疗康复	Ⅰ类：中低频理疗用电极、颈椎固定带。Ⅱ类：弱视治疗仪。Ⅲ类：氧气加压氧舱
6827	中医器械	中医器械	Ⅰ类：刮痧板。Ⅱ类：针灸针
6828	医用磁共振设备	医磁共振	Ⅱ类：脑磁图系统。Ⅲ类：超导型磁共振成像系统
6830	医用X射线设备	医用X线	Ⅱ类：200mA以下（含200mA）X射线诊断设备。Ⅲ类：200mA以上X射线诊断设备
6831	医用X射线附属设备及部件	X线附件	Ⅰ类：医用X线胶片。Ⅱ类：医用X射线电视系统
6832	医用高能射线设备	医高射线	Ⅰ类：胸部放疗托架。Ⅲ类：医用电子直线加速器
6833	医用核素设备	医用核素	Ⅱ类：骨密度仪。Ⅲ类：放射性核素扫描仪
6834	医用射线防护用品、装置	射线防护	Ⅰ类：防护服。Ⅲ类：辐照生物羊膜
6840	临床检验分析仪器	临检仪器	Ⅰ类：全自动电泳仪。Ⅱ类：全自动血气分析仪。Ⅲ类：全自动医用PCR分析系统、抗生素药敏纸片
6841	医用化验和基础设备器具	医用化验	Ⅰ类：采血笔。Ⅱ类：采血针（手指用）
6845	体外循环及血液处理设备	体外循环	Ⅱ类：腹膜透析机。Ⅲ类：人体血液处理机
6846	植入材料和人工器官	人工脏器	Ⅱ类：助听器。Ⅲ类：植入式助听器、骨螺钉
6854	手术室、急救室、诊疗室设备及器具	三室设备	Ⅰ类：手术照明灯、麻醉口罩。Ⅱ类：单人无菌室、医用制氧机。Ⅲ类：综合麻醉机
6855	口腔科设备及器具	口腔设备	Ⅰ类：机械牙科椅。Ⅱ类：电动牙科椅
6856	病房护理设备及器具	病房护理	Ⅰ类：普通病床、氧气袋。Ⅱ类：电动多功能病床、手动轮椅车
6857	消毒和灭菌设备及器具	消毒供应	Ⅰ类：煮沸消毒器、紫外线灭菌灯。Ⅱ类：干热灭菌器
6858	医用冷疗、低温、冷藏设备及器具	冷疗冷藏	Ⅰ类：冰袋、退热贴。Ⅱ类：血液制品冷藏箱。Ⅲ类：体内肿瘤低温治疗仪
6863	口腔科材料	口腔材料	Ⅰ类：咬合纸。Ⅱ类：瓷牙。Ⅲ类：美白胶

续表

代码	类代码名称	简称	品名举例
6864	医用卫生材料及敷料	卫材敷料	Ⅰ类：医用棉球、纱布绷带。Ⅱ类：医用脱脂棉、医用口罩。Ⅲ类：明胶海绵、生物安全柜
6865	医用缝合材料及黏合剂	医用缝合	Ⅱ类：医用拉链；Ⅲ类：生物胶
6866	医用高分子材料及制品	医用塑料	Ⅰ类：引流袋、医用输液监控器。Ⅱ类：避孕套、输液用空气净化设备。Ⅲ类：采血器、麻醉包
6870	软件	软件	Ⅱ类：人体解剖学测量软件、超声图文网络工作站。Ⅲ类：X射线立体定向放射外科治疗系统
6877	介入器材	介入器材	Ⅲ类：血管内造影导管、一次性介入治疗仪探头

（五）医疗器械分类目录

《医疗器械分类目录》（以下简称《分类目录》）符合《医疗器械分类规则》（总局令第15号），主要以技术领域为主线，更侧重从医疗器械的功能和临床使用的角度划分产品归属。①医疗器械产品归类的优先原则。鉴于医疗器械产品的复杂性，对技术交叉或学科交叉的产品，医疗器械按以下产品优先顺序确定归属：第一，按照临床专科优先顺序；第二，多功能产品依次按照主要功能、高风险功能、新功能优先顺序；第三，按照医疗器械管理的附件类产品，优先归属整机所在子目录或者产品类别。②药械组合产品的标示。2009年11月12日原国家食品药品监督管理局发布《关于药械组合产品注册有关事宜的通告》（2009年第16号公告）规定：以医疗器械作用为主的药械组合产品，需申报医疗器械注册，申请人根据产品属性审定意见，向国家食品药品监督管理局申报药品或医疗器械注册申请，并在申请表中注明"药械组合产品"。为和16号公告保持一致，《分类目录》中，按照医疗器械管理的药械组合产品，除列出管理类别外，另标注了"药械组合产品"。③《分类目录》不包括体外诊断试剂。

《分类目录》按技术专业和临床使用特点分为22个子目录，子目录由一级产品类别、二级产品类别、产品描述、预期用途、品名举例和管理类别组成。

（1）手术类器械设置4个子目录，分别是：通用手术器械分设"01有源手术器械"和"02无源手术器械"；因分类规则中对接触神经和血管的器械有特殊要求，单独设置"03神经和血管手术器械"；骨科手术相关器械量大面广，产品种类繁杂，单独设置"04骨科手术器械"。

（2）有源器械为主的器械设置8个子目录，分别是"05放射治疗器械""06医用成像器械""07医用诊察和监护器械""08呼吸、麻醉和急救器械""09物理治疗器械""10输血、透析和体外循环器械""11医疗器械消毒灭菌器械""12有源植入器械"。

（3）无源器械为主的器械设置3个子目录，分别是"13无源植入器械""14注输、护理和防护器械""15患者承载器械"。

（4）按照临床科室划分3个子目录，分别是"16眼科器械""17口腔科器械""18妇产科、生殖和避孕器械"。

（5）根据"医疗器械监督管理条例"中对医用康复器械和中医器械两大类产品特殊管理规定而单独设置子目录"19医用康复器械"和"20中医器械"。

（6）"21医用软件"是收录医用独立软件产品的子目录。

（7）"22临床检验器械"子目录放置在最后，为后续体外诊断试剂修订预留空间。

二、医疗器械产品注册及管理

（一）医疗器械注册分类与备案

《医疗器械监督管理条例》规定，国家对医疗器械按照风险程度实行分类管理。根据医疗器械使用的安全性，按产品使用的风险，医疗器械从低到高分为第一、二、三类。第一类是风险程度低，实行常规管理可以保证其安全、有效的医疗器械；第二类是具有中度风险，需要严格控制管理以保证其安全、有效的医疗器械；第三类是具有较高风险，需要采取特别措施严格控制管理以保证其安全、有效的医疗器械。对不同类别的医疗器械的监管方面体现在：

（1）对第一类医疗器械实行产品备案管理，第二、三类医疗器械实行产品注册管理。医疗器械注册证有效期为5年。

（2）生产第一类医疗器械的实行生产备案；生产第二、三类医疗器械产品的实行生产许可。

（3）经营第一类医疗器械不需许可和备案；经营第二类医疗器械实行备案管理，第二类医疗器械经营备案凭证不设期限；经营第三类医疗器械实行许可管理。《医疗器械经营许可证》有效期为5年。

（二）医疗器械注册格式与备案凭证格式

1. 医疗器械注册格式

《医疗器械注册管理办法》明确规定，医疗器械产品只有取得医疗器械注册证书才能生产和销售。医疗器械注册证书格式由国家市场监督管理总局统一制定。注册证编号的编排方式为：×1械注×2×××3×4××5×××6。其中×1为注册审批部门所在地的简称：境内第三类医疗器械、进口第二类和第三类医疗器械为"国"字；境内第二类医疗器械为注册审批部门所在地省、自治区、直辖市简称。×2为注册形式："准"字适用于境内医疗器械；"进"字适用于进口医疗器械；"许"字适用于香港、澳门、台湾地区的医疗器械。×××3为首次注册年份。×4为产品管理类别。××5为产品分类编码。×××6为首次注册流水号。延续注册的，×××3和×××6数字不变。产品管理类别调整的，应当重新编号。

2. 医疗器械备案凭证号

《医疗器械注册管理办法》第七十七条规定，第一类医疗器械备案凭证编号的编排方式为：×1械备××××2×××3号。其中×1为备案部门所在地的简称：进口第一类医疗器械为"国"字；境内第一类医疗器械为备案部门所在地省、自治区、直辖市简称加所在地设区的市级行政区域的简称（无相应设区的市级行政区域时，仅为省、自治区、直辖市的简称）。××××2为备案年份。×××3为备案流水号。

（三）体外诊断试剂命名及分类规则

《体外诊断试剂注册管理办法修正案》（食品药品监管总局令第30号）中规定：体外诊断试剂指按医疗器械管理的体外诊断试剂，包括可单独使用或与仪器、器具、设备或系统组合使用，在疾病的预防、诊断、治疗监测、预后观察、健康状态评价以及遗传性疾病的预测过程中，用于对人体样本（各种体液、细胞、组织样本等）进行体外检测的试剂、试剂盒、校准品（物）、质控品（物）等。

1. 通用名称

体外诊断试剂的产品名称一般可由被测物质的名称、用途（如诊断血清、测定试剂盒、质控品等）、方法或原理（如酶联免疫方法、胶体金方法等，本部分应当在括号中列出）三部分组成。

2. 体外诊断试剂产品分类

体外诊断试剂分类规则，用于指导体外诊断试剂分类目录的制定和调整，以及确定新的体外诊断试剂的管理类别。国家药品监督管理局可以根据体外诊断试剂的风险变化，对分类规则进行调整。

根据产品风险程度的高低，体外诊断试剂依次分为第三类、第二类、第一类产品。

（1）第三类产品。包括：①与致病性病原体抗原、抗体以及核酸等检测相关的试剂；②与血型、组织配型相关的试剂；③与人类基因检测相关的试剂；④与遗传性疾病相关的试剂；⑤与麻醉药品、精神药品、医疗用毒性药品检测相关的试剂；⑥与治疗药物作用靶点检测相关的试剂；⑦与肿瘤标志物检测相关的试剂；⑧与变态反应（过敏原）相关的试剂。

（2）第二类产品。除已明确为第三类、第一类的产品，其他为第二类产品，主要包括：①用于蛋白质检测的试剂；②用于糖类检测的试剂；③用于激素检测的试剂；④用于酶类检测的试剂；⑤用于酯类检测的试剂；⑥用于维生素检测的试剂；⑦用于无机离子检测的试剂；⑧用于药物及药物代谢物检测的试剂；⑨用于自身抗体检测的试剂；⑩用于微生物鉴别或药敏试验的试剂；⑪用于其他生理、生化或免疫功能指标检测的试剂。

（3）第一类产品。包括：①微生物培养基（不用于微生物鉴别和药敏试验）；②样本处理用产品，如溶血剂、稀释液、染色液等。

（四）医疗器械召回管理

医疗器械召回指医疗器械生产企业按照规定的程序对其已上市销售的某一类别、型号或者批次的存在缺陷的医疗器械产品，采取警示、检查、修理、重新标签、修改并完善说明书、软件更新、替换、收回、销毁等方式进行处理的行为。

1. 召回的责任主体

境内医疗器械产品注册人或者备案人、进口医疗器械的境外制造厂商在中国境内指定的代理人是实施医疗器械召回的责任主体。

2. 存在缺陷的医疗器械范围

《医疗器械召回管理办法》明确召回存在缺陷的医疗器械范围，包括：①正常使用情况下存在可能危及人体健康和生命安全的不合理风险的产品；②不符合强制性标准、经注册或者备案的产品技术要求的产品；③不符合医疗器械生产、经营质量管理有关规定导致可能存在不合理风险的产品；④其他需要召回的产品。

3. 医疗器械召回级别

根据医疗器械缺陷的严重程度，医疗器械召回分为：①一级召回。使用该医疗器械可能或者已经引起严重健康危害的。②二级召回。使用该医疗器械可能或者已经引起暂时的或者可逆的健康危害的。③三级召回。使用该医疗器械引起危害的可能性较小但仍需要召回的。

医疗器械生产企业做出医疗器械召回决定的，一级召回应当在1日内，二级召回应当在3日内，三级召回应当在7日内，通知到有关医疗器械经营企业、使用单位或者告知使用者。

4. 医疗器械召回途径

根据启动召回的途径不同，医疗器械召回分为主动召回和责令召回。

5. 召回信息公开要求

医疗器械生产企业发现其生产的医疗器械不符合强制性标准、经注册或者备案的产品技术要求或者存在其他缺陷的，应当主动召回已上市产品，同时向社会发布产品召回信息。实施一级召回的，医疗器械召回公告应当在国家药品监督管理局网站和中央主要媒体上发布；实施二级、三级召回的，医疗器械召回公告应当在省、自治区、直辖市药品监督管理部门网站发布，省、自治区、直辖市药品监督管理部门网站发布的召回公告应当与国家药品监督管理局网站链接。药品监管部门决定责令召回的，由做出该决定的药品监督管理部门在其网站向社会公布责令召回信息，并要求医疗器械生产企业按规定向社会公布产品召回信息。

三、常用医疗器械

医药商品零售企业设医疗器械专柜，一般经营家庭常用的棉签、胶布等敷料及体温计、血压计、轮椅、氧气袋、家用理疗仪器等多种常用的第一、二类医疗器械，下面仅介绍几种。

（一）体温计

体温计是用于监测体温的仪器，为普通诊察器械，在《分类目录》中分类编码6820-01，管理类别Ⅱ类。

体温是人体的重要生理参数之一，人体的正常体温是36~37℃（腋测法），对人体体温的监测在临床医学中有非常重要的意义。体温计按使用工作原理不同分为玻璃体温计和电子体温计，其中电子体温计按是否直接与人体接触又分为接触式和非接触式两大类。常见体温计的品种有电子体温计、红外耳蜗体温计、口腔体温计、肛门体温计、腋下体温计、皮肤体温计、液晶体温计等。

(二) 血压计

血压计是用来测量人体的血压的仪器，为普通诊察器械，在《分类目录》中分类编码6820-02，管理类别Ⅱ类。

人体内的血液循环是由心脏不断地有节律地搏出血液而形成的。血液在血管内流动时，对血管壁会产生一定的侧压力，这种压力称为人体的血压。心脏收缩时的血压叫收缩压（高压），心脏舒张时的血压叫舒张压（低压）。

测量血压的方法可分为直接式和间接式两种。直接式是用压力传感器直接测量压力变化；间接式的工作原理是控制从外部施加到被测部位上的压强，并将控制的结果与其相关的柯氏音的产生和消失的信息加以判断。前者对动脉或静脉都可连续测试，为有创性，仅用于药理实验；而后者只能测量动脉的收缩压和舒张压，为无创性。目前人们所使用的血压计都是利用间接法进行血压测量的。常见品种有水银血压计、电子血压计、气压表式血压计等。

(三) 心电图机

心电图机是用来记录及检测分析人体常规电信号的仪器，为心电诊断仪器，在《分类目录》中分类编码6821-04，管理类别Ⅱ类。

心电图机可按记录器、供电方式、记录形式、放大器的导联和机器功能进行分类。其中，按放大器的导联，心电图机分为单导心电图机和多导心电图机；按照机器功能，心电图机分为图形描记普通式心电图机（模拟式心电图机）和图形描记与分析诊断功能心电图机（数字式智能化心电图机）。

(四) 助听器

助听器是改善听力残疾者听觉障碍，进而提高其与他人会话交际能力的器官辅助装置，为植入材料和人工器官。助听器在《分类目录》中分类编码6846-05，管理类别为Ⅱ类。

按原理不同，常见助听器分为骨导助听器和气导助听器两大类。

1. 骨导助听器

骨导助听器是将放大的电信号转换为机械能后，通过放在乳突部位的骨振动器使颅骨产生振动，从而使患者感受到声音。此种助听器适用于外耳道闭锁、严重粘连狭窄，慢性化脓性中耳炎流脓不止，鼓膜完全穿孔及对耳模过敏者。使用骨导助听器的人群较少。

2. 气导助听器

气导助听器是将放大的电信号转化为声能后传进耳道的。按照外形及佩戴方式，个人佩戴的助听器可分为盒式、耳背式、耳内式和眼镜式等。

（1）盒式助听器。盒式助听器又称口袋式或袖珍式盒式，是一种老式助听器。它将麦克风和放大器安装在盒子里，放在胸前的小袋或衣袋内，纽扣式的受话器通过导线与助听器相连接。其主要缺点是导线较长，既不美观又不方便。但因体积较大，可装置多种功能调节开关，提供较好的声学性能，并易制成大功率型，因此能满足严重耳聋患者的需要。其价格也最便宜，使用方便，以儿童和老年人使用较多。

（2）耳背式助听器。耳背式助听器形似香蕉曲，一般长4~5 cm。它将麦克风、受话器和放大器全部集中在助听器的外壳中，外面有开关、音量调节器等，用耳钩挂在耳郭上。

耳模放进耳道内,助听器放大的声音通过耳模传声,耳模将声音送到耳道口。定制的"耳模"可使耳机与耳道封严,可以消除啸叫,好的耳模可以提高助听器的功效。由于性能优良,机壳可制成各种肤色,伏于耳后为头发所隐蔽,往往不为外人发现,故能满足耳聋患者的心理要求。耳背式助听器已成为最受欢迎的普及型助听器。

(3)耳内式助听器。耳内式助听器是相对于耳背式助听器而言的。相当于把耳背式助听器和耳模合二为一,所有元件都缩微化,放置在一个小壳内,可放在耳朵里。耳内式助听器最小,也是最先进的。耳内式助听器的最大特点是根据每个人的耳朵的形状去定做,适合个人的耳朵。这样使得佩戴更舒服,容易取戴,能充分利用外耳的声音收集功能,比较不引人注目,可以正常的方式来接听电话等。

根据制作方法,可将耳内式助听器分为成品式和定制式两大类:

①成品耳内式助听器。成品耳内式助听器的外形尺寸是按照某一个模型做成的,它没有考虑不同耳道的形状差别。佩戴者使用前一般需要再制作一个耳模套在助听器的外面。

②定制耳内式助听器。定制耳内式助听器是根据患者的耳道模型专门制作一个外壳,把助听器面板安置在该外壳内而成的,面板内含受话器、麦克风和放大器。根据其在耳道内的位置,定制耳内式助听器又可分为3种:耳甲腔式助听器——耳内式助听器中外形最大的一种,达到耳甲腔;耳道式助听器——中型的耳内式助听器,外形和尺寸更小,达到耳道软骨部,有开关和音量调控;深耳道式助听器——耳内式助听器中体积最小的一种,位于耳道深处,较贴近鼓膜。

(五)避孕套

避孕套是以非药物的形式阻止受孕,主要用于在性交中阻止人类的精子和卵子结合,防止怀孕。除此之外,避孕套也有防止淋病、艾滋病等性病传播的作用,因此也称安全套。现在的避孕套原料通常是用天然橡胶或聚氨酯,在《分类目录》中分类编码6866-03,管理类别Ⅱ类。

避孕套分男用和女用。男用避孕套易学、易用。我国市售的男用避孕套可分为4种型号,即大号(开口处直径35 mm)、中号(开口处直径33 mm)、小号(开口处直径31 mm)及特小号(开口处直径29 mm)。按照厚度,避孕套可分为普通型、薄型、超薄型。避孕套颜色有红色、粉红、浅蓝、淡紫、鹅黄、黑色或透明乳胶原色,我国使用的基本上是乳胶原色。避孕套的外观有普通型、异型,套体部胶膜的表面加工有光面型、颗粒型、螺纹型等,还有颗粒、螺纹、紧束为一体的异型。在制作过程中可掺入香料,使其散发出清淡的各种花香味,如香蕉香;若配以消炎药或性兴奋迟缓剂,则可发挥消炎、延迟性交的目的。

避孕套使用要注意以下4点:①选择合适的避孕套;②存放于阴凉干燥处,避免阳光直射;③每次性交时都要使用新的避孕套;④用正确的方式使用避孕套。

第五节 保健食品

一、保健食品概述

保健食品指声称具有特定保健功能或者以补充维生素、矿物质为目的的食品,即适宜于特定人群食用，具有调节机体功能，不以治疗疾病为目的，并且对人体不产生任何急性、亚急性或者慢性危害的食品。保健食品在药店中要单独陈列。

（一）保健食品命名

国家市场监督管理总局发布《保健食品命名指南（2019年版）》，要求保健食品的名称由商标名、通用名、属性名依次排列组成。其中：①商标名指保健食品使用依法注册的商标名称或者符合《中华人民共和国商标法》规定的未注册的商标名称；②通用名指表明产品主要原料等特性的名称；③属性名指表明产品剂型或者食品分类属性等的名称。保健食品名称命名的基本原则是：①符合国家有关法律法规相关规定；②遵循一品一名；③反映产品的真实属性，简明扼要，通俗易懂，符合中文语言习惯，便于消费者识别记忆；④不得涉及疾病预防、治疗功能，不得误导、欺骗消费者。

根据《国家食品药品监督管理总局关于保健食品命名有关事项的公告》（2016年第43号）有关要求，自2016年5月1日起，保健食品名称中不得含有表述产品功能的相关文字，包括不得含有已经批准的如增强免疫力、辅助降血脂等特定保健功能的文字，也不得含有误导消费者内容的文字。

（二）保健食品形态类别

保健食品其形态多样，主要的形态类别包括片剂、粉剂、颗粒剂、茶剂、冲剂、丸剂、膏剂、硬胶囊、软胶囊、口服液、饮料、酒剂、糖浆、滴剂、饼干类、糖果类、糕点类、液体乳类、其他类等。

（三）保健食品购买使用注意事项

（1）认识保健食品的属性。保健食品是食品，不是药物，不能代替药物治疗疾病。购买保健食品时注意不要盲目听信夸大保健食品功效、宣传疾病治疗功能的宣传，以免延误治疗。

（2）选购保健食品要认清、认准产品包装上的保健食品标志及保健食品批准文号。保健食品的标志为天蓝色"蓝帽子"，与批准文号上下排列或并列。

（3）根据保健功能和适宜人群科学选用适宜自身食用的保健食品，并按标签、说明书的要求食用。

（4）购买保健食品应到正规的商场、超市、药店等经营单位，并索要发票或销售凭据。

（5）保健食品产品注册信息可在国家市场监督管理总局网站查询。所有进口的"保健食品"包装上有中文说明文字。

（6）对所购买的保健食品质量安全有质疑，或发现存在虚假宣传等违法行为，应及时拨打12315热线电话投诉举报。

（四）保健食品标注警示用语

为使消费者更易于区分保健食品与普通食品、药品，引导消费者理性消费，国家市场监督管理总局于2019年发布《保健食品标注警示用语指南》。指南要求保健食品经营者在经营保健食品的场所、网络平台等显要位置标注"保健食品不是药物，不能代替药物治疗疾病"等消费提示信息，引导消费者理性消费。指南还提醒广大消费者，选购保健食品要认准产品包装上的保健食品标志及保健食品批准文号，注意标签、说明书的要求和禁忌。

二、保健食品的管理

（一）保健食品功能目录

2019年国家市场监督管理总局发布《保健食品原料目录与保健功能目录管理办法》（总局令第13号），第三章第十六条规定纳入保健功能目录的保健功能应当符合下列要求：①以补充膳食营养物质、维持改善机体健康状态或者降低疾病发生风险因素为目的；②具有明确的健康消费需求，能够被正确理解和认知；③具有充足的科学依据，以及科学的评价方法和判定标准；④以传统养生保健理论为指导的保健功能，符合传统中医养生保健理论；⑤具有明确的适宜人群和不适宜人群。第十七条规定有下列情形之一的，不得列入保健功能目录：①涉及疾病的预防、治疗、诊断作用；②庸俗或者带有封建迷信色彩；③可能误导消费者等其他情形。

保健功能目录由国家市场监督管理总局会同国家卫生健康委员会、国家中医药管理局制定、调整并公布。

（二）保健食品标识

保健食品标识指用以表达产品和企业基本信息的文字、符号、数字、图案等总称，如说明书、标签、标志等。

1. 保健食品标签和说明书

保健食品标签指依附于产品销售包装上的用于识别保健食品特征、功能以及安全警示等信息的文字、图形、符号及一切说明物。保健食品说明书指由保健食品注册人或备案人制作的单独存在的、进一步解释说明产品信息的材料。

保健食品标签和说明书必须符合国家有关标准和要求，并标明下列内容：名称、原料、辅料、功效成分或者标志性成分及含量、保健功能、适宜人群、不适宜人群、食用量及食用方法、规格、贮藏方法、日期标示（生产日期及保质期）、注意事项、批准文号、执行标准、生产企业名称及地址等内容。

（1）名称。保健食品名称应当与注册或备案的内容一致。保健食品名称应标于最小销售包装的"主要展示版面"的明显位置，应端正、清晰、醒目，并大于其他内容的文字。

（2）保健功能。应当采用规范的功能名称。

（3）生产日期和保质期。保健食品在产品最小销售包装（容器）外明显位置清晰标注生产日期和保质期。如果日期标注采用"见包装物某部位"的形式，应当准确标注所在包装物的具体部位。①日期标注应当与所在位置的背景色形成鲜明对比，易于识别，采用激光蚀刻方式进行标注的除外。日期标注不得另外加贴、补印或者篡改。②多层包装的单件保健食品以与食品直接接触的内包装的完成时间为生产日期。③当同一预包装内含有多个单件食品时，外包装上标注各单件食品的生产日期和保质期。④保质期的标注使用"保质期至××××年××月××日"的方式描述。

（4）批准文号。保健食品批准文号有两种类型：卫食健字和国食健字。卫食健字和国食健字是保健食品在不同时期分别由卫生部和国家食品药品监督管理局批准的产品批准文号，卫食健字是国家卫生部2004年及以前的批准号，自2004年国家成立了食品药品管理监督局后，卫食健字号一律要重新审批转为国食健字号。

2003年6月后由国家食品药品监督管理局批准，保健食品的批准文号格式："国食健字G+4位年代号+4位顺序编号"或"国进食健字J+4位年代号+4位顺序编号（进口保健食品）"。

2. 专有标志

保健食品专有标志是国家食品药品监督管理总局规定的图案，图案为天蓝色形如"蓝帽子"形状，下有保健食品字样，俗称"蓝帽子标志"。保健食品外包装的主要展示版面左上方应并排或上下排列标注保健食品蓝帽子标志与保健食品批准文号。

（三）保健食品注册与备案

2017年国家食品药品监督管理总局发布《保健食品注册与备案管理办法》（总局令第22号），规定保健食品的注册与备案及其监督管理应当遵循科学、公开、公正、便民、高效的原则。

1. 保健食品注册

保健食品注册指食品药品监督管理部门根据注册申请人申请，依照法定程序、条件和要求，对申请注册的保健食品的安全性、保健功能和质量可控性等相关申请材料进行系统评价和审评，并决定是否准予其注册的审批过程。

依法应当注册的保健食品，注册时应当提交保健食品的研发报告、产品配方、生产工艺、安全性和保健功能评价、标签、说明书等材料及样品，并提供相关证明文件。国务院食品安全监督管理部门经组织技术审评，对符合安全和功能声称要求的，准予注册；对不符合要求的，不予注册并书面说明理由。对使用保健食品原料目录以外原料的保健食品做出准予注册决定的，应当及时将该原料纳入保健食品原料目录。

生产和进口下列产品应当申请保健食品注册：

（1）使用保健食品原料目录以外原料的保健食品。

（2）首次进口的保健食品（属于补充维生素、矿物质等营养物质的保健食品除外）。首次进口的保健食品，是指非同一国家、同一企业、同一配方申请中国境内上市销售的保健食品。

保健食品注册号格式：

（1）国产保健食品注册号格式为：国食健注G+4位年代号+4位顺序编号。

（2）进口保健食品注册号格式为：国食健注J+4位年代号+4位顺序编号。

2. 保健食品备案

保健食品备案指保健食品生产企业依照法定程序、条件和要求，将表明产品安全性、保健功能和质量可控性的材料提交食品药品监督管理部门进行存档、公开、备查的过程。

依法应当备案的保健食品，备案时应当提交产品配方、生产工艺、标签、说明书以及表明产品安全性和保健功能的材料。

生产和进口下列保健食品应当依法备案：

（1）使用的原料已经列入保健食品原料目录的保健食品。

（2）首次进口的属于补充维生素、矿物质等营养物质的保健食品。首次进口的属于补充维生素、矿物质等营养物质的保健食品，其营养物质应当是列入保健食品原料目录的物质。

保健食品备案号格式：

（1）国产保健食品备案号格式为：食健备G＋4位年代号＋2位省级行政区域代码＋6位顺序编号。

（2）进口保健食品备案号格式为：食健备J＋4位年代号＋00＋6位顺序编号。

实训

活动一　体温测量

学生两人为一组，正确使用玻璃体温计、电子体温计（接触式、非接触式）进行体温测量。

活动二　血压测量

学生两人为一组，正确使用水银血压计、电子血压计进行血压测量训练。

第六章

常见病及治疗药物

学习目标

知识目标

掌握：呼吸系统、消化系统、心血管系统、内分泌系统、泌尿系统、皮肤科、眼、鼻、口腔等常见病及维生素矿物质缺乏症的治疗药物和健康管理。

熟悉：呼吸系统、消化系统、心血管系统、内分泌系统、泌尿系统、皮肤科、眼、鼻、口腔等常见病及维生素矿物质缺乏症的主要临床症状。

了解：呼吸系统、消化系统、心血管系统、内分泌系统、泌尿系统、维生素矿物质缺乏症及皮肤科眼、鼻、口腔等常见病的病因。

能力目标

能根据所述症状判断疾病或根据病名叙述主要症状，并合理推荐药物。

第一节 呼吸系统疾病及治疗药物

一、普通感冒

1. 疾病介绍

普通感冒，俗称"伤风"，是急性上呼吸道感染的一部分，由病毒感染引起。普通感冒起病较急，主要表现为鼻部症状，如打喷嚏、鼻塞、流清水样鼻涕，也可表现为咳嗽、咽干、咽痒或烧灼感甚至鼻后滴漏感。2～3天后鼻涕变稠，可伴咽痛、头痛、流泪、味觉迟钝、呼吸不畅、声嘶等，有时由于咽鼓管炎，听力可减退。普通感冒严重者有发热、轻度畏寒和头痛等。普通感冒一般5～7天痊愈，伴并发症者可致病程迁延。

2. 治疗药物选择

（1）化学药物。药物治疗不是必要的。临床治疗原则为对症处理，如祛痰、止咳、止喷嚏等，同时嘱患者多喝水，充分休息。患者一般在1周左右痊愈。对症治疗药物包括：①解热镇痛药。针对普通感冒患者的发热、咽痛和全身酸痛等症状，可选用对乙酰氨基酚、布洛芬等解热镇痛药。②祛痰药。如果咳嗽痰多，可选用愈创甘油醚、氨溴索、溴乙新、乙酰半胱氨酸、羧甲司坦等祛痰药。③镇咳药。对于无痰干咳，可选用镇咳药氢溴酸右美沙芬。④复方感冒制剂。感冒较重、发热、头痛、流涕、打喷嚏、鼻塞、咽痛、咳嗽，可选用含有对乙酰氨基酚、盐酸伪麻黄碱、马来酸氯苯那敏、氢溴酸右美沙芬等药物的复方制剂（见表6-1-1），如酚麻美敏片。注意市场上的复方感冒制剂，其组方成分相同或相近，药物作用大同小异，因此复方抗感冒药应只选其中的一种。同时服用两种以上药物，可导致重复用药、超量用药。

表 6-1-1　常见复方感冒药成分

成分	酚麻美敏片	复方氨酚烷胺片	美扑伪麻片	复方锌布颗粒
对乙酰氨基酚	√	√	√	
盐酸伪麻黄碱	√		√	
氢溴酸右美沙芬	√		√	
马来酸氯苯那敏	√		√	√
金刚烷胺		√		
人工牛黄		√		
咖啡因		√		
葡萄糖酸锌				√
布洛芬				√

（2）中成药。中成药可选用板蓝根颗粒、连花清瘟胶囊等。

3. 健康管理

①加强锻炼，增强体质，保持生活、饮食规律，改善营养，避免受凉和过度劳累，有助于降低易感性，是预防上呼吸道感染最好的方法。②隔离传染源，有助于避免传染。③年老体弱的易感者应注意防护，在上呼吸道感染流行时应戴口罩，避免在人多的公共场合出入。④服用含有马来酸氯苯那敏或苯海拉明的药物，会有嗜睡、疲乏等不良反应，驾车及从事登高作业或操作精密仪器等行业的工作者应慎用。

二、流行性感冒

1. 疾病介绍

流行性感冒是由流感病毒引起的一种急性呼吸道传染病，具有高度传染性，可在世界范围内暴发和流行。流行性感冒起病急，主要以发热、头痛、肌痛和全身不适起病，体温可达 39～40 ℃，可有畏寒、寒战，多伴全身肌肉关节酸痛、乏力、食欲减退等全身症状。本病有自限性，潜伏期为 1～3 日，最短仅数小时，最长可达 4 日。部分患者可因出现肺炎等并发症而发展成重症流感，其中少数重症病例病情进展快，可因急性呼吸窘迫综合征和/或多脏器衰竭而死亡。重症流行性感冒主要发生于老年人、幼儿、孕产妇或有慢性基础疾病者等高危人群，亦可发生于一般人群。

流行性感冒的传播途径包括：①通过空气中的飞沫传播。感冒者打喷嚏、咳嗽和谈话时的呼吸道分泌物颗粒、飞沫或气雾散发在空气中起到传播作用。②通过手与手的直接接触传播。感冒者用手揉鼻子和眼睛，然后用已经污染了的手去接触物品或其他人的手，就容易传播流行性感冒。

2. 治疗药物选择

（1）化学药物。①对症治疗药物。可参见普通感冒治疗药物。②抗病毒药物。奥司他韦，有较广的抗病毒谱，对流感病毒、副流感病毒和呼吸道合胞病毒等有较强的抑制作用，可缩短病程。

（2）中成药。中成药可选用板蓝根颗粒、双黄连口服液等。

3. 健康管理

参见普通感冒。

三、慢性咽炎

1. 疾病介绍

慢性咽炎指咽部黏膜层、黏膜下层及淋巴组织的炎症，一般由急性咽炎反复发作及咽部经常受到粉尘、有害气体刺激发展而来。烟酒过度或其他不良生活习惯、鼻窦炎分泌物刺激、过敏体质或身体抵抗力减低等原因也可引发此病。该病主要症状有咽部有明显异物感、干燥、发痒灼热、微痛，炎部常有稠厚分泌物。晨起时症状更明显，一般无全身症状。

2. 治疗药物选择

（1）化学药物。对症治疗可选用度米芬含片、醋酸氯己定溶液、西地碘含片等。

（2）中成药。对症治疗可选用铁笛片、清咽丸、西瓜霜润喉片、冬菱草片等。

3. 健康管理

慢性咽炎病因复杂，症状持续时间久，难以治愈，应当以预防为主，保持良好的生活习惯。①锻炼身体，增强体质，劳逸结合。②远离粉尘、雾霾等环境，多进行室外活动，呼吸新鲜空气。③预防上呼吸道感染。④注意口腔和鼻腔卫生。⑤注意饮食卫生，营养均衡，戒烟酒，忌食辛辣刺激性食物。⑥掌握正确的发声技巧，保护咽喉。

四、气管炎、支气管炎及肺炎

（一）急性气管－支气管炎

1. 疾病介绍

急性气管－支气管炎是由于感染、物理化学刺激或过敏等因素引起的急性炎症，临床上以长期咳嗽、咳痰或伴有喘息为主要特征。

急性气管－支气管炎多见于寒冷季节，常因受凉、过度疲劳或其他诱因致病。健康成年人多半由腺病毒或流感病毒引起，儿童则以呼吸道合胞病毒或副流感病毒多见。病毒感染后抑制肺泡巨噬细胞的吞噬和纤毛细胞的活力，使得细菌有入侵支气管的机会，引起急性支气管炎。同时冷空气、粉尘、刺激气体等物理、化学刺激也易引起本病。

急性气管－支气管炎的症状有：①咳嗽。其特点是长期反复咳嗽，多在寒冷季节、气温骤变时发生，早晚咳嗽频繁，白昼减轻。②咳痰。多为白色黏痰，或白色泡沫痰，早晚痰多。合并感染时痰量增多，且为黏液脓性痰。③喘息。部分患者可出现支气管痉挛，引起喘息，多在急性期发作。

2. 治疗药物选择

（1）化学药物。①抗感染药物。根据致病菌种类选用抗生素，常用青霉素类、头孢菌素类、大环内酯类、氨基糖苷类、喹诺酮类抗生素等，但后两类不宜用于儿童。轻者可口服，较重者肌注或静脉滴注抗生素。②祛痰、镇咳剂。常用祛痰药物有盐酸溴己新、盐酸氨溴索、羧甲司坦等。干咳为主者可用镇咳药物，如氢溴酸右美沙芬、磷酸喷托维林等。③解痉、平喘药。可定量吸入异丙托溴铵、沙丁胺醇、硫酸特布他林，或口服硫酸特布他林、盐酸丙卡特罗、氨茶碱或茶碱等。

（2）中成药。中成药可选用复方鲜竹沥口服液、川贝枇杷糖浆、养阴清肺糖浆、急支糖浆等。

3. 健康管理

①戒烟，避免受凉、劳累，防治上呼吸道感染。②改善生活卫生环境，避免过度吸入环境中的过敏原和污染物。③参加适当的体育锻炼，增强体质。

（二）慢性支气管炎

1. 疾病介绍

慢性支气管炎是指气管、支气管黏膜及周围组织的慢性非特异性炎症，临床上以长期顽固性咳嗽咳痰或伴有喘息及反复发作的慢性过程为特征，每年发病持续3个月，连续2年或2年以上。早晚气温较低或饮食刺激时，频发咳嗽。无并发症时，体温、脉搏无变化。病初呼吸无变化，随着支气管黏膜结缔组织增生变厚，支气管管腔变化狭窄，则发生呼吸困难。

慢性支气管炎按病情进展可分为三期：①急性发作期，指在一周内出现脓性或黏液脓性痰，痰量明显增加，或伴有发热等炎症表现，或咳、痰、喘等症状任何一项明显加剧。②慢性迁延期，指有不同程度的咳、痰、喘症状迁延一个月以上者。③临床缓解期，经治疗或临床缓解，症状基本消失或偶有轻微咳嗽少量痰液，保持两个月以上者。

2. 治疗药物选择

（1）急性发作期治疗：应用镇咳祛痰、平喘药及抗感染药治疗，并注意适当休息，戒烟，避免冷空气、粉尘及有害气体的刺激。

（2）缓解期治疗：主要为健康管理。反复呼吸道感染者，可试用免疫调节剂或中医中药，如细菌溶解产物、卡介菌多糖核酸、胸腺肽等。

3. 健康管理

①急性发作期治疗，注意适当休息，戒烟，避免冷空气、粉尘及有害气体的刺激。②缓解期治疗，戒烟，避免有害气体和其他有害颗粒的吸入。增强体质，预防感冒。

（三）肺炎

1. 疾病介绍

肺炎是指包括终末气道肺泡和肺间质在内的肺部炎症。肺炎的主要临床表现为发热、咳嗽、咳痰，胸部X线片有炎性阴影。幼儿患上肺炎，症状常不明显，可能有轻微咳嗽或完全没有咳嗽。

肺炎可由多种因素引起，如致病微生物、理化因素、免疫损伤、药物等。肺炎根据病原体种类的不同，分为细菌性肺炎（常见细菌有肺炎链球菌、葡萄球菌、嗜血流感杆菌等)、病毒性肺炎(常见病毒如呼吸道合胞病毒、流感病毒、副流感病毒、腺病毒)、真菌性肺炎、支原体肺炎、衣原体肺炎等。球菌性肺炎最为多见,可达83%,居首位。

2. 球菌性肺炎及治疗药物选择

球菌性肺炎一年四季均可见,但以冬季最多。最常见于年老者或婴幼儿。其临床表现主要有急起高热、寒战,发热呈稽留型,伴周身酸痛、乏力、咳嗽、多痰、胸痛等,重症者喘气急促、呼吸困难,可危及生命。

(1)对症治疗用药。患病后患者应卧床休息,多饮水。高热时可使用解热镇痛药并配合物理降温,咳嗽多痰可使用镇咳祛痰药。剧烈胸痛者,可酌情少量使用中枢性镇咳药可待因。

(2)抗菌药物治疗。首选青霉素G,对青霉素过敏、耐青霉素或多重耐药菌株感染者,可用喹诺酮类(如左氧氟沙星、加替沙星、莫昔沙星等)、头孢噻肟或头孢曲松等药物。

3. 健康管理

患者应卧床休息,注意补充足够蛋白质、热量及维生素。

五、支气管哮喘

1. 疾病介绍

哮喘是由嗜酸粒细胞、肥大细胞、T淋巴细胞、中性粒细胞、平滑肌细胞、气道上皮细胞等多种细胞及细胞组分参与的气道慢性炎症性疾病。支气管哮喘发病原因较复杂,分为外源性哮喘和内源性哮喘。①外源性哮喘,可因接触花粉、烟雾、尘螨、海鲜(鱼、虾)、异性蛋白(鸡蛋、牛奶)等引起;②内源性哮喘,因服用药物(如大量长期服用非甾体抗炎药或抗生素)、疾病、遗传等因素发病。

临床表现为反复发作的喘息、气急、胸闷或咳嗽等,常在夜间及凌晨发作或加重,多数患者可自行缓解或经治疗后缓解。哮喘根据临床表现,可分为急性发作期、慢性持续期和临床缓解期。①急性发作期是指喘息、气急、咳嗽、胸闷等症状突然发生,或原有症状加重,并以呼气流量降低为其特征,常因接触变应原、刺激物或呼吸道感染诱发。②慢性持续期是指每周均不同频度和(或)不同程度地出现喘息、气急、胸闷、咳嗽等症状。③临床缓解期是指患者无喘息、气急、胸闷、咳嗽等症状,并维持1年以上。

2. 药物治疗选择

(1)化学药物。①控制药物:需要每天使用并长时间维持的药物,如吸入性糖皮质激素、全身性激素、白三烯调节剂、长效β_2受体激动剂、缓释茶碱、色甘酸钠、抗IgE单克隆抗体及其他有助于减少全身激素剂量的药物等。②缓解药物:又称急救药物,在有症状时按需使用,包括速效吸入和短效口服β_2受体激动剂、全身性激素、吸入性抗胆碱能药物、短效茶碱等。

(2)中成药。中成药可选用止嗽定喘丸、橘红丸(橘红颗粒)等。

3. 健康管理

哮喘的治疗目标在于达到哮喘症状的良好控制,维持正常的活动水平,同时尽可能减少急性发作、肺功能不可逆损害和药物相关不良反应的风险。支气管哮喘的预防：避免接触过敏原，进行脱敏治疗，戒烟，积极治疗呼吸道感染病灶，坚持体育锻炼、增强体质，增强机体的免疫力。

第二节 消化系统疾病及治疗药物

一、消化性溃疡

1. 疾病介绍

消化性溃疡是指在各种致病因子的作用下，黏膜发生炎性反应与坏死、脱落，形成溃疡，严重者可达固有肌层或更深，消化性溃疡有慢性和易复发性的特点。它的病死率很低，但却给患者带来很大的痛苦。幽门螺杆菌（Helicobacter pylori，Hp）和非甾体抗炎药（Nonsteroidal Antiinflammtory Drug，NSAID）是损害胃、十二指肠黏膜屏障从而导致消化性溃疡发病的最常见病因。

消化性溃疡患者临床表现不一，以上腹疼痛为主，多为隐痛、胀痛或灼痛。慢性、周期性、节律性是典型消化性溃疡的主要症状。但无疼痛者亦不在少数，尤其见于老年人溃疡、治疗中溃疡复发以及NSAID相关性溃疡。消化性溃疡患者的其他胃肠道症状，如恶心、呕吐、嗳气、反酸、胸骨后烧灼感、上腹饱胀、便秘等可单独或伴疼痛出现，这些症状发生于胃溃疡患者比较多。部分患者可无症状，或以出血、穿孔为首发症状。恶心、呕吐多反映溃疡活动。频繁呕吐宿食，提示幽门梗阻。部分患者有失眠、多汗等自主神经功能紊乱。

消化性溃疡中胃溃疡和十二指肠溃疡最常见。典型的十二指肠溃疡疼痛常呈节律性和周期性，每年秋冬季发病多，发作期可历时数日或数周；在餐后2~3 h发生疼痛（即饥饿性疼痛），持续至下一餐进食或服用抗酸药后才缓解；常在夜间疼痛的患者，表现为睡眠中疼醒。胃溃疡的症状相对不典型，常于餐后0.5~2 h发生疼痛，持续1~2 h而止，直至下次进餐后重复。

2. 治疗药物选择

（1）化学药物。①质子泵抑制剂（Proton Pump Inhibitor，PPI）。临床上常用奥美拉唑、兰索拉唑、泮托拉唑、雷贝拉唑和艾司奥美拉唑等。②组胺H_2受体阻滞剂。常用西咪替丁、雷尼替丁、法莫替丁、尼扎替丁等。③抗酸药，如铝碳酸镁、鼠李铋镁片以及复方制剂胃舒平、盖胃平等。抗酸药一般只作为补充治疗。④胃黏膜保护药。主要有硫糖铝、枸橼酸铋钾、吉法酯等。注意硫糖铝一定要空腹服。胶体果胶铋服用期间，大便呈黑褐色。⑤促胃肠动力药。主要有甲氧氯普胺、多潘立酮、莫沙必利等。⑥Hp感染的根除治疗。对于Hp阳性的溃疡患者来说，需要抗菌药物和抑酸药的联合治疗。治疗方案为铋剂四联（PPI+铋剂+2种抗菌药物），如奥美拉唑+枸橼酸铋钾+阿莫西林+克拉霉素、奥美拉唑+枸橼酸铋钾+阿莫西林+左氧氟沙星等。

（2）中成药。中成药可选用香砂养胃丸、三九胃泰等。

3. 健康管理

注意消除生活中能引发消化性溃疡的病因。①生活要有规律，注意休息，避免过度劳累、剧烈运动和精神紧张。②戒烟、酒。饮食要定量，避免过饱过饥，避免食用粗糙、过冷过热和刺激性食物。③停用或替换相关药物。服用 NSAID 者尽可能停用，未用 NSAID 者今后慎用。必须使用糖皮质激素等易导致胃黏膜损伤的药物时，应选用损伤较小的制剂或选择性 COX-2 抑制剂，并联用抑酸药或胃黏膜保护药。④对明显伴有焦虑、抑郁等神经症状的患者，应鉴别疾病的因果关系，并给予针对性治疗。

二、消化不良

1. 疾病介绍

消化不良是一组慢性或复发性上腹疼痛或不适，如上腹饱胀、烧灼感、嗳气、食欲缺乏、恶心、呕吐等。消化不良是常见的病症，我国普通人群中有消化不良症状者达 20%~30%，老年人中最高发。

（1）发病原因。进食过饱、过于油腻、饮酒过量、服用阿司匹林，在精神紧张时进食或进食不习惯均可引起消化不良。也可以由器质性疾病如慢性胃炎、胃及十二指肠溃疡、反流性食道炎、胃肠炎、慢性肝炎等慢性疾病引起。

（2）主要症状。进食时或食后出现上腹部不适或疼痛。进食、运动或平卧后，上腹正中部有灼烧感或反酸，并延伸至咽部，经常感到饱胀或胃肠胀气感；打嗝、食欲不振、恶心，有些患者会出现腹泻。

2. 治疗药物选择

（1）化学药物。可选用乳酶生、乳酸菌素片、多潘立酮、莫沙必利、雷尼替丁等。

（2）中成药。中成药可选用健胃消食片、大山楂丸、加味保和丸等。

3. 健康管理

①改善生活方式，调整饮食结构和习惯，少量多餐，细嚼慢咽。②注意胃部保暖。③戒烟酒。④适当运动。⑤避免进食过饱、过于油腻及在精神紧张时进食等。

三、腹泻

1. 疾病介绍

腹泻指排便次数增多，便质稀薄，或带有黏液、脓血或未消化的食物。如排便次数每天 3 次以上，或每天粪便总量大于 200 g，其中粪便含水量大于 85%，则可认为是腹泻。

（1）发病原因。根据时间的长短，腹泻可分为急性腹泻和慢性腹泻。急性腹泻病程多不超过 3 周，有较强的季节性，好发于夏秋两季。慢性腹泻是指反复发作或持续 4 周以上的腹泻。

1）急性腹泻发病原因多由肠道感染引起，包括：①病毒感染，如轮状病毒、肠腺病毒感染时，可发生小肠非炎症性腹泻，其中轮状病毒是小儿秋季腹泻常见的病原菌；②细菌感染，如霍乱弧菌、产毒性大肠杆菌、金黄色葡萄球菌、弯曲杆菌可致细菌性腹泻；③寄生虫感染，如鞭毛虫、溶组织肠阿米巴侵犯结肠时引起炎症。

2）慢性腹泻发病原因较复杂，可由慢性痢疾、结肠癌、慢性胃炎、消化不良等消化系统疾病所致，或由甲状腺功能亢进症、糖尿病及尿毒症等全身性疾病所致。

3）有些药物在服药期间也引起腹泻，如泻药（如酚酞、番泻叶）、抗菌药、降压药（如利血平、胍乙啶）等。

（2）主要症状。上腹不适、腹痛、厌食、恶心、呕吐、腹泻，大便为水样，严重者大便次数多、量少，呈黏液脓血便、里急后重、畏寒发热。

2. 治疗药物选择

腹泻时机体不但丢失大量水分和营养物质，还会丧失大量维生素、电解质，能引起营养不良、维生素缺乏、贫血、电解质紊乱，降低身体的抵抗力。因此应及时用药治疗。

（1）化学药物。①收敛、吸附、保护黏膜的药物，如蒙脱石散、药用炭、鞣酸蛋白等；②抑制肠道过度分泌的药物，如消旋卡多曲；③减少胃肠蠕动的药物，如洛哌丁胺（易蒙停）；④调节肠道菌群的微生态制剂，如乳酸菌素、口服双歧杆菌、嗜酸乳杆菌、肠球菌三联活菌胶囊（培菲康）、地衣芽孢杆菌胶囊（整肠生）；⑤抗肠道感染药物，如盐酸小檗碱、喹诺酮类、磺胺类抗菌药等。严重腹泻应及时就医治疗。

（2）中成药。中成药可选用固本益肠片、葛根芩连片、泻痢固肠丸、补脾益肠丸、参苓白术丸、开胃健脾丸等。

3. 健康管理

①调整饮食结构和习惯。②注意保暖，避免受凉。③锻炼身体，增强体质。④轻度腹泻患者选用易消化、营养丰富、无刺激性食物。⑤重度腹泻患者宜选用低脂食物，少食多餐。

四、便秘

1. 疾病介绍

便秘是指大便次数减少，一般每周少于3次，伴排便困难、粪便干结或不尽感，多长期持续存在，影响生存质量。排便困难包括排便费力、排出困难、排便不尽感、排便费时及需手法辅助排便。慢性便秘的病程≥6个月。有的患者还伴有头痛、舌苔厚腻、口臭、食欲不振、腹胀、腹部不适、腹痛、失眠等症状。便秘是消化道最常见的症状之一，全球5%~25%人口受其困扰，容易便秘的人群有老年人、孕妇、儿童、卧床患者、癌症患者。

引起便秘的常见原因：①一般原因。不良排便习惯，如排便时看书、看手机等；没有养成定时排便的习惯，长期抑制便意；环境或排便体位改变；不合理的饮食习惯，膳食纤维摄入不足是常见原因；饮水量少；肥胖或缺乏运动；妊娠。②药物的作用。引起便秘的药物主要有含钙或铝的抗酸药、解痉药、镇痛药、精神系统用药、抗心率失常药、抗高血压药、止吐药、抗贫血药、镇咳药、钙剂、造影剂、抗肿瘤药、中药（罂粟壳、雷公藤、附子等），或长期滥用泻剂。③某些疾病的影响。糖尿病、帕金森病、抑郁症、神经性畏食、便秘型肠道易激综合征、肛裂、先天性巨结肠、肿瘤等可引起便秘。④与老年化有关的改变。随着年龄的增长，唾液腺、胃肠和胰腺的消化酶分泌减少，腹部和骨盆肌肉无力，敏感性降低，结肠平滑肌张力减弱，蠕动减慢，这些易导致粪便滞留在肠道内排不出，造成老年性便秘。

2. 治疗药物选择

如果症状影响了患者的生存质量，则应该开始药物治疗。选用缓泻剂时应考虑药物的有效性、安全性、是否产生药物依赖,以及治疗费用、患者的依从性和药物是否容易获得。

(1)化学药物。根据作用机制不同,常用泻药包括:①渗透性泻剂,如乳果糖、聚乙二醇 4000 以及氢氧化镁、硫酸镁、硫酸钠等盐类(泻盐)。②刺激性泻剂,如比沙可啶、蓖麻油等,可刺激肠壁,使肠道蠕动增加,从而促进粪便排出。③膨松剂,如欧车前和聚卡波非。④润滑剂/粪便软化剂,常用液体石蜡、多库酯钠,口服或灌肠。⑤促动力剂,常用普芦卡必利。对慢传输型便秘、便秘型肠道易激综合征,可加用促动力剂,每天使用。⑥灌肠剂和肛门用制剂。比沙可啶栓、甘油栓、开塞露等可肛门局部使用,能快速软化粪便、诱发排便反射。

(2)微生态制剂。包括含双歧杆菌、乳酸菌、肠球菌等肠道正常有益菌通过补充大量正常生理性菌群,改善肠道微生态环境,纠正便秘时菌群失调。但应注意避免与抗生素同时使用。

(3)中成药。常用药物有牛黄解毒片、三黄片、枳实导滞丸、木香顺气丸、麻仁润肠丸、通便灵胶囊等。

3. 健康管理

便秘患者需接受综合治疗,缓解症状,恢复排便生理功能。根据病因、严重程度和便秘类型,进行个体化的综合治疗。①对于有明确病因的患者,积极进行病因治疗。②一般治疗。加强患者教育,合理膳食,多吃高纤维素的食物,如新鲜蔬菜、水果、全麦麦片。每日至少饮水 1.5~2.0L。③养成良好的排便习惯,建议患者定时在晨起或餐后尝试排便。④加强锻炼,适度运动,尤其对久病卧床、运动量少的老年患者更有益。⑤心理治疗。对重度便秘患者需重视心理治疗的作用,积极调整心态。⑥避免使用引发便秘的药物。需长期应用通便药物维持治疗的患者应避免滥用泻药。

第三节 心血管系统疾病及治疗药物

当前心血管系统疾病已成为影响我国人群健康的常见多发性疾病,常见的心血管系统疾病有高血压、高脂血症、慢性充血性心力衰竭等,尤以高血压较为突出。心血管疾病的主要危险因素包括高血压、吸烟、肥胖(体质指数≥30)、缺乏体力活动、血脂紊乱、糖尿病、微量白蛋白尿或测定肾小球滤过率(Glomerular Filtration Rate,GFR)< 60 mL/min、年龄(男性 > 55 岁,女性 > 65 岁)、早发心血管疾病家族史(男性 < 55 岁,女性 < 65 岁)。

一、高血压

1. 疾病介绍

高血压是最常见的心血管疾病之一,也是导致脑卒中、心肌梗死和冠心病等心脑血管疾病的危险因素之一。临床试验显示,降压治疗能减少 35%~45% 的脑卒中、20%~25% 的心肌梗死、超过 50% 的心力衰竭。

高血压的定义为:在未使用降压药物的情况下,非同日 3 次测量血压,收缩压≥ 140 mmHg 和(或)舒张压≥ 90 mmHg。收缩压≥ 140 mmHg 和舒张压 < 90 mmHg 为单纯性收缩期高

血压。患者既往有高血压史，目前正在使用降压药物，血压虽然低于 140/90 mmHg，也诊断为高血压。推荐使用经过验证的上臂式医用电子血压计测量血压，要求受试者休息至少 5 min 后开始测量坐位上臂血压，上臂应置于心脏水平。

（1）高血压的分级。根据血压升高水平，将高血压分为 1 级、2 级（见表 6-3-1）。

表 6-3-1 高血压分级

分型	收缩压 / mmHg	舒张压 / mmHg
正常血压	< 120	< 80
高血压	≥ 140	≥ 90
1 级高血压（轻度）	140 ~ 159	90 ~ 99
2 级高血压（中度）	≥ 160	≥ 100
单纯收缩期高血压	≥ 140	< 90

（2）高血压的症状。①头疼，部位多在后脑，并伴有恶心、呕吐感；②眩晕，多为女性患者，可能会在突然蹲下或起立时发作；③耳鸣，为双耳耳鸣，持续时间较长；④心悸气短，高血压会导致心肌肥厚、心脏扩大、心肌梗死、心功能不全，这些都能导致心悸气短；⑤失眠，多为入睡困难、早醒、睡眠不踏实、易做噩梦、易惊醒；⑥肢体麻木，常见手指、脚趾麻木或皮肤如蚁行感，手指不灵活，身体其他部位也可能出现麻木。

（3）高血压的并发症。长期高血压可引起全身小动脉病变，表现为小动脉中层平滑肌增殖和纤维化、管壁增厚和管腔狭窄，导致重要靶器官如心、脑、肾等器官缺血，这也是促进动脉粥样硬化形成和发展的重要因素之一。①心脏。压力负荷增高最终可导致心力衰竭。长期高血压常合并动脉粥样硬化。②脑。长期高血压可并发脑血栓形成、小动脉闭塞、微动脉瘤，甚至脑出血等。③肾脏。持续高血压可最终导致肾衰竭。恶性高血压可使入球小动脉和小叶间动脉等发生增殖性内膜炎及坏死，并在短期内出现肾衰竭。④视网膜。高血压可引起视网膜小动脉痉挛、硬化，甚至引起渗出、出血等病变。

2. 治疗药物选择

（1）高血压治疗的最终目标是减少心、脑、肾及血管并发症和死亡的总风险。一般高血压患者的血压应控制在 120/70 mmHg 和 140/90 mmHg 之间，能耐受和部分高危及高危以上患者的血压可进一步降至 < 130/90 mmHg。

（2）高血压的治疗原则。高血压的治疗应采取个体化阶梯治疗。高血压治疗一般应遵循以下规定：①逐步降压；②个体化用药；③单药开始，阶梯式加药（严重者除外）；④联合用药优于大剂量单一用药；⑤用药需足量；⑥不骤停或突然撤药；⑦大多数患者需终身用药。

（3）高血压的治疗药物。目前常用的降压药物包括血管紧张素转换酶抑制药（Angiotensin Converting Enzyme Inhibitor，ACEI）、血管紧张素Ⅱ受体阻滞剂（Angiotension

Ⅱ Receptor Blocker，ARB）、钙通道阻滞药（Calcium Channel Blocker，CCB）、利尿药和肾上腺素受体阻滞剂五大类，以及由以上五大类药物组成的固定配比复方制剂。① ACEI，也称普利类药物，如卡托普利、依那普利、贝那普利、赖诺普利、培哚普利、雷米普利和福辛普利。② ARB，也称沙坦类药物，如氯沙坦、缬沙坦、厄贝沙坦、替米沙坦、坎地沙坦和奥美沙坦。③ CCB，也称地平类药物。包括：二氢吡啶类，如氨氯地平、非洛地平、硝苯地平、尼群地平和尼莫地平等；非二氢吡啶类，如维拉帕米和地尔硫䓬。④利尿药。包括：噻嗪类，如氢氯噻嗪、吲达帕胺；袢利尿药，如呋塞米、托拉塞米和布美他尼；保钾利尿药，如螺内酯、氨苯蝶啶和阿米洛利。⑤肾上腺素受体阻滞剂。包括：α受体阻滞剂，如哌唑嗪、多沙唑嗪、特拉唑嗪、乌拉地尔；β受体阻滞剂，如普萘洛尔、阿替洛尔、噻吗洛尔、比索洛尔；α、β受体阻滞剂，如拉贝洛尔、阿罗洛尔和卡维地洛。⑥其他药物。包括：交感神经抑制剂，如利血平、可乐定；血管平滑肌扩张剂，如肼屈嗪；复方制剂，如复方降压片、复方罗布麻片、安达血平片等；降压中成药，如牛黄降压丸、脑力清等。

（4）治疗药物选择原则。最初单药治疗时，可选用普利、沙坦、地平、利尿类等相关药物。单药治疗效果未达标，推荐用单片复方制剂。随着血压病程进展，单片复方药也难以达到控制效果时，推荐逐次使用下列组合药物：小剂量普利/沙坦＋地平；全剂量普利/沙坦＋地平；小剂量普利/沙坦＋地平＋利尿药；小剂量普利/沙坦＋地平＋利尿药＋螺内酯。

（5）降压药物的应用原则。①起始剂量：一般患者采用常规剂量；老年人及高龄老年人初始治疗时通常应采用较小的有效治疗剂量。根据需要，可考虑逐步增加至足量。②长效降压药物：优先使用长效降压药物，以有效控制 24 h 血压。③联合治疗：对血压高于 160/100 mmHg、高于目标血压 20/10 mmHg 的高危患者，或单药治疗未达标的高血压患者应进行联合降压治疗。④个体化治疗：根据患者合并症的不同和药物疗效及耐受性，以及患者个人意愿及长期承受能力，选择适合患者个体的降压药物。

（6）特殊人群降压药物的合理应用。①缺血性心脏病：是高血压靶器官损害的最常见形式。高血压合并稳定性心绞痛患者的首选药物通常是 β 受体阻滞剂，也可选择长效 CCB。伴急性冠脉综合征（不稳定性心绞痛或心肌梗死）的高血压患者，首选 β 受体阻滞剂或 ACEI，需要时可加用其他药物控制血压。心肌梗死后的高血压患者使用 ACEI、β 受体阻滞剂和醛固酮拮抗剂获益最大。②心力衰竭：心力衰竭表现为心室收缩或舒张功能不全，主要由收缩性高血压和缺血性心脏病引起。严格控制血压和胆固醇是高危心力衰竭患者的主要预防措施。对于无症状的心室功能不全患者，推荐使用 ACEI 和 β 受体阻滞剂。对于有症状的心功能不全患者或终末期心脏病患者，推荐使用 ACEI、β 受体阻滞剂、ARB 以及醛固酮拮抗剂并合用袢利尿药。③糖尿病高血压：通常需要联合应用 2 种或 2 种以上药物以达到 <130/80 mmHg 的目标血压。ACEI、ARB 治疗能延缓糖尿病肾病的进展，减少蛋白尿的产生。④慢性肾脏疾病：高血压患者如出现肾功能损害的早期表现，如微量白蛋白尿或肌酐水平轻度升高，应积极控制血压，在患者能够耐受的情况下，可将血压降至 <130/80 mmHg，必要时可联合应用 2~3 种降压药物，其中应包括一种肾素 - 血管紧张素 - 醛固酮系统阻滞药（ACEI 或 ARB）。⑤难治性高血压：难治性高血压（或顽固性高血压）是指在改善生活方式的基础上，应用足量且合理联合的 3 种降压药物（包括利尿药）后，血压仍在目标水

平之上，或至少需要 4 种药物联用才能使血压达标。难治性高血压治疗应选用适当的联合方案，先采用 3 种药物联用的方案，如 ACEI 或 ARB + CCB + 噻嗪类利尿药，或由扩血管药 + 减慢心率药 + 利尿药。这些方案能够针对血压升高的多种机制，体现平衡高效的降压特点。经上述治疗效果仍不理想者，可再加用一种降压药，如螺内酯、β 受体阻滞剂、α 受体阻滞剂或交感神经抑制剂。

3. 健康管理

健康的生活方式对防治高血压非常重要。①控制体重，使体质指数 < 24，男性腰围 < 90 cm，女性腰围 < 85 cm。②合理膳食，平衡膳食。③减少钠盐的摄入，每人每日食盐摄入量逐步降至 < 6 g，增加钾摄入。④不吸烟，包括彻底戒烟和避免被动吸烟。⑤不饮或限制饮酒。⑥增加运动。⑦减轻精神压力，保持心理平衡。

二、心绞痛

1. 疾病介绍

心绞痛是冠状动脉供血不足，心肌急剧的、暂时缺血与缺氧所引起的以发作性胸痛或胸部不适为主要表现的临床综合征。其特点为阵发性的前胸压榨性疼痛感觉，可伴有其他症状，疼痛主要位于胸骨后部，可放射至心前区与左上肢，常发生于劳动或情绪激动时，每次发作数分钟，可数日一次，也可一日数次，休息或用药后症状消失。

心绞痛主要有 3 种类型：①劳累性心绞痛。劳累性心绞痛是由运动或其他增加心肌需氧量的情况所诱发的心绞痛。该类心绞痛又细分为 3 型，即稳定型心绞痛、初发型心绞痛、恶化型心绞痛。②自发性心绞痛。心绞痛发作与心肌需氧量无明显关系，与劳累性心绞痛相比，疼痛持续时间一般较长，程度较重，且不易为硝酸甘油所缓解。包括 4 种类型，即卧位型心绞痛、变异型心绞痛、中间综合征、梗死后心绞痛。③混合性心绞痛。其特点是患者既在心肌需氧量增加时发生心绞痛，亦可在心肌需氧量无明显增加时发生心绞痛。

2. 治疗药物选择

（1）发作时的治疗。①休息。发作时立刻休息，一般患者在停止活动后症状即可消除。②药物治疗发病时可向口腔舌下黏膜喷射硝酸甘油气雾剂 1~2 次，或舌下含服硝酸甘油舌下含服片，也可舌下含硝酸异山梨酯（消心痛）。

（2）缓解期的治疗。①缓解期应尽量避免诱因，注意进食不要过饱，禁烟酒，调整日常生活与工作量，精神放松，保持适当的体力活动；②使用作用持久的抗心绞痛药物，以防心绞痛发作，可单独选用、交替应用或联合应用口服硝酸异山梨酯、β 受体阻滞剂（美托洛尔、阿替洛尔、普萘洛尔）、CCB（地尔硫䓬、维拉帕米、氨氯地平、非洛地平、硝苯地平、尼卡地平、尼索地平等）等药物，也可将硝酸甘油软膏或膜片制剂涂或贴在胸前。

（3）中药治疗。中成药可选用速效救心丸、复方丹参滴丸、麝香保心丸等。

3. 健康管理

戒烟、低饱和脂肪和低胆固醇饮食、体育锻炼以及定期筛查控制高血压、糖尿病、肥胖和高脂血症。每个患者引起心绞痛加重的活动水平不同，但多数稳定型心绞痛患者可通过降低活动速度来避免在日常活动中出现症状。

三、高脂血症

1. 疾病介绍

高脂血症包括高胆固醇血症、高甘油三酯血症和两者兼有的混合型高脂血症。近年来，研究者逐渐认识到某些高脂血症不仅有血脂和（或）胆固醇的升高，还同时存在高密度脂蛋白的减少。高脂血症是动脉粥样硬化和动脉粥样硬化相关疾病如冠心病、缺血性脑血管病的主要原因，也是代谢综合征的重要表现之一。调整血脂水平可预防动脉粥样硬化，减少冠心病的发生与发展，明显减少心血管疾病的发病率和病死率。

（1）高脂血症的类型。从病因出发可将高脂血症可分为原发性高脂血症和继发性高脂血症。①原发性高脂血症：为基因缺陷或基因突变引起的脂质代谢紊乱性疾病。②继发性高脂血症：其高血脂是某种确定疾病的临床表现之一，如糖尿病、肾病综合征、甲状腺功能减退症、胆道阻塞、饮酒过量、口服避孕药等也可引起高血脂。

（2）高脂血症的症状。轻度高血脂通常没有任何感觉，通常在体检时被发现，因此定期检查血脂至关重要。一般高血脂的症状多表现为头晕、神疲乏力、失眠健忘、肢体麻木、胸闷、心悸等。另外，高脂血症常常伴随着肥胖。长期血脂高，脂质在血管内皮沉积所引起的动脉粥样硬化，会引起冠心病和周围动脉疾病等，表现为心绞痛、心肌梗死、脑卒中和间歇性跛行（肢体活动后疼痛）。

2. 治疗药物选择

①他汀类。临床常用药物有洛伐他汀、辛伐他汀、普伐他汀、氟伐他汀、阿托伐他汀和瑞舒伐他汀。②贝特类。常用贝特类药物有吉非贝齐、非诺贝特和苯扎贝特。③胆固醇吸收抑制剂。依折麦布与他汀类联合应用可有效降低低密度脂蛋白胆固醇（Low-Density Lipoprotein Cholesterol，LDL-C）水平，适用于不能耐受一线调脂药物的患者。④联合用药。对于一些难治的脂质代谢严重异常的患者，需要同时联合使用血脂调节药物。他汀类＋依折麦布：这两类药物分别影响胆固醇的合成和吸收，可产生良好协同作用。他汀类＋贝特类：这两者开始合用时宜都用小剂量，可采取晨服贝特类药物、晚服他汀类药物的方式。

3. 健康管理

（1）控制饮食和改善生活方式。患者无论是否选择药物调脂治疗，都必须坚持控制饮食和改善生活方式。①控制体重。维持健康体重（体质指数为 20.0～23.9）。超重和肥胖者改善饮食结构，减少每日食物总能量（减少 300～500 kcal[①]/d），增加身体活动，可使体重减少 10% 以上。②身体活动。建议每周保持 5～7 天、每次 30 min 的中等强度运动。对于动脉粥样硬化性心血管疾病（Atherosclerotic Cardiovascular Disease，ASCVD）患者，应先进行运动负荷试验，充分评估其安全性后，再进行身体活动。③戒烟。完全戒烟和有效避免吸入二手烟，有利于预防 ASCVD、升高高密度脂蛋白胆固醇（High Pensity Liptein Cholesteroc，HDL-C）水平。④限制饮酒。中等量饮酒（男性每天 20～30 g 乙醇，女性每天 10～20 g 乙醇）能升高 HDL-C 水平。但即使少量饮酒也可使高甘油三酯血症患者的甘油三酯（Triglyceride，TG）水平进一步升高。

（2）定期检测血脂。①建议 20～40 岁的成年人，至少每 5 年应进行一次空腹脂蛋白谱

---

① cal 为非法定单位，1 cal=4.186J。

的测定；② 40 岁以上男性和绝经期女性每年检测血脂；③ ASCVD 患者及其高危人群，应每 3～6 个月测定一次血脂。

第四节　泌尿系统疾病及治疗药物

泌尿系统由肾、输尿管、膀胱及尿道组成。泌尿系统各器官均可发生疾病，种类较为繁多，其主要表现为排尿改变、尿液性状改变、肿块和疼痛等。尿路感染是仅次于呼吸道及消化道的感染性疾病。本节主要介绍尿路感染及良性前列腺增生的药物治疗。

一、尿路感染

1. 疾病介绍

尿路感染包括膀胱炎（膀胱/下尿路感染）和肾盂肾炎（肾脏/上尿路感染）。下尿路感染临床表现为尿频、尿急、尿痛、耻骨上区不适和腰骶部疼痛。上尿路感染患者除了排尿症状外，还多表现为寒战、发热、腰痛、恶心、呕吐等全身症状。有膀胱炎症状的患者也可能同时存在上尿路病变。

尿路感染是由来自粪便菌群的尿路病原体先定植于阴道口或尿道口，随后经尿道上行进入膀胱，病原体经输尿管上行至肾脏时，即可发生肾盂肾炎。肾盂肾炎也可由菌血症时细菌播散至肾脏，或由淋巴管中的细菌播散至肾脏所致。

尿路感染根据感染发作时的尿路状态可分为单纯性尿路感染和复杂性尿路感染。①单纯性尿路感染病原菌主要为大肠埃希菌、腐生葡萄球菌，偶见奇异变形杆菌、肺炎克雷伯菌属、肠杆菌属、枸橼酸菌属及肠球菌属等。②复杂性尿路感染同时合并有泌尿系统疾病或者诱发尿路感染的潜在疾病。

2. 药物治疗选择

（1）化学药物。①单纯性下尿路感染（急性膀胱炎、尿道炎），可选用呋喃妥因、磷霉素氨丁三醇、头孢类（头孢氨苄、头孢拉定、头孢克洛）、氟喹诺酮类（诺氟沙星、氧氟沙星、左氧氟沙星等）等。②急性单纯性上尿路感染（急性肾盂肾炎），可口服阿莫西林、克拉维酸、头孢类（头孢唑林、头孢呋辛、头孢噻肟、头孢唑肟）、氟喹诺酮类（氧氟沙星、环丙沙星、左氧氟沙星）。③学龄前儿童、孕妇无症状菌尿，可根据尿培养结果制订治疗方案，可选呋喃妥因、阿莫西林或口服头孢菌素类药物。

（2）中成药。中成药可选用三金片、尿感宁冲剂等。

3. 健康管理

①注意休息。②多饮水，勤排尿。③女性注意会阴部卫生。④感染反复发作者，应看医生寻找病因并积极治疗。

二、良性前列腺增生

1. 疾病介绍

良性前列腺增生又称前列腺肥大，是引起中老年男性排尿障碍原因中最为常见的一种良性疾病。良性前列腺增生的发病率随年龄的增长而增加,最初通常在 40 岁以后发病,发病率到 60 岁时大于 50%,80 岁时高达 83%。随着年龄的增长,排尿困难等症状也随之增加。病程进展缓慢,发生的具体机制尚不明确。临床症状包括储尿期症状、排尿期症状以及排尿后症状。①储尿期症状。该期的主要症状包括尿频、尿急、尿失禁以及夜尿次数增多且伴有尿痛等。②排尿期症状。该期症状包括排尿踌躇、排尿困难以及间断排尿等。③排尿后症状。该期症状包括排尿不尽、尿后滴沥等。尿不尽、残余尿增多,当残余尿量很大,膀胱过度膨胀且压力很高,高于尿道阻力时,尿便自行从尿道溢出。有的患者平时残余尿不多,但在受凉、饮酒、憋尿、服用药物或有其他原因引起交感神经兴奋时,可突然发生急性尿潴留。患者尿潴留的症状可时好时坏。

2. 治疗药物选择

①α受体阻滞剂,如特拉唑嗪、阿夫唑嗪、盐酸坦索罗辛。② 5α 还原酶抑制剂,如非那雄胺、依立雄胺、度他雄胺等。③雌激素。④雄激素拮抗剂,如氟他胺。

3. 健康管理

①戒烟戒酒。②禁食辛辣。③避免劳累。④注意饮食营养。⑤适量饮水,切勿憋尿。⑥注意保暖,避免受湿、受寒。⑦锻炼身体,增强体质。

第五节 内分泌系统疾病及药物治疗

一、糖尿病

1. 疾病介绍

糖尿病是由遗传和环境因素相互作用而引起的代谢性内分泌疾病,是由胰岛素分泌不足或作用缺陷导致的糖、脂肪、蛋白质、水及电解质的代谢紊乱,临床以高血糖为主要标志,常见症状有多饮、多尿、多食及消瘦等。

高血糖若不加以控制可引起多系统损害,导致眼、肾、神经、心脏、血管等组织的慢性进行性病变,进而引起功能缺陷及衰竭。病情严重或应激时可发生急性代谢紊乱,如酮症酸中毒、高渗性昏迷等。糖尿病可使患者生存质量降低,寿命缩短,病死率增高,因此,应积极防治。

(1) 疾病分型。糖尿病分成四大类型。① 1 型糖尿病,是由于胰岛 B 细胞被破坏,胰岛素绝对缺乏引发的糖尿病。1 型糖尿病好发于青少年,主要依赖胰岛素治疗。② 2 型糖尿病。胰岛素抵抗为主伴胰岛素相对缺乏,或胰岛素分泌缺陷为主伴胰岛素抵抗。2 型糖尿病最多见,占糖尿病患者的 90% 左右,中、老年起病,且肥胖者多见,常伴血脂紊乱及高血压,多数起病缓慢,半数无任何症状,在筛查中发现。③妊娠期糖尿病,是指孕妇怀孕期间体内不能产生足够水平的胰岛素而使血糖升高的现象。孕妇的妊娠糖尿病发生在孕期的第 28 周左右,因为此时胚胎开始生长,需要大量各种激素,而这些激素可以抵抗胰岛素的分泌。④其他特殊类型糖尿病。由胰腺炎、胰腺切除、胰腺肿瘤、肢端肥大症、甲状腺功能亢进、创伤等疾病引起;某些药物或化学物质也可诱导本病发生,如杀鼠剂、糖皮质激素、甲状腺激素、肾上腺素能激动剂、苯妥英钠、干扰素等。

（2）发病原因。糖尿病的病因和发病机制尚未完全阐明，与多种因素相关。1型糖尿病被认为是由基因易感个体的环境因素暴露而导致的。2型糖尿病是我国糖尿病的主要类型。目前认为，2型糖尿病主要是由遗传、环境、行为多种危险因素共同参与和（或）相互作用所引起的。

（3）主要症状。糖尿病典型的症状是多饮、多食、多尿，与体重减轻（三多一少）。当血糖水平升至8.89 mol/L以上时，葡萄糖进入尿液；当血糖水平继续升高时，肾脏排出额外的水以稀释尿液中大量的葡萄糖。由于肾脏产尿增多，故糖尿病患者常排尿增多（多尿）。多尿导致口渴，患者常通过多饮水来缓解（多饮）。由于大量的热量从尿中丢失，患者体重下降，且感到异常饥饿，为了补偿此种变化，患者常多食。糖尿病的其他症状还有：视物模糊、嗜睡、恶心及体力下降。

（4）糖尿病的并发症。糖尿病急性并发症有糖尿病酮症酸中毒、糖尿病乳酸性酸中毒、糖尿病高血糖高渗性综合征、糖尿病低血糖症；慢性并发症有脑血管病变、糖尿病眼病、糖尿病肾病、糖尿病足、神经病变等。

2. 治疗药物选择

当饮食和运动不能使血糖控制达标时，应及时采用药物治疗。

（1）胰岛素。根据来源和化学结构的不同，胰岛素可分为动物胰岛素、人胰岛素和胰岛素类似物。根据作用特点的差异，胰岛素又可分为超短效胰岛素类似物、常规（短效）胰岛素、中效胰岛素、长效胰岛素（包括长效胰岛素类似物）和预混胰岛素（包括预混胰岛素类似物）。

（2）口服降糖药物。①双胍类药物，如二甲双胍是2型糖尿病患者控制高血糖的一线用药和联合用药中的基础用药。②磺脲类药物，如格列本脲、格列美脲、格列齐特、格列吡嗪和格列喹酮。③噻唑烷二酮类，常被称为胰岛素增敏剂，包括罗格列酮与吡格列酮。④格列奈类药物，为非磺脲类促胰岛素分泌剂。常用的有瑞格列奈、那格列奈和米格列奈。⑤α-葡萄糖苷酶抑制剂，如阿卡波糖、伏格列波糖和米格列醇。⑥二肽基肽酶-4抑制剂，如西格列汀、维格列汀、沙格列汀、利格列汀及阿格列汀。⑦钠-葡萄糖共转运体-2抑制剂，如达格列净、恩格列净和卡格列净。

（3）胰高血糖素样肽-1类似物。如艾塞那肽、利拉鲁肽、阿必鲁泰等。

（4）中成药。中成药可选用参芪降糖颗粒、消渴丸等。

3. 健康管理

糖尿病综合防治主要包括5个方面，除了药物治疗外，还包括：①健康教育。通过糖尿病健康教育，使患者了解糖尿病的基础知识和治疗控制要求，学会测定尿糖或正确使用便携式血糖计，掌握医学营养治疗的具体措施和体育锻炼的具体要求及使用降血糖药物的注意事项。患者生活应规律，戒烟和烈性酒，讲求个人卫生，预防各种感染；对自我病情进行初步观察，提高治疗和监测的依从性，使病情得到良好的控制。②医学营养治疗。对2型糖尿病患者，尤其是肥胖或超重者，提倡食用粗制米、面和一定量杂粮，忌食用葡萄糖、蔗糖、蜜糖及其制品（各种糖果、甜糕点、冰淇淋、含糖饮料等）。每天饮食中纤维素含量丰富，提倡食用绿叶蔬菜、豆类、块根类、粗谷物、含糖成分低的水果等。每日摄入食盐量应限制在 10 g 以下。限制饮酒。③运动治疗。患者应进行科学有规律的合适运动。④血糖监测。患者需定期进行血糖自我检测，并根据患者个体病情需要定期到医院进行复查。

二、高尿酸血症与痛风

1. 疾病介绍

高尿酸血症是嘌呤代谢障碍所致的慢性代谢性疾病，多见于中老年人，男性占 95%，女性多于绝经期后发病，常有家族遗传史。高尿酸血症的理化含义指血清尿酸浓度超过饱和浓度（37 ℃时为 400 μmol/L）。

高尿酸血症分为原发性和继发性两类。①原发性高尿酸血症。80%～90% 的高尿酸血症患者具有尿酸排泄障碍，包括：肾小管分泌减少，肾小球滤过减少，肾小管重吸收增多；尿酸盐结晶沉淀。仅约 10% 患者为尿酸生成增多，多由先天性嘌呤代谢障碍引起。②继发性高尿酸血症多由某些系统性疾病或药物所致，如遗传性疾病、血液病、慢性肾病、药物因素。

高尿酸血症患者仅有血尿酸波动性或持续性增高。从血尿酸增高至关节炎症状出现可长达数年至数十年。仅有血尿酸增高而不出现症状者，称为无症状性高尿酸血症。有 5%～12% 的高尿酸血症患者最终会发展成为痛风。痛风是嘌呤代谢紊乱和（或）尿酸排泄障碍所致的一组异质性疾病，痛风的病因和发病机制不十分清楚，但高尿酸血症是痛风最重要的生化基础。痛风自然病程分为 3 个阶段：①无症状性高尿酸血症；②急性痛风性关节炎反复发作及间歇期；③痛风石及慢性痛风性关节炎。

2. 治疗药物选择

防治目的：①控制高尿酸血症，预防尿酸盐沉积，以防治尿酸结石形成和肾功能损害；②防治高尿酸血症相关的代谢性和心血管危险因素。

（1）无症状性高尿酸血症的药物治疗。无症状性高尿酸血症应以非药物治疗为主，一般不推荐使用降尿酸药物。经饮食控制不好，并有家族史或伴发心血管疾病（包括高血压、糖耐量异常或糖尿病、高脂血症、冠心病、脑卒中、心力衰竭或肾功能异常）的患者，可考虑使用降尿酸药物。①增加尿酸排泄的药物，如苯溴马隆、丙磺舒等。②抑制尿酸合成的药物，如别嘌醇、非布司他等。如果单药治疗不能使尿酸控制达标，则可以考虑联合促进尿酸排泄药物。

（2）急性痛风性关节炎的药物治疗。①秋水仙碱，是治疗急性痛风性关节炎的传统药物，小剂量持续应用至关节红肿消退。②非甾体抗炎药，常用药物有双氯芬酸、依托考昔，可有效缓解急性痛风性关节炎症状。③糖皮质激素，仅用于非甾体抗炎药、秋水仙碱治疗无效或禁忌使用者、肾功能不全者。

3. 健康管理

（1）患者需积极治疗与血尿酸升高相关的代谢性危险因素，积极控制与高尿酸血症相关的心血管疾病危险因素，如脂质异常血症、高血压、高血糖、肥胖等。

（2）调整生活方式等。①改变生活方式，如健康饮食、戒烟、戒酒、坚持运动和控制体重，避免引发高尿酸血症的因素是预防高尿酸血症的核心策略。②已有高尿酸血症、痛风者，有代谢性心血管疾病危险因素者及中老年人群，饮食应以低嘌呤食物为主，严格控制高嘌呤含量的食物。低嘌呤食物有各种谷类制品、水果、蔬菜、牛奶及其奶制品、鸡蛋，高嘌呤含量高的食物主要包括动物内脏、沙丁鱼、凤尾鱼、浓肉汤及啤酒，其次为海味、肉类、豆类等。蛋白质摄入量限制在每日每千克标准体重1 g左右，避免诱发因素。③鼓励患者多饮水，使每日尿量在2 000 mL以上。当尿pH小于6.0时，患者可服用碳酸氢钠碱化尿液。碱化尿液过程中要复查尿液pH，使尿液pH维持在6.2~6.8最为合适，有利于尿酸盐结晶溶解和从尿液排出。不可剂量过大及长期应用碳酸氢钠，以防代谢性碱中毒的发生。

第六节 皮肤病及治疗药物

一、癣

1. 疾病介绍

癣，又称皮肤癣菌病，是由皮肤癣菌感染引起的真菌性疾病。本病属传染性皮肤病，多是接触传染，如通过衣物、用具或自身手足癣传染致病。癣的分类为：

（1）手足癣。手癣初起多见于指端，逐渐累及邻近手指（甲），以鳞屑、角质增生等损害为主，皮肤皲裂。足癣皮损主要见于趾间、足缘或足底，表现为深在性小水疱、糜烂及鳞屑、角质增厚等。手足癣可分水疱型、糜烂型、鳞屑角化型。

（2）体股癣。体癣好发于面部、躯干及四肢近端，多呈环形，大小如指甲或钱币，由红色小丘疹、水疱、鳞屑或薄痂组成。股癣发生在大腿内侧或臀沟处，多对称分布，皮损与体癣相似，但发展较快，容易发生苔藓样变并有色素沉着，瘙痒剧烈，可因接触患者、猫、犬等传染，亦可通过衣物用具等间接传染。糖尿病、消耗性疾病及免疫力低下的患者易患本病。

（3）甲癣。常表现为甲变形，甲板失去光泽，呈灰黄色或污黄色。甲可增厚、翘起，或者中空与甲床分离，前缘残缺不全等。

（4）头癣。头癣是由于皮肤癣菌感染头皮及毛囊所导致的疾病，传染性较强，可以通过理发工具或接触被感染的动物而感染。多发于儿童。临床表现呈多样性，包括无症状携带状态、非炎症性斑秃、带"黑点"的脱发区、伴显著炎性反应的脓癣以及脂溢性皮炎样表现等。

2. 治疗药物选择

（1）局部用药。①手足癣，可根据皮损类型选择药物剂型。水疱型可选用无刺激性的溶液或乳膏剂型，如特比萘芬霜、联苯苄唑霜或溶液等；糜烂型可先用糊剂或粉剂，待渗出减少或干燥后再用乳膏；鳞屑角化型可选用乳膏、软膏等剂型，如水杨酸软膏、苯甲酸软膏或环吡酮软膏等。②体股癣，常用药物有复方间苯二酚搽剂、咪唑类霜剂或溶液、特比萘芬软膏等。③甲癣，外用药局部治疗：30%冰醋酸、3%~5%碘酊，每日2次；8%环吡酮、5%阿莫罗芬搽剂，每周1次。④头癣。去除病区头发后，可选用碘酊、10%硫黄软膏、复方苯甲酸软膏、烯类、唑类或丙烯胺类抗真菌软膏。

（2）外用药效果不佳或病情严重者，可口服抗真菌药，如灰黄霉素、伊曲康唑或特比萘芬等。大面积头癣除外擦抗真菌药外，还需口服伊曲康唑、特比萘芬等抗真菌药。

3. 健康管理

①注意个人卫生。②穿透气性好的衣服鞋袜。③保持皮肤清洁。④不与他人共用日常生活用品。

二、湿疹

1. 疾病介绍

湿疹是一种常见的由多种内外因素引起的表皮及真皮浅层的炎症性皮肤病，一般认为与变态反应有一定关系。一般对称分布，常反复发作，自觉症状为瘙痒，甚至剧痒。可发生于任何年龄、任何部位、任何季节，但常在冬季复发或加剧。

（1）湿疹分类及症状。可伴有色素改变，手足部湿疹可伴发指（趾）甲改变。湿疹按皮损表现分为急性、亚急性和慢性三型。①急性湿疹表现为红斑、水肿基础上粟粒大小的丘疹、丘疱疹、水疱、糜烂及渗出，病变中心较重，逐渐向周围蔓延，境界不清。急性湿疹可以长久不愈而成亚急性，或是皮损消退后复发。②亚急性湿疹表现为红肿和渗出比急性湿疹减轻，糜烂面结痂、脱屑。③慢性湿疹可由急性或亚急性湿疹发展而来，主要表现为粗糙肥厚、苔藓样变。剧痒引起强烈搔抓可以继发化脓性感染。

（2）发病原因。湿疹的病因及发病机制尚不明确，目前多认为是机体免疫功能异常、皮肤屏障功能障碍等内部因素基础上，多种内外因素综合作用的结果。内因包括系统性疾病如慢性消化系统疾病、精神紧张、内分泌失调、营养障碍、感染等。外因包括化妆品、人造纤维等化学因素，环境温度和湿度变化、日晒等外界刺激，以及动物皮毛、鱼虾等生物因素。

2. 治疗药物选择

使用抗组胺药等进行止痒、抗过敏治疗，影响睡眠时加服镇静药，合并感染者配合使用抗菌药物。

（1）局部治疗。①遵循外用药物局部治疗的原则。根据皮损分期选择合适的药物。急性期：无水疱、糜烂、渗出时，使用炉甘石洗剂、糖皮质激素乳膏或凝胶；大量渗出时选择冷湿敷，如3%硼酸溶液、0.1%盐酸小檗碱溶液、0.1%依沙吖啶溶液等；有糜烂但渗出不多时可用氧化锌油剂。亚急性期：外用氧化锌糊剂、糖皮质激素乳膏。慢性期：外用糖皮质激素软膏、乳剂或酊剂等，可合用保湿剂及角质松解剂，如20%～40%尿素软膏、5%～10%水杨酸软膏等。②根据皮损的性质选择合适强度的糖皮质激素。弱效糖皮质激素，如氢化可的松、地塞米松乳膏等；中效糖皮质激素，如曲安奈德、糠酸莫米松等；强效糖皮质激素，如哈西奈德、卤米松乳膏等。③使用钙调神经磷酸酶抑制剂，如他克莫司软膏、吡美莫司乳膏等。④继发性感染者加抗菌药物。

（2）系统治疗。①常口服抗组胺药止痒抗炎，可选用氯苯那敏、苯海拉明、阿司咪唑、氯雷他定或西替利嗪。必要时两种配合或交替使用。②对伴有广泛感染者，系统应用抗菌药物7～10天。③瘙痒严重影响睡眠时加服地西泮等镇静催眠药。④维生素C、葡萄糖酸钙等可用于急性发作或瘙痒明显者。⑤一般不主张常规使用糖皮质激素，仅在常规治疗无效或病情严重时考虑应用，但不宜长期使用。⑥慎用免疫抑制剂，仅限于其他疗法无效、有糖皮质激素禁忌证的重症患者，或短期系统应用糖皮质激素病情得到明显缓解后、需减用或停用糖皮质激素时使用。

（3）中成药。中成药可选用银翘解毒颗粒、防风通圣丸等。

3. 健康管理

①避免诱发或加重因素和可疑致敏原。②保护皮肤屏障功能。避免对患者皮肤刺激的因素，预防并适时处理继发感染，对皮肤干燥的亚急性及慢性湿疹加用保湿剂。

三、荨麻疹

1. 疾病介绍

荨麻疹俗称风团、风疹团、风疙瘩、风疹块，是一种常见的皮肤病，由各种因素致使皮肤黏膜血管发生暂时性炎性充血与大量液体渗出。风团迅速发生与消退，有剧痒，可有发热、腹痛、腹泻或其他全身症状。

（1）常见病因。本病病因不明，病情反复发作，病程迁延。可能的诱因及病因有：食物以鱼、虾、蟹、蛋类及香料调味品；药物如青霉素、磺胺类、阿司匹林、血清疫苗等可引起该病；感染，包括病毒、细菌、真菌和寄生虫等；昆虫叮咬或吸入花粉、螨虫、皮屑等；物理因素，如冷热、日光、摩擦和压力等都可引起。此外，胃肠疾病、代谢障碍、内分泌障碍和精神因素、遗传因素亦可引起该病。

（2）主要症状。风团和/或血管性水肿，潮红斑，大小不等，形状各异，多伴有瘙痒。常突然发生，成批出现，数小时后又迅速消退，消退后不留痕迹，但可反复发作。病情严重的急性荨麻疹还可伴有发热、恶心、呕吐、腹痛、腹泻、胸闷及呼吸困难、喉头水肿窒息等症状。该病病程长短不一，急性荨麻疹病程在6周以内；超过6周为慢性荨麻疹。

2. 治疗药物选择

（1）化学药物。

1）急性荨麻疹：①首选第二代抗组胺药，包括西替利嗪、左西替利嗪、氯雷他定、地氯雷他定、非索非那定、阿伐斯汀、依巴斯汀、依匹斯汀、咪唑斯汀、苯磺贝他斯汀、奥洛他定等。②祛除病因以及口服抗组胺药不能有效控制症状时，可选用糖皮质激素或肾上腺素。糖皮质激素：口服泼尼松，或相当剂量的地塞米松静脉或肌内注射，特别适用于重症或伴有喉头水肿的荨麻疹患者。肾上腺素：0.1%肾上腺素注射液皮下或肌内注射，可用于急性荨麻疹伴休克或严重的荨麻疹伴血管性水肿患者。

2）慢性荨麻疹：①一线治疗用药。首选第二代抗组胺药。见急性荨麻疹用药。②二线治疗用药。第二代抗组胺药常规治疗1～2周后不能有效控制症状时，可更换抗组胺药品种或联合其他第二代抗组胺药；或联合第一代抗组胺药睡前服用以延长患者睡眠时间或在获得患者知情同意情况下将原抗组胺药增加 2~4 倍剂量。③三线治疗用药。上述治疗无效的患者，可考虑口服雷公藤多苷片、环孢素或泼尼松等糖皮质激素。

（2）中成药。中成药可选用防风通圣丸、二妙丸等。

3. 健康管理

①避免诱发或加重因素和可疑致敏原。②饮食应清淡易消化。③禁服致敏药物。④荨麻疹大多病因不明，反复发作，病程迁延，应放松心态，正确认识疾病。

第七节 维生素、矿物质缺乏症及治疗药物

维生素是维持机体正常代谢所必需的物质，它不能直接供给能量，但在调节物质代谢及能量转换方面却起着十分重要的作用。维生素缺乏可导致一系列疾病，称为维生素缺乏症，如青少年发育不良、骨质软化症（维生素 D 缺乏），眼干燥症（维生素 A 缺乏），口角炎（维生素 B_2 缺乏），脚气病（维生素 B_1 缺乏），维生素 C 缺乏病（也称坏血病）等。

矿物质也是维持人体正常生命活动所必需的物质。矿物质缺乏，则会引起相应的病理表现，如缺钙会引起维生素 D 缺乏症、骨质疏松症；缺锌可引起味觉、嗅觉失常，食欲缺乏和儿童生长发育不良等；缺铁可引起缺铁性贫血等。

一、骨质疏松症

1. 疾病介绍

骨质疏松症是一种以骨量降低和骨组织微结构破坏为特征，骨脆性增加和易于骨折的代谢性骨病。骨质疏松随着年龄增长而发生发展。发育正常的骨组织在成年时骨内矿物质含量最多，30 岁达到最高峰；中年以后骨矿物质含量以每年 1% 的速度递减，其骨密度和骨强度下降；绝经后的妇女骨丢失比同年龄组的男性更明显，绝经后的前几年骨丢失明显加快，可丢失骨量的 5%~10%。无论男性或女性，年龄至 80 岁时，一般其骨内矿物质含量比峰值期丢失 30%~40%。

轻度骨质疏松可无明显临床表现，但随着骨丢失加剧，可逐渐出现下述临床表现：①疼痛。疼痛是原发性骨质疏松症最常见的症状，以腰背痛多见。疼痛沿脊柱向两侧扩散，仰卧或坐位时疼痛减轻，直立时后伸或久立、久坐时疼痛加剧，日间疼痛轻，夜间和清晨醒来时加重，弯腰、肌肉运动、咳嗽、大便用力时加重。②身长缩短、驼背。多在疼痛后出现，随着年龄增长，骨质疏松加重，驼背曲度加大，致使膝关节挛拘显著。③骨折。骨折是骨质疏松症最常见和最严重的并发症，它不仅增加患者的痛苦，加重其经济负担，而且严重限制患者活动，甚至使其寿命缩短。④呼吸功能下降，胸椎、腰椎压缩性骨折，脊椎后弯，胸廓畸形，可使肺活量和最大换气量显著减少，患者往往出现胸闷、气短、呼吸困难等症状。

2. 治疗药物选择

（1）钙制剂。常用碳酸钙、乳酸钙、葡萄糖酸钙口服液、碳酸钙 D_3 片。

（2）维生素 D_3。维生素 D_3 可促进人体对钙、磷的吸收。

（3）雌激素。雌激素是防治绝经后骨质疏松症的首选药物。如雌二醇、己烯雌酚、尼尔雌醇。

（4）双膦酸盐类。双膦酸盐类药物有依替膦酸二钠、帕米膦酸二钠、阿仑膦酸钠、唑来膦酸等。空腹口服，并使用较大量的水（200～250 mL）送服，且服药后不宜采取卧位。

（5）降钙素。皮下、肌内注射或鼻孔吸收，对于停经5年以上的骨质疏松症妇女有效。

（6）维生素 K_2。中老年人尤其是绝经后妇女需要适时补充一定量的维生素 K_2。

3. 健康管理

①合理安排饮食结构。老年人要多食入一些钙、磷、维生素及蛋白质丰富的食品。中老年人应避免嗜烟、酗酒，避免过量饮用咖啡及碳酸饮料，慎用影响骨代谢的药物等。②规律运动。建议中老年人或骨质疏松症患者进行有助于骨健康的体育锻炼或康复治疗，适宜的运动包括负重运动和抗阻运动，尤其适宜于进行规律的负重及肌肉力量练习。③预防跌倒。患者应加强自身和环境的保护措施，如使用各种关节保护器等。

二、缺铁性贫血

1. 疾病介绍

铁是制造血红蛋白的主要原料之一，二价铁与原卟啉结合生成铁血红素，再与珠红蛋白结合成血红蛋白。正常人体内含铁量为3～5 g。当铁缺乏时，血红蛋白就不能合成，从而发生缺铁性贫血。由于缺血，血液就不能供给机体足够的氧。缺氧可引起多种症状，如疲乏、虚弱、运动受限及轻微头痛，严重时还会引起脑卒中或心力衰竭。

（1）发病原因。①慢性失血。钩虫病、痔疮长期出血、月经过多、溃疡病和其他慢性病出血，可致铁缺乏。②吸收障碍。胃大部切除及空肠吻合术后、萎缩性胃炎、胃酸缺乏、小肠黏膜病变、慢性腹泻或肠功能紊乱均可引起铁的吸收不良。③营养不良。妊娠期胃酸减少和胃肠功能紊乱，儿童生长发育期的需铁量增多，人工喂养的米面及牛奶含铁量低而又未能及时补充辅食，早产儿、孪生子及孕妇均易发生缺铁性贫血。

（2）主要症状。①儿童神经精神症状。患者对外界反应差，易激怒，注意力不集中。部分儿童患异食癖，嗜食泥土、冰块、生米等。②黏膜组织变化的症状。如口舌炎、舌炎、萎缩性胃炎等，严重的可出现吞咽困难。③年长儿可有倦怠乏力、头晕、眼花、耳鸣、食欲缺乏、烦躁不安、智力减退，常合并感染心脏、肝、脾、淋巴结肿大等。④皮肤、毛发及指甲改变，如皮肤干燥无华、面色萎黄或苍白、唇甲色淡等。

2. 治疗药物选择

（1）化学药物。常用口服铁剂有硫酸亚铁、富马酸亚铁、琥珀酸亚铁和多糖铁复合物（力蜚能）等。

（2）中成药。中成药可选用阿胶补血口服液、人参归脾丸、当归补血口服液或膏等。

3. 健康管理

①及时改进婴儿的哺育方法，及时添加适当的辅助食品。②注意摄入含铁量高的食物，如海带、发菜、紫菜、木耳、香菇、菠菜、动物肝脏、肉类、血类、豆类等。③妊娠后期和哺乳期间可每日口服硫酸亚铁0.2～0.3 g。

第八节 眼、鼻、口疾病及治疗药物

一、结膜炎

1. 疾病介绍

眼表面具有一定的预防感染和使感染局限的能力，防御能力减弱或外界致病因素增强会引起结膜组织炎症的发生。根据病因性质，结膜炎可分为细菌性、病毒性及免疫性。常见结膜炎有细菌性结膜炎、沙眼、流行性角结膜炎、春季卡他性结膜炎、过敏性结膜炎等。

结膜炎的症状有异物感、烧灼感、结膜分泌物、畏光、流泪及不同程度的视力下降；重要体征有结膜充血、水肿、渗出物、乳头增生、滤泡、假膜和真膜、肉芽肿、假性上睑下垂、耳前淋巴结肿大等。

2. 治疗药物选择

①治疗眼部细菌感染的药物，如新霉素、妥布霉素、氯霉素、金霉素、红霉素、氧氟沙星、左氧氟沙星、利福平；②治疗眼部真菌感染的药物，如两性霉素B、氟康唑；③治疗眼部病毒感染的药物，如阿昔洛韦、更昔洛韦；④眼用糖皮质激素，常用0.1%地塞米松、0.1%氟米龙、0.5%氢化可的松、1%泼尼松龙等；⑤眼用抗变态反应药，如色甘酸钠、酮替芬、吡嘧司特钾、依美斯汀、氮卓斯汀、奥洛他定等；⑥眼用非甾体抗炎药，如双氯芬酸钠、溴芬酸钠、普拉洛芬等。

3. 健康管理

若使用眼膏涂眼，由于眼膏在结膜囊的停留时间较长，宜睡前使用，可发挥持续的治疗作用。分泌物较多时，可用无刺激性的生理盐水或3%硼酸溶液等冲洗结膜囊；若分泌物不多，可用消毒棉签蘸上述溶液清洁眼部。早期冷敷可以减轻眼部不适症状。

二、过敏性鼻炎

1. 疾病介绍

过敏性鼻炎又称变态反应性鼻炎，是鼻黏膜的变态反应。近年来本病发病率有显著增加，发达国家尤为如此。本病可发生于任何年龄，以青壮年为主，婴幼儿患者也较常见。

（1）发病原因。①遗传因素。有变态反应家族史者易患此病。患者家族多有哮喘、荨麻疹或药物过敏史。②抗原物质。刺激机体产生IgE抗体的抗原物质称为变应原，该变应原物质再次进入鼻黏膜便与相应的IgE结合而引起变态反应。花粉、空气传播的真菌孢子、屋尘螨、动物皮屑、羽毛、室内尘土、牛奶、蛋类、鱼虾、肉类等都可成为变应原。职业暴露，如接触粉尘、木材和清洁剂等可能导致过敏性鼻炎突然发作。

（2）主要症状。鼻痒、阵发性喷嚏、大量水样鼻涕和鼻塞是最常见的四大症状。打喷嚏以清晨和睡醒最严重。其他症状还有眼睛发红发痒、流泪、头昏、头痛等。

2. 治疗药物选择

（1）化学药物。①抗组胺药。首选第二代抗组胺药，局部用药有盐酸氮卓斯汀鼻喷剂、左卡巴斯汀鼻喷雾剂等；口服药有氯雷他定、西替利嗪、非索非那定等。苯海拉明、氯苯那敏、异丙嗪等第一代抗组胺药有较明显的嗜睡作用，从事精密机械操作和司乘人员应慎用。②糖皮质激素。多采用鼻内用糖皮质激素，包括布地奈德、曲安奈德、氟替卡松及莫米松等。③肥大细胞膜稳定剂。4%色甘酸钠，属于预防性抗过敏药。④抗白三烯药，如孟鲁司特钠。⑤鼻内用减充血剂，如1%麻黄碱溶液、0.05%盐酸羟甲唑啉。⑥抗胆碱药，如0.03%异丙托溴铵鼻溶液等。

（2）中成药。常用药物有辛夷鼻炎丸、辛芩颗粒、千柏鼻炎片等。

3. 健康管理

①避免接触过敏原，对花粉过敏者出门戴口罩等防护用具，对尘螨过敏者保持室内环境清洁、干爽，对动物毛屑过敏者不养宠物等。②鼻腔盐水冲洗。③按时服药、定期复查。④锻炼身体、增强体质，保持乐观情绪。

三、牙龈炎、牙周炎

1. 疾病介绍

牙龈炎是一种局限于牙颈部和牙槽突周围的黏膜上皮组织的炎症过程。由细菌入侵引起，表现为牙龈出血、红肿、胀痛，继续发展侵犯硬组织，则发展成牙周炎。

牙周炎是侵犯牙龈和牙周组织的慢性炎症，是一种破坏性疾病，其主要特征为牙周袋的形成及袋壁的炎症、牙槽骨吸收和牙齿逐渐松动，它是导致成年人牙齿丧失的主要原因。

（1）发病原因。口腔不清洁引起细菌、病毒感染，牙齿菌斑，牙结石堆积，食物嵌塞引起牙龈炎或出现牙龈溢脓，牙齿松动引发牙周炎。

（2）主要症状。主要表现为刷牙时牙龈出血，也可有自发性牙龈出血，可见牙石沉积，龈缘充血、肿胀、疼痛。

2. 治疗药物选择

（1）化学药物。①含漱液：0.12%洗必泰漱口水、氯己定含漱液、3%过氧化氢溶液。②止痛剂：布洛芬。③抗菌药：甲硝唑、阿莫西林、多西环素等。

（2）中成药。中成药可选用牙痛一粒丹、齿痛消炎灵冲剂、石膏散、西羚丸等。

3. 健康管理

①做好预防工作。如常规牙科检查，保持良好的口腔卫生，定期口腔保健，包括用电动牙刷刷牙、使用牙线或牙间刷。②一般治疗。去除牙菌斑、牙石和义齿等刺激性因素。用温盐水漱口。

四、口腔溃疡

1. 疾病介绍

口腔溃疡是指口腔肌上膜（包括唇、舌、颊、齿龈部位）局部出现小溃疡，以灼热疼痛为特征的口腔疾病。

（1）发病原因。①心理因素，如工作压力大、精神紧张，内分泌功能紊乱；②感染，由病原微生物感染引起；③营养、微循环障碍、某些维生素与矿物质缺乏；④自身免疫功能低下或口腔黏膜创伤等。

（2）主要症状。易发于口腔非角化区，如唇、颊黏膜等处，为圆形或椭圆形，溃疡表浅，上覆黄白色渗出膜，边缘整齐，周围有红晕。严重口腔溃疡深及黏膜下层甚至肌肉。伴有烧灼性疼痛，严重时可影响说话、进食。

2. 治疗药物选择

（1）化学药物。如甲硝唑口腔粘贴片、碘甘油、醋酸地塞米松粘贴片、西地碘含片、溶菌酶含片、复方氯己定含漱液等。

（2）中成药。中成药可选用口腔溃疡散、口腔溃疡药膜、口炎清颗粒等。

3. 健康管理

①保持良好的口腔卫生，养成刷牙漱口的习惯。②多吃蔬菜。③避免过度紧张和劳累。

第九节 其他常见病及治疗药物

一、蛔虫病

1. 疾病介绍

蛔虫病是常见的肠道寄生虫病，成人、儿童都可能感染。除肠道症状外，蛔虫病有时还可引起严重的并发症，如胆道蛔虫病、肠梗阻、阑尾炎和肠穿孔等。肠道蛔虫感染者及蛔虫病患为本病的传染源，生食未洗净的瓜果、蔬菜是受感染的重要因素，感染性虫卵经口吞入为主要传播途径。

蛔虫病的主要症状有：腹痛，多在上腹或脐周围，多半呈间歇性发作；食欲减退、便秘或恶心呕吐、腹泻；过敏反应，如荨麻疹、哮喘、皮肤瘙痒、血管神经性水肿、结膜炎。儿童可出现精神不安、失眠、头痛和营养不良症状，严重者会导致发育障碍和智力迟钝。

2. 治疗药物选择

（1）化学药物。可口服阿苯达唑、甲苯达唑、伊维菌素、硝唑尼特、双羟萘酸噻嘧啶等药物。

（2）中成药。中成药可选用使君子丸（小蜜丸）、乌梅丸（水丸）。

3. 健康管理

①注意个人卫生，养成良好的卫生习惯，不饮生水，不吃未清洗干净的蔬菜瓜果，勤剪指甲，不吸吮手指，做到饭前便后洗手，以减少虫卵入口的机会。②服药后注意休息，多饮水，保持大便通畅，注意服药后反应和排便情况。③妥善处理粪便，切断传染途径，保持水源及食物不受污染，减少感染机会。

二、阴道炎

1. 疾病介绍

阴道炎是女性生殖道感染最常见的疾病，临床上以白带的性状发生改变以及外阴瘙痒灼痛为主要特点，性交痛也常见，感染累及尿道时，可有尿痛、尿急等症状。常见的阴道炎有滴虫性阴道炎、外阴阴道假丝酵母菌病和细菌性阴道病、老年性阴道炎等。

（1）滴虫性阴道炎是由阴道毛滴虫感染引起的生殖道炎症。最常见的传播方式是性交直接传播，少数也可经公共浴池、衣物、坐便器或污染的器械等间接传播。滴虫性阴道炎的主要症状是阴道分泌物增多及外阴瘙痒，间或有灼热、疼痛、性交痛等。分泌物典型特点为稀薄脓性、黄绿色、泡沫状、有臭味。痛痒部位主要为阴道口及外阴。感染累及尿道口时，可有尿痛、尿急，甚至血尿。

（2）外阴阴道假丝酵母菌病曾称为霉菌性阴道炎、外阴阴道念珠菌病等，其病原菌以白假丝酵母菌为主。多见于幼女、孕妇、糖尿病患者，以及绝经后曾用较大剂量雌激素治疗的患者。临床症状可见白带增多，外阴潮红、水肿、瘙痒、灼痛，可见抓痕或皲裂，小阴唇内侧及阴道黏膜附着白色膜状物，阴道内可见较多的白色豆渣样分泌物，呈凝乳状。

（3）细菌性阴道病为阴道内正常菌群失调所致的一种混合感染，是育龄期女性最常见的下生殖道疾病，也是妊娠或非妊娠女性阴道炎最常见的原因。约50%患者无明显的临床表现。有症状者可表现为阴道分泌物增多伴腥臭味，查体可见外阴阴道黏膜无明显充血等炎性改变，阴道分泌物稀薄。

2. 治疗药物选择

（1）滴虫性阴道炎的治疗药物。口服硝基咪唑类药物，如甲硝唑或替硝唑。对于不能耐受口服药物或不适宜全身用药者，可选择甲硝唑栓或替硝唑栓阴道局部用药。

（2）外阴阴道假丝酵母菌病的治疗药物。①阴道用药。使用咪唑类（克霉唑、硝酸咪康唑、硝酸益康唑）阴道软胶囊或栓、制霉菌素阴道泡腾片或栓阴道用药，对外阴阴道假丝酵母菌病有很好的疗效。②外涂。外涂克霉唑软膏或硝酸咪康唑软膏，可以治疗因外阴阴道假丝酵母菌感染引起的外阴炎，减轻外阴痒痛的症状。③口服。口服氟康唑、伊曲康唑等。由于感染可以通过性生活在夫妻间相互传染，因此可以通过口服用药对双方进行治疗，口服药同样可以抑制肠道念珠菌。

（3）细菌性阴道病的治疗药物。首选药物：口服甲硝唑，或甲硝唑阴道栓（片）阴道上药，或2%克林霉素膏阴道上药。替换药物：口服克林霉素。可选用恢复阴道正常菌群的制剂。

（4）中成药。中成药可选用皮肤康洗液、洁尔阴洗剂、复方莪术油栓等。

3. 健康管理

①注意个人卫生，正确使用避孕套。②外阴阴道假丝酵母菌病患者的性伴侣应同时检查，必要时给予治疗。③急性发作期间避免性生活。

三、痛经

1. 疾病介绍

痛经是妇科常见病和多发病，病因复杂，反复发作，尤其是未婚女青年及月经初期少女更为普遍。表现为妇女经期或行经前后，周期性发生下腹部疼痛，疼痛常为痉挛性，也有胀痛、冷痛、灼痛、刺痛、隐痛、坠痛、绞痛等，常伴有全身症状，如乳房胀痛、肛门坠胀、胸闷烦躁、悲伤易怒、心惊失眠、头痛、乏力、头晕、恶心、呕吐、腹泻、腰腿痛、面色苍白、四肢冰凉等。

引起痛经的原因：子宫发育不良、子宫过度倾斜、子宫颈狭窄等，使子宫收缩不协调，导致经血流出不畅，经血滞留，刺激子宫收缩而引起痛经；子宫内膜血清泌乳素及前列腺素含量增高，尤其是分泌期子宫内膜合成和释放较多的前列腺素，刺激子宫收缩，从而引起痛经。

2. 治疗药物选择

（1）化学药物。①口服非甾体抗炎药，如对乙酰氨基酚、双氯芬酸、布洛芬、酮洛芬、甲氯芬那酸、甲芬那酸等，适用于不需要避孕措施或对口服避孕药效果不好的痛经患者。②口服避孕药，如长效醋酸甲羟孕酮、炔雌醇＋左炔诺孕酮，适用于需要采取避孕措施的痛经患者。

（2）中成药。中成药可选用痛经调理口服液、八味痛经胶囊、田七痛经胶囊、益母草颗粒等。

3. 健康管理

①痛经时可以卧床休息，或热敷下腹部。②注意经期卫生，避免受凉。③调节情绪、放松心情。

实训

活动一 疾病诊断

某患者，男，22岁。3天前受凉后出现鼻塞、流涕、咽痒、咳嗽、发热，并感全身不适、乏力、食欲减退，自服"罗红霉素、止咳糖浆"疗效不显著，咳嗽加剧，能咳出少量黏液脓性痰，夜间咳嗽明显。体格检查：T38.3℃，P85次/min，R17次/min，BP120/75 mmHg，神志清，咽部充血，扁桃体无肿大，颈部淋巴结无肿大。双肺呼吸音清，右下肺偶可闻及干湿性啰音，有哮鸣音。实验室检查：血常规：WBC 16.5×10⁹/L，N 0.80。X线胸部透视示：心肺无异常。请问患者可能医疗诊断是什么？如何处理？

活动二 问病荐药（一）

某女，68岁，自述以前一直大便干燥，每周3~4次，最近2个月，每周1~2次，而且排便时必须很用力，有时上厕所排便时，等待很久也不能排除，有时感觉肚子有硬块。请根据患者病情推荐合适的药物，并从健康管理方面给予指导。

活动三 问病荐药（二）

某女，53岁，高血压患者，刚诊断为糖尿病，空腹血糖10.0 mmol/L，餐后血糖15.2 mmol/L。请根据患者病情推荐两种药物，并对一种药物做用药指导。

第七章
药品采购

> **学习目标**
>
> **知识目标**
> 掌握：首营企业、首营品种的审核程序。
> 熟悉：首营企业、首营品种审核内容，采购药品流程。
> 了解：特殊管理药品购进有关规定，签订购销合同。
>
> **能力目标**
> 能够根据首营审核内容索取首营资料。

药品采购是医药企业药品供应的物质基础，是药品流通的起点。药品采购人员在购进药品过程中所进行的业务活动统称为药品采购。药品采购是药品经营企业质量管理过程控制的第一关，药品质量的优劣、品种类别的选择直接影响药品的销售，药品采购对确保企业经营行为的合法性、规范性，以及保证药品经营质量和经济效益均起着决定性作用。同时药品采购又是药品生产与患者消费之间的第一道桥梁，关乎医疗部门和患者的用药安全与用药需求能否得到满足。因此，药品经营企业应合理、合法、合规地进行药品采购，把好药品采购质量关。

药品经营企业应严格执行本企业"采购质量控制程序"的规定，坚持"按需进货，择优采购、质量第一"的原则，确保药品采购的合法性。药品经营企业采购药品流程示意图见图 7-0-1。

第一节 首营企业审核

首营企业指采购药品时，与本企业首次发生供需关系的药品生产或者经营企业。

为降低企业的经营风险，保证企业所经营药品的质量，药品经营企业应遵从《药品经营质量管理规范》中相关规定对供货单位的合法资质和质量信誉等方面进行审核。

一、首营企业审核内容

（一）供货单位合法资格核实

索取并查验加盖首营企业公章原印章的《药品生产许可证》或《药品经营许可证》、营业执照、税务登记证、组织机构代码证（一张执照、三个代码）的复印件及上一年度年检证明复印件；《药品生产质量管理规范》（GMP）或者《药品经营质量管理规范》（GSP）认证证书复印件；相关印章、随货同行（票）样式；开户户名、开户银行和账号及质量保证协议书等资料。此外，还要审核是否超出有效证照所规定的生产（经营）范围和经营方式。

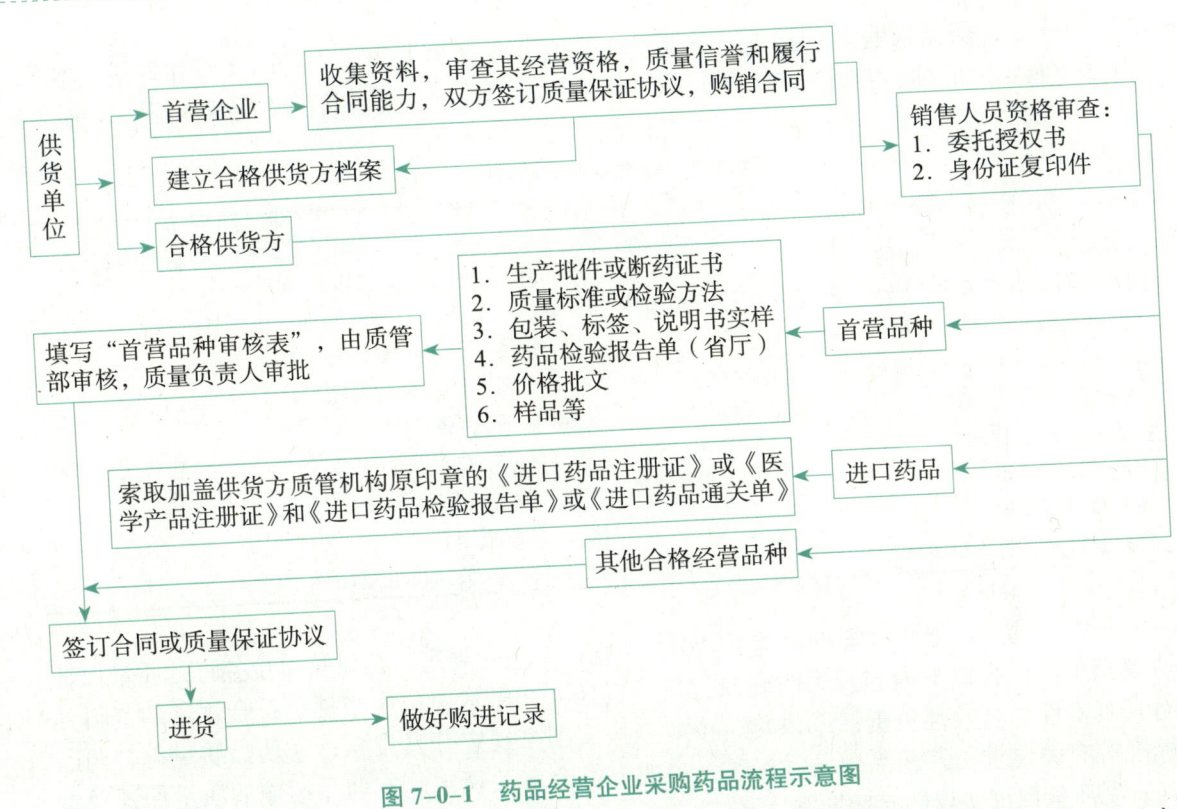

图 7-0-1　药品经营企业采购药品流程示意图

经营特殊管理药品的首营企业，还必须审核其经营特殊管理药品的合法资格，索取加盖首营企业公章原印章的药品监督管理部门的批准文件。

（二）供货单位销售人员合法资格核实

药品销售人员应提供加盖供货单位公章原印章的身份证复印件；加盖供货单位公章原印章和法定代表人签字或印章的授权书原件，授权书应当载明被授权人姓名、身份证号码及授权销售的品种、地域、期限等。

（三）到供货单位实地考察

如果发现对供货企业的资料审核仍不能确定其质量保证能力，药品采购部门应会同质量管理部门进行实地考察，以评价其质量管理体系是否满足药品质量的要求。

通常当出现以下情形时，需要对供货企业进行实地考察：①该企业发生过药品质量问题；②该企业有在国家药品监督管理局质量公告上被公告的药品；③该企业有不良信誉记录；④该企业有其他不良行为；⑤该企业将与本企业发生大量业务往来；⑥该企业注册资金太少，人员少。

实地考察过程中，考察内容主要包括：供货企业的质量管理体系是否健全；发生质量问题的原因，是否采取纠正措施，纠正措施是否真实有效。

二、首营企业审核流程

当从首营企业购进药品时，审核工作过程基本可分为以下几个步骤：

145

第一步，药品采购人员首先向首营企业索取并收齐表7-1-1中所列文件和资料，本着"合法、真实、准确、有效"的原则，一一仔细核对、查验，并签订药品质量保证协议书。

表7-1-1 首营企业审核资料一览表

药品生产企业	药品经营企业
《药品生产许可证》复印件	《药品经营许可证》复印件
营业执照（组织机构代码证、税务登记证）复印件	营业执照（组织机构代码证、税务登记证）复印件
上一年度年检证明复印件	上一年度年检证明复印件
开户户名、开户银行及账号	开户户名、开户银行及账号
GMP认证证书复印件	GSP认证证书复印件
相关印章、随货同行（票）样式	相关印章、随货同行（票）样式
质量保证协议书	质量保证协议书
法人授权书原件	法人授权书原件
药品销售人员身份证复印件	药品销售人员身份证复印件

根据《药品经营质量管理规范》（2016年修订）中的规定，与供货单位签订的质量保证协议至少应包含以下内容：①明确双方质量责任；②供货单位应当提供符合规定的资料并对其真实性、有效性负责；③供货单位应当按照国家规定开具发票；④药品质量符合药品标准等有关要求；⑤药品包装、标签、说明书符合有关规定；⑥药品运输的质量保证及责任；⑦质量保证协议的有效期限。

第二步，资料初步审核无误后，由采购人员填写，一般在计算机系统内完成首营企业审批表（见表7-1-2）。

表7-1-2 首营企业审批表（样表）

供货企业名称			详细地址	
企业类型	药品生产企业 □		E-mail	
	药品经营企业 □			
供方销售人员			联系电话	
许可证	许可证号		有效期至	
	负责人		经营（生产）范围	
营业执照	注册号		有效期至	
	法定代表人		注册资金	
	经营（生产）范围			
质量认证证书编号				

供方销售人员资质	1. 身份证复印件□ 2. 法人委托书原件□ 3. 其他资料:		年	月	日
采购员意见	采购员签字:		年	月	日
采购部门意见	部门负责人签字:				
质量管理部门审核意见	审核人签字:	部门负责人签字:	年	月	日
经理审批意见	企业质量负责人签字:		年	月	日

第三步，采购经理签署意见后，采购人员将首营企业审批表连同上述相关资料送质量管理部门审核、签字，注明"审核合格"之后报企业质量负责人进行审核把关，并签署明确审核意见，质量负责人批准后方可从该企业购进药品。

第四步，建立合格供货商档案并完成资料归档工作。采购部门或质量管理部门负责将审核通过的首营企业信息录入计算机管理系统，列入"合格供货商"名单，以供采购部门采购时选择。质量管理部门将首营企业审批表、首营企业审核资料以及质量保证协议等资料归档保存。

采购人员只能在本企业计算机系统提供的"合格供货单位目录"中选择合适的企业进行采购。质量管理部门应负责"合格供货单位目录"的维护和更新工作，在计算机系统中设置预警机制，对供应单位相应资质到期情况进行提醒，避免采购工作中出现供货方资质过期无效等情况。

药品质量保证协议书示例见下：

质量保证协议（药品）

甲方（供货方）：
乙方（购货方）：

为确保经营药品的质量，依据《中华人民共和国药品管理法》《药品生产质量管理规范》《药品经营质量管理规范》《药品流通监督管理办法》等法律、法规和国家相关规定，甲、乙双方本着平等自愿、友好合作的原则签订本协议书。

一、甲方必须遵守国家有关法律、法规，向乙方提供合法有效的加盖甲方公章原印章的《药品经营许可证》《药品生产许可证》《营业执照》及其上一年度企业年度报告公示情况、GSP/GMP证书等资料复印件；企业相关印章、随货同行单（票）实样；供货单位开户户名、开户银行及账号；公司质量体系调查表。

二、甲方供货时应向乙方提供符合国家质量标准和相关质量要求的合格药品，对效期内的药品质量负责；整件药品应内附产品合格证；药品的包装标识、标签、产品说明书等应符合国家有关标准、规定。

三、甲、乙双方均不得超出主管部门审批的经营（生产）范围和经营方式购销药品。

四、甲方销售人员必须出具加盖供货单位公章原印章和法定代表人印章或者签名的授权书原件及加盖甲方公章原印章的身份证复印件，授权书应当载明被授权人姓名、身份证号码及授权销售的品种、地域、期限等；并严格按授权内容开展业务活动。

五、对于乙方首次经营的品种，乙方有权对甲方进行包括甲方资质、质量保证能力及品种的合法性和质量基本情况的审核。甲方应按照乙方要求提供加盖其公章原印章产品相关的资料复印件，包括但不限于批准文件、质量标准，并保证所提供的资料真实有效。

六、甲方的企业证照、品种资质、印章印模、随货通行单（票）样式、开户信息（含开户行、户名、账号）及相关人员情况等和药品批准文件、质量标准、说明书、包装样式等发生变更时，甲方应及时书面通知乙方，并提供变更后的相关资料。

七、甲方销售的药品必须开具增值税专用发票或者增值税普通发票，税票上应列明销售药品的名称、规格、单位、数量、单价、金额等，如果不能全部列明所购进药品上述详细内容，应附销售货物或者提供应税劳务清单，并加盖甲方财务专用章原印章或发票专用章原印章、注明税票号码。甲方所售药品还应附加盖有甲方出库章原印章的随货通行单（票），载明通用名称、剂型、规格、批号、有效期、生产厂商、购货单位、出库数量、销售日期、出库日期和销售金额等内容。税票与随货通行单（票）的相关内容应对应、金额应相符。甲方随货通行单（票）上应注明所售药品启运时间；若未注明，则以开票日期为启运时间。

八、进口药品应有中文标识及中文说明书，甲方应随货提供加盖其公章原印章的《进口药品注册证》《进口药品通关单》《进口药品检验报告书》复印件或原产企业药品批次检验报告及中文翻译件；进口生物制品、血液制品和进口港、澳、台地区生产的药品，甲方均应提供加盖其公章原印章的批准证明资料复印件。对实行批签发管理的生物制品，甲方应提供加盖其质量管理专用章原印章的生物制品批签发证明的复印件。

九、中药饮片应有符合质量要求的包装或容器，并附质量合格的标志。每件包装上必须印有或贴有标签，标签注明药品名称、规格、产地、生产企业、产品批号、生产日期等，实施批准文号管理的中药饮片必须注明批准文号，装量符合包装标识的规定。甲方就其从外埠采购的中药饮片，除应向乙方提供加盖有供货单位公章的生产、经营企业资质证书及检验报告书（复印件）外，还应向乙方提供加盖有供货单位公章的外埠中药饮片生产、经营企业所在地的药品监督管理部门出具的相关证明复印件，以便于乙方按品种逐批确认甲方从外埠采购的中药饮片符合《中华人民共和国药典》或《北京市中药饮片炮制规范》所规定的炮制工艺和质量标准。

十、甲方运输药品或委托他人运输药品时，必须严格执行药品的运输要求及温度要求，并应随货提供加盖甲方原印章的同批号的药检报告书。药品到货后，乙方根据药品的质量标准及时验收。对单据不符、标志模糊、包装破损、被挤压、破碎或存有质量问题的品种，甲方应根据乙方的要求无条件进行退货或换货。

十一、甲方运输冷藏、冷冻药品的冷藏车及车载冷藏箱、保温箱，应当符合药品运输对温度控制的要求。冷藏车应具有自动调控温度、显示温度、存储和读取温度监测数据的功能。冷藏箱及保温箱应具有外部显示和采集箱体内温度数据的功能。冷链药品送货时，甲方应提供符合要求的运输过程温度记录。若温度超标，乙方有权拒收药品，造成的相应损失由甲方承担；若甲方未提供上述温度记录，乙方有权将药品退回甲方，造成的相关损失由甲方承担。

十二、甲方提供的药品因质量问题、夸大功效、价格、包装、知识产权或其他侵权行为等引起的投诉、处罚或者诉讼，甲方应积极配合妥善解决问题并承担相关责任和费用。给乙方造成经济损失和名誉影响的，乙方有权向甲方进行索赔（有权从货款中扣除相应款项）。甲方发现药品出现质量问题、包装、知识产权等各类瑕疵或已因上述问题出现纠纷或诉讼，应于24小时内给予乙方风险提示，避免乙方损失或风险扩大。

十三、乙方对甲方提供的药品质量产生疑问，应及时与甲方联系，主动向甲方提供其药品在销售过程中发生的质量信息，包括质量投诉、药品不良反应等，并配合甲方做好调查取证和善后处理工作。双方若有分歧，以法定药品检验机构出具的检验报告书为准，由此产生的费用由甲方负责。

十四、乙方应主动向甲方提供合法、有效的加盖乙方公章原印章的企业资质证明及授权委托书等。

十五、乙方应具备储存、保管甲方所提供药品的场所。因乙方保管、养护不当而导致的商品质量问题，由乙方负责。

十六、对于临时通过口头、电话、传真等形式达成的购销协议，其质量保证条款可参照本协议执行。

十七、本协议一式两份，甲、乙双方各执一份，具有同等法律效力。未尽事宜由双方协商解决；若协商不成，提起诉讼，应由乙方所在地人民法院管辖。

十八、本协议自签字之日起生效，有效期____年。

甲方：	乙方：
（盖章）	（盖章）
授权代表（签字）：	授权代表（签字）：
签约日期：	签约日期：

第二节　首营品种审核

首营品种指本企业首次采购的药品。

一、首营品种审核内容

对首营品种应进行合法性、一致性和质量可靠性的审核。国产药品和进口药品的审核要求有一定差异。

1. 国产首营品种的审核

国产首营品种审核主要是索取并查验加盖供货单位公章原印章的以下资料：

(1)首营品种的《药品注册批件》或者《再注册批件》《药品补充申请批件》复印件。
(2)首营品种的药品质量标准复印件。
(3)首营品种法定检验机构或本生产企业的检验报告书。
(4)首营品种所属剂型的 GMP 认证证书复印件。
(5)首营品种的生产企业合法性证明,包括《药品生产许可证》复印件和营业执照复印件。
(6)供货单位如果是药品生产企业,需提供包装、标签、说明书的实样;供货单位如果是药品经营企业,需提供包装、标签、说明书的实样或者复印件。

在审核上述国产品种资料的过程中,有以下几点注意事项:

首先,注意核对该首营品种是否在供货单位《药品生产许可证》或《药品经营许可证》经营范围内,并且是否符合本企业的《药品经营许可证》经营范围。

其次,注意核实首营品种的包装、标签、说明书是否符合国家药品监督管理局关于药品标签说明书的有关规定。同时,该首营品种的标签、说明书上的成分、性状、功能主治、用法用量、规格、贮藏等是否与药品质量标准相符。如果是 OTC 药品,其说明书应与国家药品监督管理局网站公布的 OTC 药品说明书范本相符。

2. 进口首营品种的审核

进口首营品种审核主要是索取并查验加盖供货单位公章原印章的以下资料:

(1)《进口药品注册证》《医药产品注册证》或者《进口药品批件》复印件,包装、标签、说明书的实样等资料。

(2)当首营品种是进口麻醉药品、精神药品时,除上述资料外,还需索取并查验《进口准许证》。

(3)当首营品种是进口分装药品时,需《药品补充申请批件》以及原注册证号的《药品注册批件》《进口药品注册证》或者《医药产品注册证》复印件,进口药品注册标准复印件、检验报告书以及包装、标签、说明书的实样等。进口分装的麻醉药品、精神药品时,除上述资料外,还需索取并查验《进口准许证》。

(4)当首营品种是进口中药材时,需《进口药材批件》复印件、进口药材质量标准复印件、检验报告书以及包装、标签、说明书的实样等。

在审核过程中,应注意核对进口中药材的产地是否与《进口药材批件》一致,还应审核进口药品的报关单、检疫单等。如有信息不正确或不一致等问题,应重新提供正确的文件或资料。

二、首营品种审核流程

当采购人员拟从合格供货方购进首营药品时,审核工作过程基本可分为以下几个步骤:

第一步,药品采购人员应向供货单位索取并收齐上述文件和资料,进行初审。

第二步,资料初步审核无误后,由采购人员填写,一般在计算机系统内完成首营品种审批表(见表 7-2-1)。

表 7-2-1　首营品种审批表（样表）

药品通用名称				商品名称	
剂型		规格		单位	
包装规格				储存条件	常温□　阴凉□　冷藏□
生产企业				营业执照号	
主要成分与功能主治					
批准文号				有效期	
GSP 证书号				证书有效期至	
GMP 认证范围				条形码	
价格	购进价：	含税批发价：		最高零售价：	
商品属性	西药□　中药□　中药饮片□　医疗器械□　保健食品□　普通食品□　消毒用品□ 化妆品□　保健用品□　日用百货□　零税计生□				
管理属性	普通药品□　麻醉药品□　第一类精神药品□　第二类精神药品□　毒性药品□　中药 中药饮片□　生物制品□　生化药品□　疫苗□　原料药□　蛋白同化制剂和肽类激素 （除胰岛素）□　体外诊断试剂（药品）□　胰岛素□　复方麻黄碱制剂□　兴奋剂□ 电子监管□				
采购员申请理由	申请人签字：			日期：	
采购部门意见	负责人签字：			日期：	
质量管理部门意见	审核人签字：		部门负责人签字：	日期：	
经理审批意见	企业质量负责人签字：			日期：	

　　第三步，采购经理签署意见后，采购人员将首营品种审批表连同上述相关资料送质量管理部门审核，注明"审核合格"。质量管理部门负责人签字之后，将资料报送给企业质量负责人。质量负责人进行审核把关，并签署明确审批意见。质量负责人批准后方可购进该首营药品。

　　第四步，信息录入及资料归档工作。采购部门或质量管理部门负责将审核通过的首营品种信息录入计算机管理系统。质量管理部门将首营品种审批表、首营品种审核资料等归档保存，建立药品质量档案并对其进行维护和更新，以保证相关资质和证明文件的合法性与有效性。

三、药品和信息合法性核实

　　药品采购人员可以通过查询权威网站和查验样品实物等方法，确定首营品种的合法性。

可供查询的权威网站主要有国家药品监督管理局网站以及各地区药品监督管理局网站。还可以通过拨打电话核实,以及通过经验辅助判断等确认资质的真实性。此外,采购人员通过查看供货商提供样品的外包装、批准文号、适应证以及联系方式等内容也可以甄别药品信息的合法性和真实性。

第三节　签订购销合同

药品购销合同(见表7-3-1)就是在药品经营过程中,买卖双方经过洽谈,有了明确的购买意向后,为实现一定的经济目的,明确双方的权利和义务的书面协议。购销合同一经签订并加盖双方合同章,即产生法律效力,双方应依照合同认真履行其义务。

药品购销合同一般应采用标准书面合同。如采用其他的合同约定形式,如文书、传真、电话记录、电报、电信、口头约定等,应提前与供货单位签订质量保证协议。质量保证协议应规定有效期限,一般按年度签订。

鉴于质量保证协议属于企业购销合同的范畴,签订单位需要承担相应法律责任,因此必须加盖企业公章,不能以企业质量管理机构印章替代。

表7-3-1　药品购销合同(样本)

供方			合同编号				
需方			签订地点、时间				
药品名称	规格型号	生产企业	计量单位	数量	单价	总金额	交货时间
合计人民币(大写)							
质量标准							
供方对质量负责的范围和期限							
交货地点			运输方式				
交货方式			运杂费承担				
验收标准							
验收方法			结算方式、期限				
提出异议期限			违约责任				
解决合同纠纷方式							

药品购销合同书示例见下:

药品购销合同书

甲方：（供方）
乙方：（需方）

一、甲、乙双方本着真诚合作，诚信经营的原则，经协商达成药品购销合同书。双方承诺共同遵守。如因一方违反本合同书有关条款，给对方造成损失，违约方有责任赔偿对方损失。

二、甲、乙双方开展药品购销业务前，应按法规规定相互提供相关资格证书，经质量管理部门对合作方合法资格、履行合同能力、质量信誉等进行审核、调查、评价后，建立档案。如因一方证明文件虚假给对方造成损失，过错方应承担赔偿责任。甲、乙双方应按许可证规定范围开展销售业务，甲方不得向乙方销售超范围药品。

三、甲方向乙方提供书面购销、电话购销等购销方式。甲方供应的药品，质量应符合国家法定标准和有关质量要求，必须具有批准文号、注册商标、生产批号及有效期。药品的包装、标签、说明书应符合有关规定及要求。进口药品提供加盖企业质管机构原印章的《进口药品注册证》和同批号《进口药品检验报告书》或通关单复印件。生物制品提供加盖企业质管机构原印章的《生物制品批签发合格证》复印件。甲方因违反上述条款，引起质量纠纷，应承担相应经济和法律责任。

四、甲、乙双方在进行药品购销业务中，应确保药品质量，按生产、运输、贮藏、使用等环节承担相应质量责任。如因质量问题造成经济损失，凭法定部门出具有关票据向责任方索取赔偿。质量问题解决前，受损方可暂扣责任方货款或（和）责任方可预支经费解决。双方应积极配合，及时解决出现的质量问题。

五、乙方收货后，在经营过程中发现药品质量有问题，应尽快通知甲方或向甲方查询，甲方及时提出处理意见。

六、乙方应按有关规定要求，合理储存药品，确保药品质量。因储存不当造成的损失由乙方负责。

七、如双方对质量产生争议，乙方有权送到地市级以上药品监督管理部门检验。药品质量以法定检验报告为准。

八、乙方的十五家社区均为独立行使经营权机构，任何一家社区出现药品质量问题自行与甲方处理解决，社区卫生服务中心只负责各社区药品票据电脑过账处理。

九、合同一式两份，双方各执一份，经双方盖章签字后生效。本合同可约定有效期为：
自　　年　　月　　日至　　年　　月　　日。

甲方（盖章）　　　　　　　　　　　　　　乙方（盖章）
代表签字：　　　　　　　　　　　　　　　代表签字：
　　年　　月　　日　　　　　　　　　　　　　年　　月　　日

一、药品购销合同的类型

1. 工商购销合同

工商钩销合同指药品生产企业同药品经营者签订的合同形式。中间环节少,流通费用低,因此销售成本降低。

2. 商商购销合同

商商购销合同指药品经营者之间签订的合同形式。由于增加了流通环节,相对销售成本提高。

3. 医药商品进口合同

医药商品进口合同指购进国外商品签订的合同形式。

二、药品购销合同的签订程序

1. 确定标的和数量

标的是指合同双方共同指向的对象。医药商品购销合同的标的就是医药商品,包括药品的名称、规格等内容。

品种确定后还应确定交货数量、计量单位等。数字一定要明确,不要使用有伸缩性的数字,如"1～2箱"或"约4千克"等。

2. 明确质量保证条款

医药商品采购中特别强调在签定合同的同时一定要附有质量保证协议,包括工商合同中企业应提供相应产品质量标准;商商合同中应明确产品质量的划分;进口药品同样应该写明质量标准。双方还要明确质量的验收方法和程序。

3. 确定协议价款和结算方式

协议的采购价款是指合同标的买方向卖方支付的以货币为表现形式的代价,即单价与数量的乘积,另有协商的除外。

结算方式一是指付款时间,如货到验收后付款或款到发货。二是指付款方式,付款方式通常可采用汇兑、支票、委托收款等。

4. 确定合同期限、地点和方式

(略)

5. 确定违约责任以及解决合同纠纷的方式

(略)

6. 明确其他约定事项

(略)

三、特殊管理药品购进

国家对麻醉药品、精神药品、医疗用毒性药品及放射性药品进行特殊管理,对它们的储存、保管、运输、销售等有非常严格的要求。药品经营企业在计算机管理系统中,应该对麻醉药品、精神药品、医疗用毒性药品及放射性药品单独管理,并建立专门的特殊管理药品的采购记录。

（一）麻醉药品与精神药品购进

依照国务院颁布的《麻醉药品和精神药品管理条例》，国家对麻醉药品和精神药品实行定点经营制度。

国务院药品监督管理部门根据麻醉药品和第一类精神药品的需求总量，确定麻醉药品和第一类精神药品的定点批发企业布局，并根据年度需求总量对布局进行调整、公布。

药品经营企业不得经营麻醉药品原料药和第一类精神药品原料药。但是医疗、科学研究、教学使用的小包装的上述药品经批准，可以从国务院药品监督管理部门批准经营的药品批发企业购进。

全国性批发企业应当从定点生产企业购进麻醉药品和第一类精神药品。

区域性批发企业可以从全国性批发企业购进麻醉药品和第一类精神药品；经所在地省、自治区、直辖市人民政府药品监督管理部门批准，也可以从定点生产企业购进麻醉药品和第一类精神药品。

全国性批发企业和区域性批发企业向医疗机构销售麻醉药品和第一类精神药品，应当将药品送至医疗机构。医疗机构不得自行提货。

第二类精神药品定点批发企业可以向医疗机构、定点批发企业和经所在地设区的市级药品监督管理部门批准，实行统一进货、统一配送、统一管理的药品零售连锁企业以及依照《麻醉药品和精神药品管理条例》规定批准的其他单位销售第二类精神药品。

食品、食品添加剂、化妆品、油漆等非药品生产企业需要使用咖啡因作为原料的，应当经所在地省、自治区、直辖市人民政府药品监督管理部门批准，向定点批发企业或者定点生产企业购买。

科学研究、教学单位需要使用麻醉药品和精神药品开展实验、教学活动的，应当经所在地省、自治区、直辖市人民政府药品监督管理部门批准，向定点批发企业或者定点生产企业购买。需要使用麻醉药品和精神药品的标准品、对照品的，应当经所在地省、自治区、直辖市人民政府药品监督管理部门批准，向国务院药品监督管理部门批准的单位购买。

医疗机构需要使用麻醉药品和第一类精神药品的，应当经所在地设区的市级人民政府卫生主管部门批准，取得麻醉药品、第一类精神药品购用印鉴卡（以下称印鉴卡）。医疗机构应当凭印鉴卡向本省、自治区、直辖市行政区域内的定点批发企业购买麻醉药品和第一类精神药品。设区的市级人民政府卫生主管部门发给医疗机构印鉴卡时，应当将取得印鉴卡的医疗机构情况抄送所在地设区的市级药品监督管理部门，并报省、自治区、直辖市人民政府卫生主管部门备案。省、自治区、直辖市人民政府卫生主管部门应当将取得印鉴卡的医疗机构名单向本行政区域内的定点批发企业通报。

（二）医疗用毒性药品购进

按照《医疗用毒性药品管理办法》的要求，毒性药品年度生产、收购、供应和配制计划，由省、自治区、直辖市人民政府药品监督管理部门根据医疗需要制定，经省、自治区、直辖市卫生行政部门审核后，由药品监督管理部门下达给指定的毒性药品生产、收购、供应单位，并抄报国家卫生健康委员会、国家药品监督管理局和国家中医药管理局。毒性药品的收购、经营，由各级药品监督管理部门指定药品经营单位负责，其他任何单位或者个人均不得从事毒性药品的收购、经营和配方业务。

科研和教学单位所需的毒性药品，必须持本单位的证明，经单位所在地县以上人民政府卫生行政部门批准后，供应部门方能发售。

（三）放射性药品购进

依据《放射性药品管理办法》的要求，国务院药品监督管理部门负责全国放射性药品监督管理工作。国务院国防科技工业主管部门依据职责负责与放射性药品有关的管理工作。国务院环境保护主管部门负责与放射性药品有关的辐射安全与防护的监督管理工作。

开办放射性药品经营企业，经国务院药品监督管理部门审核并征求国务院国防科技工业主管部门意见后批准的，由所在省、自治区、直辖市药品监督管理部门发给《放射性药品经营企业许可证》。无许可证的经营企业，一律不准销售放射性药品。《放射性药品经营企业许可证》有效期为 5 年。

放射性药品的生产、经营单位凭省、自治区、直辖市药品监督管理部门发给的《放射性药品生产企业许可证》《放射性药品经营企业许可证》，医疗单位凭省、自治区、直辖市药品监督管理部门发给的《放射性药品使用许可证》，开展放射性药品的购销活动。

特殊管理药品标志见图 7-3-1。

图 7-3-1　特殊管理药品标志

药品采购除了做好上述工作之外，还应当向供货单位索取发票。发票由税务部门监制，是记录经营活动的一种原始证明。供货单位提供的发票应当列明药品的通用名称、规格、单位、数量、单价、金额等；不能全部列明的，应当附销售货物或者提供应税劳务清单，并加盖供货单位发票专用章原印章、注明税票号码。

此外，采购药品应当建立采购记录并按日备份，妥善保管至少 5 年。采购记录应当有药品的通用名称、剂型、规格、生产企业、供货单位、数量、价格、购货日期等内容，中药材、中药饮片还应当标明产地。

实训

活动　首营企业审核练习

学生以小组为单位模拟首营企业审核程序。教师或其他组组员扮演某企业药品推销员。重点考察学生对首营企业材料收集情况、审批表的填写及审核程序。

第八章

药品收货与验收

学习目标

知识目标

掌握：药品收货与验收的工作流程，药品验收的抽样方法。

熟悉：药品收货与验收的类型，冷链药品的验收。

能力目标

能够填写药品收货与验收记录，并进行普通药品的收货与验收。

药品质量直接关系到广大患者的身体健康和生命安全。药品经营企业必须按照规定程序和要求对到货药品逐批进行收货、验收，防止不合格药品和不符合包装规定的药品入库，确保采购药品的质量和合法性。

第一节 药品收货

药品收货是指药品经营企业收货人员，对照企业采购药品的相关资料，核对供应商提供的随货同行单（票）等，检查运输工具，核对药品实物，接收药品的工作过程。药品收货是杜绝采购假劣药的关键环节。药品经营企业通常设置收货员岗位，负责采购药品和配送退回药品的收货。

一、药品收货流程

药品收货工作中，接收药品应包括本企业采购的药品及销后退回的药品。收货工作通常包括票据核对（核对随货单据或退货申请表、采购记录、销售记录等）、到货检查（检查运输工具和运输状态、到货药品、温度等）、待验区存放和与验收员交接几个部分，具体工作流程如图 8-1-1 所示。

（一）普通药品的收货

收货员接到药品到货通知后，应立即进入现场，完成收货工作。具体步骤如下。

1. **检查运输工具和运输状况**

（1）检查运输工具是否密闭，如发现运输工具内有雨淋、腐蚀、污染等可能影响药品质量的现象，及时通知采购部门采购员并报质量管理部门处理。

（2）根据运输单据载明的启运日期，检查是否符合约定的在途时限，不符合约定时限的，报质量管理部门处理。

（3）供货方委托运输药品的，到货后，收货员要逐一核对委托承运方式、承运单位、启运时间等信息；内容与采购订单约定不一致的，通知采购员并报质量管理部门处理。

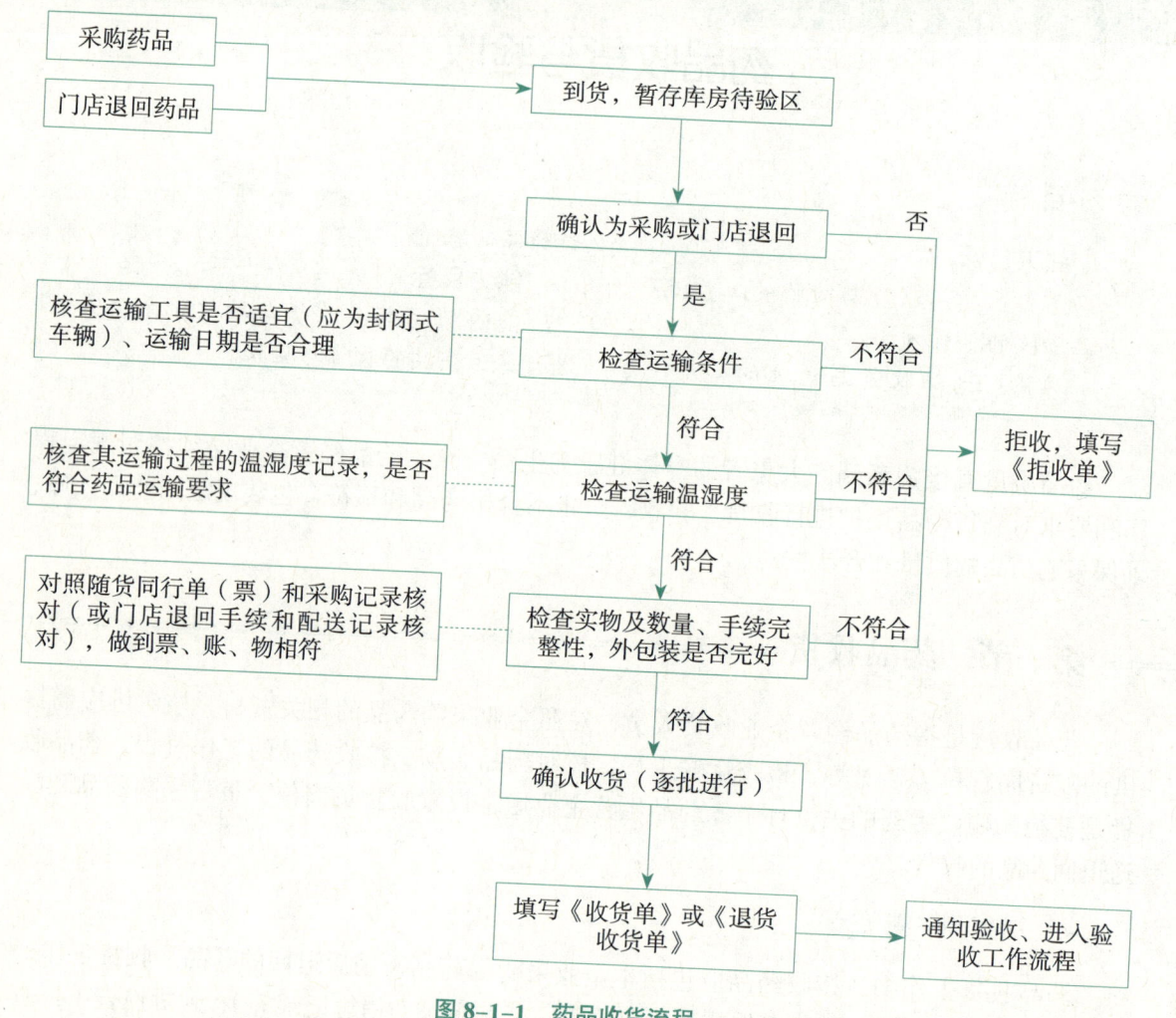

图 8-1-1　药品收货流程

2. 核对随货同行单（票）信息

（1）药品到货后，收货员打开计算机调出采购订单，检查随货同行单（票）是否与药品采购订单相符，无随货同行单（票）或无采购订单的应拒收。

（2）随货同行单（票）记载的供货单位、生产企业、药品通用名称、剂型、规格、生产批号、数量、收货单位、收货地址、发货日期等内容，与采购记录以及本企业实际情况不符的，应拒收，并通知采购部门采购员处理。

（3）随货同行单（票）应为打印的单据，并加盖供货单位药品出库专用章原印章。图 8-1-2 为随货同行单（票）样表。

××药业有限公司销售随货同行单

发货日期：　　　　　发票号码：　　　　　　　单据编号：

购货单位：　　　　　　　　　　　供货单位地址：

地址电话：　　　　　　　　　　　供货单位电话：

商品编码	药品名称	批准文号	规格	剂型	生产企业	单位	数量	单价	金额	生产批号	有效期

本页小计（大写）：　　　　　　　　　质量状况：

金额合计（大号）：　　　　　　　　　备　　注：

提货地点：

第一联：签收回执（白）；第二联：随货同行（红）；第三联：购方财务联（绿）；第四联：存根联（蓝）；第五联：仓库联（黄）。签收回执经购货方签字或盖章确认后传真件视同原件，具法律效应。

制单人：　　　　　　　　　　　　　　　　　　　　　　　收货人：

图 8-1-2　随货同行单（票）样表

图 8-1-3 为药品采购记录样表。

药品采购记录表

记录编号：　　　　　　　　　　　　　　　　　购进日期：

药品序号	供货单位	通用名称	商品名称	剂型	规格	单位	生产企业	批准文号	数量	单价	金额	采购人员	采购审核	备注

图 8-1-3　药品采购记录样表

3. 检查药品外包装

对非封闭式货物运输工具运输的药品，收货员应拆除其运输防护包装，检查药品外包

4. 核对药品实物及数量

（1）收货时应依据随货同行单（票）核对药品实物，清点数量。随货同行单（票）中记载的药品通用名称、剂型、规格、批号、数量、生产企业等内容，与药品实物不符的，应拒收，并通知采购员进行处理。

（2）收货过程中，随货同行单（票）或到货药品与采购订单不相符的，收货员应通知采购员处理。

5. 核实温度控制

到货时，冷藏、冷冻药品温度应符合药品储存条件要求。收货员应当对冷藏、冷冻药品运输方式、设备及时间，运输过程的温度记录等质量控制状况进行重点检查和记录，并尽快将其转移至冷藏仓库待验区。对符合温湿度规定的药品，应打印归档保存；不符合要求的应当拒收。

收货员应向运输人员索取冷藏药品运输温度监控记录，在冷藏药品专用收货单上签字确认。冷藏药品售出后无质量问题应避免退货；退回的冷藏药品，客户不能提供有效冷链控制证明的，不得入库。

图 8-1-4 为冷链药品运输交接单样表。

6. 单据签字并交接

收货员核实无误后，在随货同行单（票）上签字，通知验收员进行验收。收货员将随货通行单（票）交验收员后，验收员进行验收操作流程。若验收员未对到货药品进行验收，收货员仍对该批药品质量负责。

7. 确认收货并填写收货记录

收货员对符合收货要求的药品，应当按品种特性要求放于相应待验区域，或者设置状态标识，等待验收。收货员确认收货后在计算机上填写收货记录。收货记录要求内容完整，真实有效并可追溯。

（二）销后退回药品的收货

销后退回的药品在接收时应核对本企业开据的销售退货票据或者退回申请单，核实退货单位、药品名称、规格、生产企业、生产批号、退货数量等内容；经核对与实物不相符的拒收，核实无误的移交验收员验收。

（三）特殊管理药品的收货

特殊管理药品收货时，除了遵循上述收货要求和流程外，还应当做到以下几点要求：

（1）特殊管理药品应当按照相关规定在专库或者专区内由两人完成收货工作。麻醉药品和第一类精神药品到货时，应当向承运单位索取并检查其"运输证明副本"，并在收到货物后 1 个月内将运输证明副本交还承运单位。铁路到货的麻醉药品和第一类精神药品，应当检查集装箱箱体是否完好、施封是否有效。道路运输麻醉药品和第一类精神药品，应当检查是否采用封闭式车辆、是否有专人押运。

（2）麻醉药品和第一类精神药品收货时需要两个人与供货单位进行现场逐盒检查、交接药品及资料。

（3）收货时，运单货物名称栏内填写"麻醉药品""第一类精神药品"或"第二类精神药品"字样。运单上应当加盖承运单位公章或运输专用章。收货人只能为单位，不得为个人。

××公司　冷链药品运输交接单

编号：　　　　　　　　　　　　　　　　　　　　　　　　日期：　　年　　月　　日

供货单位（发运单位）					
购货单位（接收单位）					
药品简要信息（应与所附销售随货同行联相对应）	序号	药品名称/规格/生产企业/生产批号		数量	备注
	1				
	2				
	3				
	4				
	5				
温度控制要求			温度控制设备		
运输方式			运输工具		
启运时间			启运时温度		
保温时限			随货同行联编号		
发货人员签字			运输人员签字		
备注					
以上信息发运时填写					
以下信息收货时填写					
到达时间			在途温度		
到达时温度			接收人员签字		
备注					

注：1. "运输方式"填"客户自提、物流发货、送货上门"；

2. 客户上门自提时"运输人员签字"栏应由客户签字，发货人员应当查验客户运输车辆保证温度的相关措施，并提供冰袋等保温措施；

3. 采用物流发货时应签订协议，严格控制运输途中的温度和运输时间，确保药品质量。

图 8-1-4　冷链药品运输交接单

二、药品收货相关记录表

普通药品收货记录样表见图 8-1-5。

普通药品收货记录表

编号：　　　　　　　　　　　　　　　　　　　　　　　　　　　收货日期：

药品序号	供货单位	通用名称	商品名称	剂型	规格	单位	生产企业	批准文号	到货数量	收货数量	生产批号	生产日期	有效期至	收货人	备注

图 8-1-5　普通药品收货记录表（样表）

冷藏、冷冻药品收货记录样表见图 8-1-6。

冷藏、冷冻药品收货记录表

编号：　　　　　　　　　　　　　　　　　　　　　　　　　　　收货日期：

药品序号	供货单位	通用名称	商品名称	剂型	规格	单位	生产企业	批准文号	到货数量	收货数量	生产批号	生产日期	有效期至	收货人	备注

冷链要求	是否冷链： 是□　否□	发货地点：
	在途温度记录： 有□　无□	
	启运温度：	到达温度：
	启运时间：	到达时间：
	运输单位：	运输工具：

图 8-1-6　冷藏、冷冻药品收货记录表

特殊管理药品收货记录样表见图 8-1-7。

特殊管理药品收货记录表

收货日期：

编号：

药品序号	供货单位	通用名称	商品名称	剂型	规格	单位	生产企业	批准文号	到货数量	收货数量	生产批号	生产日期	有效期至	收货人（一）	收货人（二）

特殊药品收货要求	麻醉药品、第一类精神药品：是□ 否□	麻醉药品、第一类精神药品运输证明：有□ 无□
	专人押运：有□ 无□	到达温度：
	启运时间：	到达时间：
	运输单位：	运输工具是否封闭：是□ 否□

图 8-1-7　特殊管理药品收货记录表

销后退回药品收货记录样表见图 8-1-8。

销后退回药品收货记录表

到货日期：

编号：

药品序号	退货单位	通用名称	商品名称	剂型	规格	单位	生产企业	批准文号	生产日期	有效期至	到货数量	收货数量	拒收数量	收货人	备注

销后退回的药品	退货凭证：有□ 无□	售出期间温度记录：有□ 无□
	是否冷链：是□ 否□	在途温度记录：有□ 无□
	启运时间：	到达时间：
	启运温度：	

图 8-1-8　销后退回药品收货记录表

163

第二节 药品验收

药品验收是指药品经营企业验收人员，依据国家药典标准、相关法律法规和有关规定以及企业验收标准对药品质量状况进行检查的过程，包括查验检验报告、抽样、查验药品质量状况、记录等。药品经营企业应规范药品验收管理，保证采购药品、配送退回药品的合法性，严把药品验收入库质量关。

一、药品验收流程

药品经营企业的验收员，在质量管理部门的技术指导和监督下，进行采购及配送退回药品质量验收工作。验收工作一般分为普通药品验收、冷链药品验收和特殊管理药品验收、销后退回药品验收几种类型。其具体工作流程如图 8-2-1 所示。

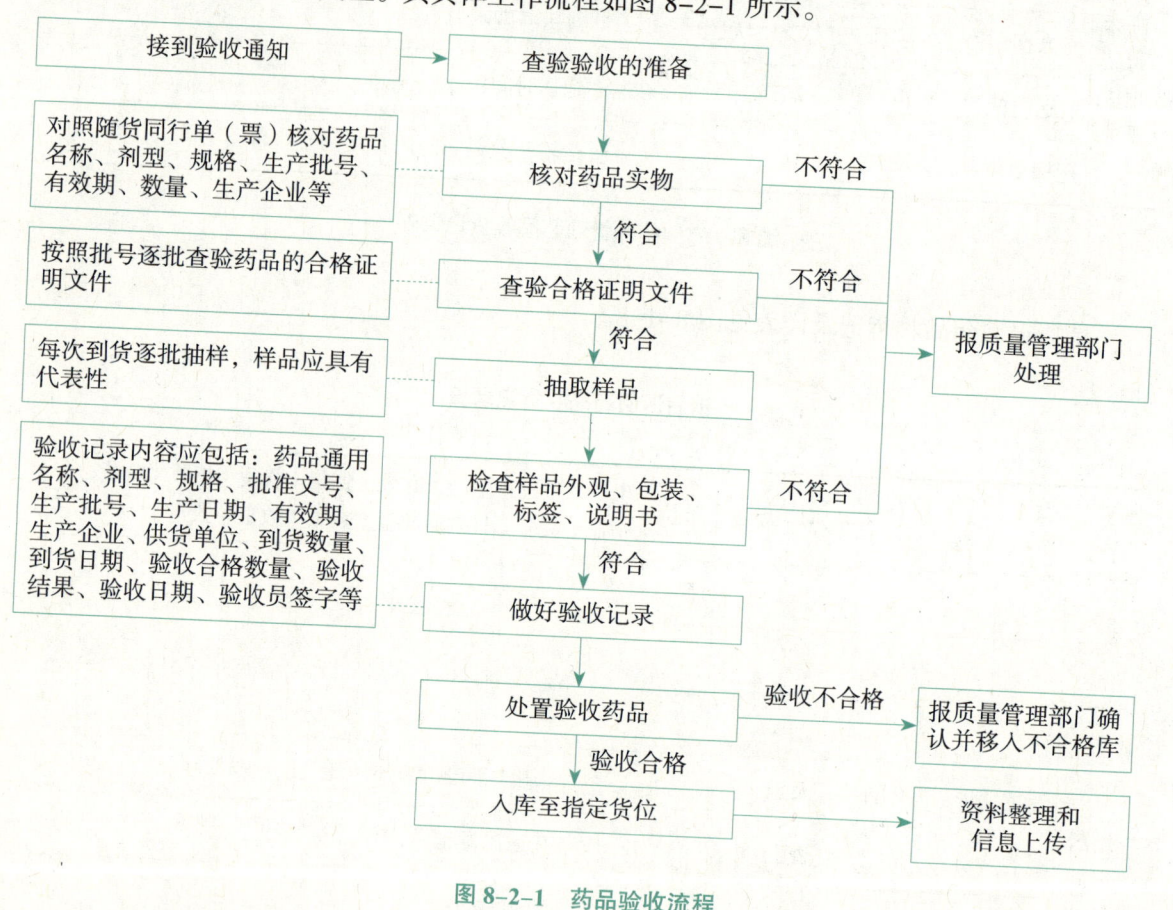

图 8-2-1 药品验收流程

（一）普通药品验收

1. 查验验收准备

（1）配备剪刀、胶带纸、电子监管码扫码枪等工具。

（2）验收药品应在规定的待验区进行，验收场所和工具符合规定。

2. 核对药品实物

验收员依据采购人员做的药品采购记录和供货单位随货同行单（票）对照实物再次进行核对，核对内容包括药品通用名称、剂型、规格、生产批号、有效期、数量、生产企业等，核对无误后在药品采购记录和供货单位收货单上签章。

3. 查验合格证明文件

（1）验收药品应当按照批号逐批查验药品的合格证明文件，对相关证明文件不全或内容与到货药品不符的，不得入库，并交质量管理部门处理。

（2）按照药品批号查验同批号的检验报告书。药品检验报告书需加盖供货单位药品检验专用章或质量管理专用章原印章；从批发企业采购的药品，其检验报告书的传递和保存，可以采用电子数据的形式，确认其合法性和有效性。

（3）验收实施批签发管理的生物制品，核查有加盖供货单位药品检验专用章或质量管理专用章原印章的《生物制品批签发合格证》复印件。

（4）验收进口药品时，核验下列有加盖供货单位质量管理专用章原印章的相关证明文件。①直接进口药品：《进口药品注册证》或《医药产品注册证》，及《进口药品检验报告书》或注明"已抽样"字样的《进口药品通关单》。②从其他经营企业购进的进口药品：盖有供货单位质管机构原印章的《进口药品注册证》及《进口药品检验报告书》，或注明"已抽样"字样的《进口药品通关单》的复印件。③进口国家规定的实行批签发管理的生物制品：批签发证明文件和《进口药品检验报告书》。④进口预防性生物制品、血液制品：《生物制品进口批件》复印件。⑤进口药材：《进口药材批件》复印件。⑥进口蛋白同化制剂和肽类激素：《进口准许证》。

4. 抽取样品

药品验收员应对每次到货药品逐批抽样检查，抽取的样品应具有代表性。对不符合验收标准的，不得入库，并报质量管理部门处理。

（1）同一批号药品整件数量在2件及以下的，应全部抽样；整件数量在2~50件的，至少抽样2件；整件数量在50件以上的，每增加50件至少增加抽样1件，不足50件的按50件计算。

（2）抽取的整件药品需开箱抽样检查。开箱检查应从每整件的上、中、下不同位置随机抽样。每整件药品至少抽取3个最小包装；对存在封口不牢、标签污损、有明显质量差异或外观异常的应当加倍抽样检查。

（3）破损、污染、渗液、封条损坏等包装异常以及零货、拼箱的，开箱检查到最小包装，必要时送药品检验机构检验。

（4）非整件药品应逐箱检查，同一批号的药品应至少随机抽取一个最小包装进行检查；生产企业有特殊质量控制要求或者打开最小包装有可能影响药品质量的，可不打开最小包装。

（5）实施批签发管理的生物制品、外包装及封签完整的原料药，可不开箱检查。

5. 检查样品

药品验收员对抽样药品的外观、包装、标签、说明书等逐一进行检查、核对，出现疑似问题的，报质量管理部门处理。

（1）检查药品包装（包括运输储存包装和最小包装）。

①药品验收员应检查运输储存包装的封条有无损坏，包装上是否清晰注明药品通用名称、规格、生产企业、生产批号、生产日期、有效期、批准文号、贮藏、包装规格及储运图示标志，以及特殊管理的药品、外用药品、非处方药品标识等标记；②检查最小包装的封口是否严密、牢固，有无破损、污染或渗液，包装及标签印字是否清晰，标签粘贴是否牢固；③药品的整件包装中应有产品合格证。

（2）检查药品标签和说明书。

1）检查每一最小包装的标签是否有药品通用名称、成分、性状、适应证或者功能主治、规格、用法用量、不良反应、禁忌、注意事项、贮藏、生产日期、产品批号、有效期、批准文号、生产企业等内容；注射剂瓶、滴眼剂瓶等因标签尺寸限制无法全部注明上述内容的，至少标明药品通用名称、规格、产品批号、有效期等内容；中药蜜丸蜡壳至少注明药品通用名称。

2）化学药品与生物制品说明书应有以下内容：药品名称（通用名称、商品名称、英文名称、汉语拼音）、成分［活性成分的化学名称、分子式、分子量、化学结构式（复方制剂可列出其组分名称）］、性状、适应证、规格、用法用量、不良反应、禁忌、注意事项（孕妇及哺乳期妇女用药、儿童用药、老年人用药、药物相互作用）、药物过量、临床试验、药理毒理、药代动力学、贮藏、包装、有效期、执行标准、批准文号、生产企业（企业名称、生产地址、邮政编码、电话和传真）。

3）中药说明书应有以下内容：药品名称（通用名称、汉语拼音）、成分、性状、功能主治、规格、用法用量、不良反应、禁忌、注意事项、贮藏、包装、有效期、批准文号、生产企业（企业名称、生产地址、邮政编码、电话和传真）。

4）外用药品的包装、标签及说明书上均应有规定标识和警示说明；处方药与非处方药标签和说明书上有相应的警示语或忠告语；非处方药的包装有国家规定专有标识；含兴奋剂类成分、蛋白同化制剂和肽类激素的药品有"运动员慎用"警示标识。

5）进口药品包装的标签应以中文注明药品名称、主要成分以及注册证号，并有中文说明书。

6）中药饮片的包装或容器应与药品性质相适应并符合药品质量要求；检查中药饮片的标签是否注明药品名称、包装规格、产地、生产日期、生产企业等；包装标签上应附有质量合格的标识。实施批准文号管理的中药饮片，还需注明批准文号。

7）中药材应有外包装，并注明药品名称、包装规格、产地、生产日期、生产企业等；实施批准文号管理的中药饮片，还需注明批准文号。

（3）检查药品外观性状。

药品验收员应按照有关质量标准和规定对药品外观形状进行非破坏性的检查。通过观察药品外观有无变色、沉淀、分层、吸潮、结块、熔化、挥发、风化、生霉、虫蛀、异臭、污染等情形，判断药品质量是否符合规定。

6. 做好验收记录

验收员验收药品完毕，应做好验收记录。验收记录内容应包括药品通用名称、剂型、规格、批准文号、生产批号、生产日期、有效期、生产企业、供货单位、到货数量、到货日期、验收合格数量、验收结果、验收日期、验收员签字等。

7. 处置验收药品

（1）查验结束后，应将抽取的完好样品放回原包装箱，并加封签、标示。

（2）验收时发现质量异常应拒收，并报告质量管理部门处理；验收为不合格的药品，应注明不合格事项及处置措施。

（3）对已经验收完毕的药品，应及时调整药品质量状态标识。

（4）计算机系统自动生成药品货位信息；验收员确认并签发药品入库验收通知单，通知保管员收货入库，并办理交接手续，确保验收合格的药品入库至指定位置。

8. 资料整理和信息上传

（1）验收结束后，及时录入验收数据。在检验报告书等合格证明文件上加盖本企业质量管理章核对并扫描，上传至计算机系统。

（2）实施电子监管码的药品入库前，验收员执行"有码必扫，扫后即传"，及时完成药品电子监管码的数据采集，并上传至中国药品电子监管网系统平台。

（3）收集并整理随货同行单（票）和检验报告书等合格证明文件，按月装订，存档管理。

（二）冷链药品验收

冷链药品验收时，除了遵循普通药品的验收要求和流程外，还应当做到以下几个方面：

（1）冷藏、冷冻药品应当在冷库内待验。验收员应在冷库内完成冷链药品的验收。

（2）冷链药品验收应及时快速，随到随验，一般应在收货1小时之内完成验收。

（3）冷链药品运输过程中的温度记录应作为验收记录保存。

（三）特殊管理药品验收

特殊管理药品因其特殊性，在验收时，除了遵循普通药品的验收要求和流程外，还应当做到以下几个方面：

（1）特殊管理药品应当在特殊管理药品的专库或专区内单独待验。验收员应在特殊管理药品的专库或专区内完成验收。

（2）特殊管理药品应当由双人验收，做到账物相符。入库验收应快速及时，即到即验，不得拖延。

（3）进口麻醉药品和精神药品验收时，应索取并查验有加盖供货单位质量管理专用章原印章的《进口许可证》。

（4）查验特殊管理药品的包装、标签及说明书上是否有规定的标识。

（四）销后退回药品验收

销后退回药品的验收除了遵循普通药品的验收要求和流程外，还应当做到以下几个方面：

（1）配送退回药品需逐批检查验收，并开箱抽样检查。

销后退回药品的抽样原则：①整件包装完好的，应按照《药品验收质量管理制度》规定的抽样原则加倍抽样检查；②无完好外包装的，每件须抽样检查至最小包装，必要时送药品检验机构检验。

（2）冷链药品销后退回验收除应符合销后退回药品验收操作要求外，还应当遵守冷链药品验收规定。

（3）特殊管理药品销后退回验收除应符合销后退回药品验收操作要求外，还应当遵守特殊管理药品验收规定。

（4）销后退回药品验收合格后，方可入库销售，不合格药品按《不合格药品管理制度》规定处理。

（5）药品验收记录内容应包括退货单位、退货日期、通用名称、规格、生产企业、批准文号、生产批号、有效期、退货数量、验收日期、退货原因、验收结果和验收人员等内容。

二、药品验收相关记录表

普通药品验收记录样表见图8-2-2。

普通药品验收记录表

收货记录编号：　　　　　　　　　　　　　　　　　　　　　　　验收日期：

序号	到货日期	通用名称	商品名称	生产企业	供货单位	剂型	规格	单位	批准文号	生产批号	生产日期	有效期至	到货数量	验收合格数量	验收结果	验收不合格数量	不合格事项	处置措施	验收人	备注

图8-2-2　普通药品验收记录表（样表）

特殊管理药品验收记录样表见图8-2-3。

特殊管理药品验收记录表

收货记录编号：　　　　　　　　　　　　　　　　　　　　　　　验收日期：

序号	到货日期	通用名称	商品名称	生产企业	供货单位	剂型	规格	单位	批准文号	生产批号	生产日期	有效期至	到货数量	验收合格数量	验收结果	验收不合格数量	不合格事项	处置措施	验收人1	验收人2	备注

图8-2-3　特殊管理药品验收记录表（样表）

销后退回药品验收记录样表见图 8-2-4。

销后退回药品验收记录表

收货记录编号：   验收日期：

序号	退货单位	通用名称	商品名称	剂型	规格	单位	生产企业	批准文号	生产日期	有效期至	数量	退货原因	验收结果	验收人	备注

图 8-2-4　销售退回药品验收记录表（样表）

实训

活动　药品收货与验收练习

模拟设置验收区域，准备一批药品及合格证明文件、验收记录等，在规定时间内，按照 GSP 的要求及《药品收货与验收》标准，对药品进行验收。

第九章
药品贮藏与养护

> **学习目标**
>
> **知识目标**
> 掌握：常用贮藏术语，药品在库储存原则，药品色标管理，药品库房温湿度要求，药品养护工作内容。
> 熟悉：药品包装储运图示，温湿度自动监测系统，药品养护措施及保管方法。
> 了解：影响药品稳定的因素。
>
> **能力目标**
> 能正确填写药品保管养护的相应记录及药品库房温湿度表。

第一节 药品贮藏

一、药品贮藏管理

（一）《中国药典》贮藏规定

药品都应按《中国药典》及包装标签、说明书中"贮藏"项下规定的条件储存与保管。常用贮藏术语如下：

（1）遮光。遮光指用不透光的容器包装，例如棕色容器或黑纸包裹的无色透明、半透明容器。

（2）密闭。密闭指将容器密闭，以防止尘土及异物进入。

（3）密封。密封指将容器密封以防止风化、吸潮、挥发或异物进入。

（4）严封或熔封。严封或熔封指将容器熔封或用适当的材料严封，以防止空气与水分的侵入、污染。

（5）阴凉处。阴凉处指不超过20 ℃。

（6）凉暗处。凉暗处指避光并不超过20 ℃。

（7）冷处。冷处指2~10 ℃。

（8）室温（常温）。室温指10~30 ℃。

（二）药品在库贮藏原则

（1）药品应按性质、剂型以及储存条件分类合理贮藏。

（2）药品库存堆码要做到：①药品与非药品须分库或分区存放，药品与保健品、医疗器械分开。②外用药单独存放，且与内服药分库或分区。③中药材、中药饮片应分库存放，并根据需要配置冰箱、冰柜。④性质相互影响、容易串味的药品应分库或分开存放，药品名称或外包装容易混淆的品种分区或隔垛存放。⑤拆零药品放置于拆零区，同一品种、同一批号拆零药品需集中存放，并有明显标识。

（3）特殊管理药品应设专库或专柜存放，双人双锁，专账管理，账货相符。记录保存期限应当自药品有效期满之日起不少于5年。①麻醉药品、第一类精神药品应当设立专库，也可存放在同一个专用库房内，有防盗、防火、监控设施，报警系统，并与公安部门报警系统联网。②第二类精神药品设立专库（柜），专柜应使用保险柜。③医疗用毒性药品和药品类易制毒化学品应专库（柜）存放。④放射性药品应储存于特定的专用仓库。⑤蛋白同化制剂（胰岛素除外）、肽类激素应专区存放。

（4）药品中的危险品应存放在专用危险品库内。

（三）药品包装储运图示

药品搬运和堆垛要严格遵守药品外包装储运图示标志要求，按防雨、防热、防寒、防湿、倒置标志等规范操作，轻拿轻放，严禁摔撞。常用的包装储运图示标志如下：

易碎：　　　向上：　　　怕晒：　　　怕雨：　　　怕辐射：

堆码重量极限：　　　堆码层数极限：　　　禁止堆码：　　　温度极限：

（四）药品堆码

药品堆码应合理，要有利于仓库、人身、药品、设备、建筑物等安全，有利于药品存取，有利于药品在库养护，有利于提高仓储利用率。药品货垛堆码要求如下：

（1）堆码药品应当严格按照外包装标示要求规范操作，堆码高度符合包装图示标志要求，包装上标注易碎的，应轻拿轻放；向上的，不得倒置，避免损坏药品包装。

（2）药质较重、体积庞大而又不需久储的药品，应堆放在离装卸地点较近的区场中，以便于搬运；药质较轻者，可堆放在中心区场，尽量堆高；同种药品大小不一，应将大件放在下层，小件放在上层。

（3）药品按品种、生产批号集中堆码，一个批号占据一个堆位，按药品生产批号和有效期依次堆码，便于先进先出、近期先出、按批号发货。近效期药品应有明显标志。不同批号的药品不得混垛。

（4）垛间距不小于50 cm；与库房内墙、顶、温度调控设备及管道等设施间距不小于30 cm；与地面间距不小于10 cm。冷库内制冷机组100 cm范围内，以及冷风机出口的位置，不得码放药品。

（5）堆垛应合乎防火规定，要与防火门、电器装置等保持一定距离，以利于对药品进行检查、搬运和消防。

（五）药品色标管理

对不同质量状态药品应实行色标管理。人工作业的库房，色标应当明显醒目。全机械自动化的立体库或区域，储存场所可不设色标，但在计算机系统中要显示出药品所处位置的不同质量状态。其中：①绿色标识，为合格药品库（区）、（中药饮片）零货称取库（区）、拼装发货库（区）、待发药品库（区）。②黄色标识，为待验药品库（区）、退货药品库（区）；③红色标识，为不合格药品库（区）。

（六）药品库房温湿度要求

药品批发和零售连锁企业应按药品包装标示的温湿度要求储存药品，包装上没有标示具体温度的，按照《中国药典》规定的贮藏要求进行储存。根据药品对温湿度要求不同，库房分为：①冷库，温度为 2~10 ℃；②阴凉库，温度不超过 20 ℃；③常温库，温度为 10~30 ℃。三种药品库房的相对湿度控制在 35%~75%。

（七）药品库房设施设备

药品库房应配备保障药品储存质量的设施设备，包括：①药品与地面之间有效隔离的设备；②避光、通风、防潮、防虫、防鼠等设备；③有效调控温湿度及室内外空气交换的设备；④经过验证的冷库、冷藏箱、温湿度自动监视系统；⑤符合储存作业要求的照明设备。⑥用于零货拣选、拼箱发货操作及复核的作业区域和设备；⑦包装物料的存放场所；⑧验收、发货、退货的专用场所；⑨不合格药品专用存放场所；⑩经营特殊管理的药品，有符合国家规定的储存设施。

（八）其他要求

药品批发和零售连锁企业根据药品质量特性进行合理储存还应做到：①储存药品应当按照要求采取避光、遮光、通风、防潮、防虫、防鼠等措施；②储存药品的货架、托盘等设施设备应当保持清洁，无破损，并定期维护，不能堆放杂物；③未经批准的人员不得进入储存作业区，储存作业区内的人员不得有影响药品质量和安全的行为；④药品储存作业区内不得存放与储存管理无关的物品。

二、影响药品稳定的因素

（一）影响药品质量的外部因素

药品保管不当或储存条件不好，往往会使药品变质失效，甚至产生有毒物质。药品一旦变质，轻则药效下降或无效，重则会危害患者的健康和生命。引起药品变质的外部原因主要有下列几方面。

1. 温度

温度过高或过低都能使药品变质。温度过高常与药品的挥发程度、形态和氧化、水解等反应以及微生物寄生有很大关系。例如，温度只要稍稍高一点就能使疫苗血清、酶制剂、生物制剂等药品中的蛋白质变性而降低药效；温度高时，挥发性药物如丁香、桂皮、薄荷、细辛等的有效成分会大量挥发，降低药效；温度和湿度不当，可促使细菌、霉菌大量滋生，或虫卵孵化，以致中草药霉变虫蛀，还能让糖浆类制剂长霉产气，油脂类及软膏类制剂长期受热而酸败变质，有些糖衣片、胶丸发生变形粘连。温度过低又易引起冻结，或析出沉淀，或致容器破裂。如注射剂在 -5 ℃时易冻裂，乳剂（如鱼肝油乳）会冷冻分层，甲醛溶液会产生多聚甲醛沉淀等。因此，药品在储存时要根据其不同性质选择适宜的温度。

2. 湿度

湿度是指水蒸气在空气中的含量，随地区及温度变化而变化。湿度对药品质量影响很大。湿度太大，药品易受潮，中药材会霉烂，片剂会松散破裂、变色粘连或黏结成块，有的还会分解失效。如阿司匹林在干燥情况下较稳定，当它受潮后会渐渐分解，不仅有刺鼻的臭味，而且对胃有较大的刺激性。湿度太小，也容易使某些药品风化。

3. 空气

空气是各种气体的混合物，其中对药品质量影响较大的为氧气和二氧化碳。氧气能使许多具有还原性的药物发生氧化反应。例如，维生素 A、维生素 C、维生素 D 和肾上腺素等遇空气中的氧气均能被缓缓氧化。药品一旦被氧化，其疗效就会降低，甚至产生毒素。被氧化的药品均能从其变色、变味情况上观察出来。此外，药品吸收空气中的二氧化碳，易发生碳酸化而变质。

4. 光线

光线根据其波长，可分为可见光和不可见光（紫外线、红外线等）。紫外线、红外线是人眼看不到的，但对药品有巨大的影响，如：红外线对药物起干燥作用；紫外线对药品变化常起催化作用，能加速药品的氧化、分解，导致药物变色或出现沉淀，如硝普钠、尼莫通等；维生素 D_2 经紫外线照射后会生成有毒物质。

5. 时间

时间过久会引起某些药物质量改变。有些药品因其性质或效价不稳定，尽管储存条件适宜，时间过久会逐渐变质、失效。因此《中国药典》对某些药品特别是抗生素制剂，根据其性质不稳定的程度，均规定了不同的有效期。要求使用单位在有效期内使用。

6. 微生物与昆虫

微生物与昆虫很容易进入包装不严的药品内生长、繁殖，造成药物腐败、发酵、蛀蚀等变质现象。一些含有营养物质的制剂及一些中草药制剂更容易发生霉变和虫蛀。

除上述外在因素外，药物本身的内在因素对药品贮藏质量也有很大影响。

（二）影响药品质量的内部因素

1. 药物化学结构

药物的稳定性取决于药物的理化性质，而药物的理化性质则是由药物化学结构决定的。

（1）易水解的药品。当药品化学结构中含有酯、酰胺、酰脲、酰肼、醚、苷键时，易发生水解反应而导致失效，甚至产生不良反应。如青霉素分子中的 $\beta-$ 内酰胺环，在酸性、中性或碱性溶液中均易发生分解，失去抗菌作用，因此，青霉素只能做成粉末，严封于容器中储存。

（2）易被氧化的药品。当药品化学结构中含有羟基、巯基、芳伯胺、不饱和键、醇、醚、醛、吡唑酮、吩噻嗪等具有还原性的基团时，易被空气中的氧或其他氧化剂氧化而变质。如吗啡、氯丙嗪等药物，在日光、空气、湿气的作用下，易被氧化而变色、变质失效，故应遮光、密封保存。

此外，具有氧化性的某些药物，如硝基化合物、过氧化物等，可被空气中的还原性物质还原而变质。

2. 药物理化性质

（1）挥发性。挥发性指液态药物能变成气态扩散到空气中的性质。具有挥发性的药物如果包装不严或储存温度过高，则可造成挥发减量，如乙醇、薄荷等。药物的挥发性可引起串味，如麝香、碘仿等。

（2）吸湿性。吸湿性指药物自外界空气中不同程度地吸附水蒸气的性质。药物吸湿后可导致结块、粘连、潮解、液化、变性、分解、发霉等，如枸橼酸铁铵吸湿后粘连、氯化钙吸湿后潮解、胃蛋白酶吸湿后发霉等。

（3）吸附性。吸附性指有些药物能够吸收空气中的有害气体或特殊臭气的性质。吸附不仅降低药物药效，还能引起串味，如淀粉、药用炭、白陶土等因其比表面积大而具有显著吸附性，从而使其具有所吸附气体的气味。

（4）冻结性。冻结性指以水或乙醇作溶媒的一些液体药物遇冷可凝结成固体的性质。冻结可引起药品体积膨胀，从而导致容器破裂；冻结还可致乳浊液型药剂（如鱼肝油乳）的乳化剂失去作用而析出结晶，乳浊液破裂分层，亦可使混悬液型药物发生沉降。

（5）风化性。风化性指某些含结晶水的药品在干燥空气中易失去全部或部分结晶水，变成白色不透明的晶体或粉末的现象。风化后的药物，其药效虽未改变，但因失水而导致剂量不准确，尤其是一些特殊管理药品，如硫酸可待因、咖啡因等可因风化导致剂量超标，造成医疗事故。易风化的药品有硫酸阿托品、硫酸可待因、硫酸镁、硫酸钠及明矾等。

（6）色、嗅、味。色、嗅、味是药物重要的外观性状与物理性质，是保管人员实施感官检查的重要依据。色、嗅、味发生改变，意味着药物的性质发生了改变，例如：维生素C由白色变为黄色，是因为其被氧化了；阿司匹林出现针状结晶或浓厚的醋酸味，是由于其吸湿而发生水解反应，产生水杨酸和醋酸；某些药品的异嗅、异味可能是由微生物引起的发酵、腐败等造成的。

3. 其他因素

纯度、溶化性、溶解性等均是影响药品质量的内在因素。

上述因素对药品质量的影响，多数情况下不是单因素作用的结果，如：糖衣片在温度、湿度、空气等共同作用下发生变色、潮解、粘连；维生素C在光线、空气、温度等共同"攻击"下会变成深黄色；生物化学制剂如肾上腺素、垂体后叶素、胰岛素等药品在光线、温度和湿度的作用下会变质、失效。

第二节 药品养护

一、药品养护技术

（一）药品养护原则

药品养护应坚持"预防为主"原则，按照药品理化性质和储存条件规定，结合库房实际情况，采取正确有效的养护措施，确保药品在库储存质量。

药品批发和零售连锁企业应按经营规模设立养护组织。大中型企业应设立药品养护组，小型企业设立药品养护组或药品养护员。养护组或养护员在业务上接受质量管理机构的技术指导；药品批发和零售连锁企业应在仓库设置验收养护室及必要的防潮、防尘设备。

（二）药品养护工作内容

养护员应当根据库房条件、外部环境、药品质量特性等对药品进行养护，主要工作内容包括以下几个方面。

1. 指导药品合理储存

养护员在日常管理工作中对药品分类储存、堆垛码放、垛位间距、色标管理、药品是否倒置、环境卫生等工作内容进行巡查,发现问题及时纠正,并指导和督促保管员对药品进行合理储存与作业。

2. **对库房温湿度进行有效监测、调控**

库房的温湿度监测和调控是药品养护核心工作。养护员每天对库房温湿度进行实时调控,检查温湿度监测系统中各测点终端实时数据的采集、传送和记录是否正常,是否有效进行数据备份。当收到温湿度自动监测系统报警时,应及时查找原因,并采取相应措施,使库房的温湿度恢复到正常范围。养护员应指导并配合保管员,做好库房温湿度管理工作,每日定时做两次温湿度记录。库房温湿度记录表(见表9-2-1)与库外温湿度记录表均应妥善保存,作为参考资料,以掌握变化规律。零售药店一般在空气较流通的位置设置温湿度计,每日定时做两次温湿度记录。当温湿度超出规定范围时,应立即采取降温、保温、除湿、增湿等措施,使其恢复到预定的温湿度范围,并随时做好记录。

表9-2-1 库房温湿度记录表

年　　月　　　　　　　库(区):　　　　设备号:

日期	上午9:00							下午14:00							记录人
^	天气情况	温度/℃	相对湿度/%	采取的调控措施	调控后			天气情况	温度/℃	相对湿度/%	采取的调控措施	调控后			^
^	^	^	^	^	时间	温度/℃	相对湿度/%	^	^	^	^	时间	温度/℃	相对湿度/%	^
1															
2															
3															
4															
5															
6															
7															
8															
9															
10															
11															
12															
13															
14															

续表

日期	上午 9:00							下午 14:00							记录人
	天气情况	温度/℃	相对湿度/%	采取的调控措施	调控后			天气情况	温度/℃	相对湿度/%	采取的调控措施	调控后			
					时间	温度/℃	相对湿度/%					时间	温度/℃	相对湿度/%	
15															
16															
17															
18															
19															
20															
21															
22															
23															
24															
25															
26															
27															
28															
29															
30															
31															

3. 药品质量检查

（1）制订养护计划。养护员每年年底，分析本年度养护工作，制订下年度重点养护品种养护计划，报质量管理部门审核后实施。计算机管理系统根据库存产品流转情况，自动做出常规品种每个月的养护计划。

（2）建立药品养护记录。养护部门对库存药品应定期进行循环质量检查，一般药品每季度一次，重点养护品种增加检查次数（每月一次），并认真填写库存商品养护检查记录（见表9-2-2）。零售药店所有品种每个月检查一遍，重点养护品种、近效期药品酌情增加检查次数，并填写陈列药品检查记录（见表9-2-3）。每年的5~9月为中药饮片的重点养护期，在此期间，一般品种每两周检查一次，重点品种每周至少检查一次，并填写中药饮片陈列检查记录（见表 9-2-4）。药品养护记录包括养护日期、养护药品基本信息（药品名称、规格、生产企业、生产批号、批准文号、有效期、数量）、质量状况、有关问题的处理措施、养护员等。计算机系统应自动生成养护记录。药品批发和零售连锁企业的药品养护记录保存期是超过有效期 1 年，不得少于 3 年。

重点养护品种一般包括重点经营品种、首营品种、质量不稳定品种、对温度和光线有特殊储存要求的品种、效期短的品种、储存时间长的品种、有效期不足 1 年的品种、有效期内发生过质量问题的品种及药品监督管理部门重点监控的品种。

（3）养护中发现有问题的药品应当及时在计算机系统中锁定，暂停发货，并对问题药品做色标标识，并通知质量管理部门处理。

（4）采用计算机系统对近效期药品预警和超效期自动锁定。

（5）根据药品的特性，采取正确的方法进行科学养护。中药材、中药饮片应根据气候环境变化，采取干燥、除湿、低温冷藏、熏蒸等措施养护并记录，所采取的养护方法不得对药品造成污染。

表 9-2-2　库存商品养护检查记录

检查日期	商品名称	规格	剂型	单位	数量	生产批号	有效期至	生产企业	货位	抽检数量	包装、外观质量情况	处理意见	养护员	备注

表 9-2-3　陈列药品检查记录

检查项目	检查范围	检查品种数	检查结果 外观检查	检查结果 卫生情况检查	汇总信息	检查人员（签字）	备注

如有可疑质量问题的药品，填写下表，并与质量部联系：

检查项目	药品名称	规格	单位	数量	生产批号	有效期	外观检查	卫生情况检查	备注

表 9-2-4　中药饮片陈列检查记录

检查日期	检查范围	检查品种数	卫生情况	检查结果	质量状况									汇总信息	检查人员	备注
					虫蛀	生霉	泛油	变色	散气	粘连	潮解	风化	腐烂			

如有可疑质量问题的药品，填写下表，并与质量部联系：

检查日期	药品名称	数量（g）	生产批号（药材编号）	生产企业	质量问题（具体）	备注

4. 库房设施设备管理

（1）库房设施设备的管理包括：①对设备登记、编号，建立设备管理台账；②重点养护设备建立设备档案，专人负责管理、操作，并每天记录设备运行、使用情况；③养护工作所用的各种检测仪器设备、计量工具须有检定部门的有效检定合格证；④定期对监视系统、报警系统、消防器材、照明设施、防鼠、防虫网等安全防护系统进行维护和检查。

（2）养护仪器设备的保养包括：①使用过程中随时检查保养，每年年终进行一次全面检查，填写药品养护仪器设备维护保养记录。记录内容包括维修保养原因、维修保养时间、维修内容、维修单位、维修结果、送维修人或保养人等。②正确使用养护仪器设备，使用后填写养护设备使用记录或设备、器具定期检查、检修、养护记录（见表 9-2-5）。③新购置养护仪器设备需清点和保留资料，建立药品养护仪器设备档案。

表 9-2-5　设备、器具定期检查、检修、养护记录

序号	设备名称	型号规格	设备保养项目及内容	保养情况及结果	保养日期	保养员

5. 养护汇总、分析报告

养护工作定期汇总、分析和上报，为药品和供货单位的评审提供确实可靠的依据。养

护汇总、分析报告包括：①重点养护、一般养护品种养护批次，养护过程中发现的质量问题及产生原因；②药品监督管理部门抽检和送检品种批次及检查结果；③新增重点养护品种的数量及养护情况；④库房内外的环境；⑤储存堆垛、分区等现场管理情况；⑥温湿度的监测和调控情况；⑦库房环境卫生；⑧虫害、鼠害情况；⑨空调、通风等养护用设施设备运营情况；⑩冷藏、冷冻设施设备运营情况等。报告根据以上情况做出养护分析结论并提出改进建议。

（三）温湿度自动监测系统

按照 GSP 的要求，储存药品的仓库应配备温湿度自动监测系统。温湿度自动监测系统由终端、管理主机、不间断电源以及相关软件组成。各测点终端能够对周边环境温湿度进行数据的实时采集、传送和报警；管理主机能够对各测点终端监测的数据进行收集、处理和记录，并具备发生异常情况时报警管理功能。

温湿度自动监测系统至少每隔 1 min 更新一次测点的温湿度数据，在药品储存过程中，至少每隔 30 min 自动记录一次实时温湿度数据。当监测的温湿度值超出规定范围时，系统至少每隔 2 min 记录一次实时温湿度数据。该系统通过对药品储存过程中的环境温湿度不间断的监测，自动生成温度、湿度、日期、时间、测点位置、库区等监控记录。

当监测的温湿度值达到设定的临界值或超出规定范围时，监测系统就地完成中央监控器屏幕报警和在指定地点进行声光报警，同时采用短信通信的方式，向至少 3 名指定人员发出报警信息。

（四）药品养护措施

1. 避光措施

药品在库储存期间应尽量置于阴暗处，凡透光的门、窗应悬挂布帘进行遮光，特别是一些大包装药品，分发之后剩余部分药品应及时遮光密闭，防止光照。

2. 降温措施

温度过高，会使许多药品变质失效。因此，必须保持药品储存期间的温度适宜。①对于普通药品，当库内温度高于库外（必须是库外温度和相对湿度都低于库内时）时，应开启门窗通风降温；②装配有排风扇等通风设备的仓库，可启用通风设备进行通风降温；③开启门窗和启用排风扇仍然无法降温时，应通过空调、冷风机组等设备降温。

3. 保温措施

温度过低亦可引起某些药品变质，特别是针剂、乳剂在严冬季节要做好保温措施。在严冬季节可采用统一供暖、空调方式，提高库内温度。一些特别怕冻的药品可存放在保温箱内。

4. 除湿措施

除湿方法有通风降湿、密封防潮、用除湿机和空调设备除湿。①一般在库外天气晴朗，空气干燥时，打开门窗进行通风除湿；②采用封闭门窗缝隙的方法防止外界潮气入侵库内，必要时，在进出通道挂上厚棉帘进行密封防潮；③库内空气湿度过高，室外气候条件不适宜通风降湿时，应采用除湿机吸湿和启用空调除湿。

5. 加湿措施

库内湿度超过或达到低限时，一般采用加湿器和湿拖布擦地的方式加湿。

6. 防鼠措施

防鼠措施包括：①堵塞门窗空隙及其他一切可能窜入老鼠的通道；②库内无人时，应随时关好库门、库窗，特别是夜间；③采用鼠夹、鼠笼等工具，加强库内灭鼠；④加强库外鼠害防治，仓库四周应保持整洁，禁止乱堆、乱放杂物，同时定期在仓库四周投放灭鼠药，消灭鼠源。

7. 防火措施

防火措施包括：①建立严格的防火岗位责任制；②库内外应有防火标记或警示牌；③备足消防器材，库房消防栓应定期检查。

二、药品保管方法

《中国药典》在药品标准的"贮藏"项下，规定了储存的基本要求，这是药品保管的重要依据。

（一）不同性质药品保管方法

一般把药品置于通风、干燥、避光的地方，减少温度、湿度、光线对药品的危害。经常检查药品有效期，并在有效期内使用。

1. 易受光线影响药品保管方法

易受光线影响而变质的药品，应采用棕色玻璃瓶或用黑色纸包裹的玻璃器包装，防止紫外线等透入，并尽量采用小包装。

需要避光保存的药品，应放在阴凉干燥或光线不易直射到的地方，如门店背阴一侧。药橱、药架、门、窗可悬挂遮光黑布帘、黑纸或不透光布帘，以防阳光射入。

不常用的怕光药品，可储存于严密的药箱内。

2. 易受湿度影响药品的保管方法

易吸湿药品，可置于货架上层，或根据药物的不同性质采取密封、严封，甚至熔封的方法储存。对少数易受潮的药品，可置于石灰干燥器内储存。

3. 易受温度影响药品的保管方法

易冻和怕冻药品，必须保温贮藏。保温措施可采用保温箱，有条件的地方可建立保暖库。另外也可利用冬暖夏凉的地窖、坑道、天然山洞等贮藏药品。

易挥发药品，应密封，置阴凉干燥处。浓氨溶液、乙醚等挥发性很大的药品在温度高时，容器内压力增大，还应避免剧烈震动，开启前应充分降温，以免药液（尤其是氨溶液）冲出而造成事故。

指明"阴凉处""凉暗处"或"冷处"储存的药品，应置于相应的阴凉库或冷库。

4. 近效期药品的保管方法

近效期药品特别是稳定性较差的药品，如青霉素、链霉素等抗生素，胎盘球蛋白等生物制品及胰岛素、催产素等生物化学药品，易受外界因素影响，储存一定时间后，会逐渐降低效价或变质失效，甚至毒性增高。因此除严格按照规定储存外，为确保所销售或使用药品的质量，在保管过程中，应经常注意有效期，随时检查，坚持"先进先出、近期先出"的原则。同时健全近效期药品催销或使用管理制度，凡过期药品，不得再销售和使用。

5. 易燃、易爆、危险品的保管方法

易燃、易爆、危险品指易受光、热、空气、撞击等外界因素影响而引起燃烧、爆炸或具有强腐蚀性、刺激性、剧烈毒性的药品，如乙醇、高锰酸钾、氰化物、汞制剂等。①易燃、易爆、危险品应储存于危险品库，一般不得与其他药品同库储存，并远离电源。②危险品应分区、分类堆放，灭火方法不同的应该隔离储存。③危险品库应严禁烟火，并应有消防安全设备（如灭火器、沙箱等）。④危险品的包装和封口必须坚实、牢固、密封、完整无损、无渗漏或破碎。发现有破损时，应在指定安全地点进行安全处理或及时与有关部门联系。⑤易燃、易爆、危险品应有专人负责保管，严格实行"双人双锁"管理制度。

6. 特殊管理药品的保管方法

《药品管理法》规定，特殊管理药品有麻醉药品、精神药品、医疗用毒性药品和放射性药品。

（1）麻醉药品和精神药品的保管方法。①麻醉药品药用原植物种植企业、定点生产企业、全国性批发企业和区域性批发企业以及国家设立的麻醉药品储存单位，应当设置储存麻醉药品和第一类精神药品专库。专库应当符合下列要求：安装专用防盗门，实行双人双锁管理；具有相应的防火设施；具有监控设施和报警装置，报警装置应当与公安机关报警系统联网。②第二类精神药品经营企业应当在药品库房中设立独立的专库或者专柜储存第二类精神药品，并建立专用账册，实行专人管理。专用账册的保存期限应当自药品有效期期满之日起不少于5年。

（2）医疗用毒性药品的保管方法。①医疗用毒性药品必须储存于专用仓库或专柜，加锁并由专人保管。库内需有安全措施，如警报器、监控器，并严格实行双人双锁管理制度。②医疗用毒性药品的验收、收货、发货均应坚持双人开箱，双人收货、发货，并共同在单据上签名盖章。严防错收、错发，严禁与其他药品混杂。③建立医疗用毒性药品收支账目，定期盘点，做到账物相符，发现问题应立即报告当地药品监督管理部门。④对不可供药用的毒性药品，经单位领导审核，报当地药品监督管理部门批准后方可销毁，并建立销毁档案（包括销毁日期、时间、地点、品名、数量、方法等）。销毁批准人、销毁人员、监督人员均应签字盖章。

（3）放射性药品的保管方法。①放射性药品应严格实行专库（柜）、双人双锁保管，专账记录，仓库需有必要的安全措施。②放射性药品的储存应具有与放射剂量相适应的防护装置。置放放射性药品的铅容器应避免拖拉或撞击。③严格出库手续，出库验发时要有专人对品种、数量进行复查。④过期失效而不可供药用的放射性药品，应清点登记，列表上报，监督销毁。参与销毁人员签字备查，不得随便处理。

（二）不同剂型药品保管方法

1. 片剂保管

片剂除主药外，赋形剂与包衣材料主要为淀粉和糖粉。淀粉和糖粉极易吸湿，可使片剂发生松片、破碎、变色、粘连、脱壳、发霉、变质等。因此，片剂首先应注意防潮，其次应避光、防热。

（1）防潮。①压制片吸潮后即可发生松片、破碎、发霉、变质等现象，因此需密封在干燥处保存。②某些吸潮易变色、变质、潮解、溶化、粘连的片剂，如三溴片、阿司匹林片、复方甘草片等，需特别注意置干燥处保存。③包衣片（糖衣片、肠溶衣片）吸潮受热后，衣层褪色、褪光，片面产生花斑、溶化、粘连，甚至膨胀脱壳、霉变等，因此，保管时较一般片剂条件更高，需置干燥、凉处保存。④含糖片剂，如各种钙糖片、口含片、宝塔糖等，吸潮受热后易溶化及变形，需置干燥、凉处保存。

（2）避光。凡主药对光敏感的片剂，如维生素C片、磺胺类片剂、安乃近片、氨基比林片等，均应避光保存。

（3）防热。含挥发性药物的片剂，受热后药物挥发，含量下降，影响药物疗效，如薄荷喉症片、清凉润喉片、人丹等，应置凉处保存。

2. **注射剂保管**

注射剂储存期间受多种因素影响，注意避光、防热、防冻、防潮。另外，需定期进行库存质量检查，采取相应的措施，及时处理出现的质量问题。

（1）避光。注射剂常受氧气、光线、温度、微量重金属等影响而变色，遇光变色、变质的情况最为多见。如肾上腺素、盐酸氯丙嗪、对氨基水杨酸钠、磺胺类、维生素类等注射剂，遇光均易变色、变质。因此，一般注射剂应避光储存。油溶液型注射剂、乳浊型注射剂，由于溶媒是植物油，内含不饱和脂肪酸，遇光、空气或储存温度过高，均能发生氧化酸败，颜色逐渐变深，因此一般应避光，置凉处保存。

（2）防热。①抗生素类注射剂，一般性质都不稳定，遇热后分解加快，效价下降，故一般应存于避光凉处。还有注射粉针剂，如注射用青霉素钾（钠）等，除具有一般抗生素类注射剂特点外，还有吸湿性，故应存于干燥凉处。②脏器或酶类注射剂，如垂体后叶素注射液、催产素注射液、注射用辅酶A等易受温度影响，光线也可使其失去活性，因此一般应存于避光凉处。还有些药品对热特别不稳定，如三磷酸腺苷钠、胰岛素等注射剂，应在2~10℃环境下保存。③生物制品，如精制破伤风抗毒素、精制白喉抗毒素、白蛋白、丙种球蛋白及冻干人血浆等，温度过高易使其蛋白质变性，故最适在2~10℃暗处保存。

（3）防冻。①水溶液型注射剂、水混悬型注射剂、乳浊型注射剂，因以水为溶媒，在低温下易冻结，冻结后体积膨胀，往往使容器冻裂，少数受冻后即使容器没有破裂，也会质量变异，不可供药用，因此，冬季必须注意防冻，库房温度应保持在0℃以上。②油溶液型注射剂在低温下虽有冻结现象，但不会冻裂容器，解冻后仍能成澄明的油溶液或均匀的油混悬液，因此不必防冻。③使用其他溶媒的注射液，如乙醇、丙二醇、甘油或其混合液，因冰点较低，故冬季不必防冻。如洋地黄毒苷注射液、氯霉素注射液在0℃以下均不冻结。④除冻干品外，蛋白质制剂一般不能在0℃以下保存，否则会因冻结而造成蛋白质凝固，溶化后可能出现振摇不散的絮状沉淀，致使不可供药用。

（4）防潮。注射用粉针剂有小瓶装和安瓿装两种。小瓶装封口为橡皮外轧铝盖（有的烫蜡），看起来很严密，但因压盖、储存、运输等原因，特别是在南方潮热地区，往往易出现吸潮粘瓶、结块、变色等变质现象，故保管时应特别注意防潮，且不得倒置，并根据其理化性质进行储存。

3. 胶囊剂保管

（1）防潮、防热。①一般胶囊剂都应密封，置干燥凉处保存，注意防潮、防热，但也不宜过分干燥，以免胶囊发生脆裂漏药。②具有颜色的胶囊在吸潮受热后，还会出现颜色不匀、褪色、变色等情况，要特别注意防潮、防热，应置干燥凉处保存。③装有生药或脏器制剂的胶囊，如蜂王浆胶囊等，吸潮受热后易发霉、生虫、发臭，置干燥凉处保存。④抗生素类药物的胶囊制剂，如苯唑青霉素钠胶囊等，吸潮后效价下降，应置干燥凉处保存。

（2）避光。凡主药对光敏感的胶囊剂，如维生素E胶丸，遇光颜色逐渐变深，应避光保存。

4. 散剂、颗粒剂保管

散剂、颗粒剂因分散度较大，其吸湿性比较显著，吸潮后引起结块、变质或微生物污染等，因此防潮是其保管养护的关键。一般散剂、颗粒剂均应在干燥处密闭保存，同时还要结合药物的性质、包装的特点来考虑具体保管方法。还应注意内服散剂与外用散剂要分开存放，特殊管理药品及其他毒性药品的散剂要专柜、专库存放，人用散剂与杀虫灭鼠散剂（有毒性）要严格远离存放，有特殊嗅味的散剂应与其他药物隔离存放，以防串味。

5. 水溶液剂保管

一般水溶液剂主药含量较低，防腐力差，多不稳定，保管不当，极易变色、变味、分层、沉淀、挥发、霉变、分解、冻结、变质等，应重点控制温度和微生物。本类药品应密封置阴凉处保存，冬季应防冻，并注意"先产先出"。玻璃包装易破碎损坏，应轻拿轻放。①芳香水剂易挥发、生霉，产生浑浊沉淀，遇光受热分解产生异臭，应密闭、避光，置凉处，不宜久存。②胶体溶液温度过高时因分子运动加快易受破坏，温度过低易析出沉淀，保管时温度不宜过高或过低。③乳剂性质不稳定，受温度影响易分层、破裂，被细菌污染易发酵酸败，应密闭存于阴凉避光处。④混悬剂的药物微粒沉降速度影响药物的质量，故应存于阴凉处，使用前摇匀。⑤合剂一般不宜久存，应密闭存于阴凉处。

6. 糖浆剂保管

糖浆剂储存不当，易产生霉变、沉淀和变色等。热、光线或空气均能使糖浆发生变化，因此糖浆剂应密闭，30 ℃以下避光保存。

7. 软膏剂保管

软膏剂储存不当易腐败、发硬、分离、霉变、氧化变色等。①一般软膏剂应密闭、避光，置干燥凉处保存，温度控制在25 ℃以下。②水溶性基质软膏、乳剂型基质软膏在冬季应防冻，以免分层，一般在常温库保存。③锡管装、塑料管装软膏应防止重压，贮于干燥凉处。

8. 丸剂保管

丸剂储存不当易受潮、发霉、变质，要防潮、防霉变、防虫蛀，密闭，一般于常温库中保存。

9. 栓剂保管

栓剂一般应在20 ℃以下密闭保存，防止受热、受潮，控制好相对湿度，太干燥时栓剂会开裂。甘油明胶基质的栓剂吸湿性强,受潮后不透明并有"出汗"现象,气候干燥时又易干化,应装在玻璃瓶中密闭,置冷处保存。受热易熔化、遇光易变色的栓剂,如避孕栓,除受热易熔化外,其主药醋酸苯汞遇光易变质而析出游离汞,应密闭、避光,置凉处保存。

(三)中药保管

中药保管重点是防霉、防虫蛀、防鼠。有的药材在贮藏过程中极易出现虫蛀、霉变、泛油、变色等现象,一般要求在0~20 ℃阴凉处保存。库房应具备通风设施,安装带有防虫网的排风扇及降温除湿设备,如空调;并定期进行杀虫防鼠处理,杜绝虫害、鼠害。

实训

活动一　填写药品养护记录

根据药店经营实践填写陈列药品检查记录、中药饮片陈列检查记录。

活动二　使用温、湿度计

根据药店经营实践,正确使用温湿度计,并将检查结果填入库房温、湿度记录表。

第十章

药品陈列

学习目标

知识目标

掌握：药品陈列原则，药品陈列标签的填写。

熟悉：药店常设功能区，药品陈列方法，药品陈列设施设备。

了解：药店布局设计原则。

能力目标

能按照药品陈列原则正确分类陈列药品，能正确填写药品陈列标签。

第一节 药店布局

药店布局是药品零售企业全面规划和安排，给顾客提供舒适购物环境而进行的科学、合理、艺术及人性化的氛围设计。

一、药店布局设计原则

（1）科学性。药品不同于普通商品，药店布局设计和医药商品陈列首先要符合《药品管理法》《药品经营质量管理规范》等相关法律法规的规定。

（2）艺术性。药店布局设计和医用商品陈列是科学与艺术的结合。为达到良好的效果，经营者还要考虑心理学、美学方面的因素，兼顾顾客的消费心理和购买习惯。橱窗、店堂、知名品牌专柜等艺术性的设计，可吸引顾客进店。

（3）人性化。药店布局设计应体现以消费者为中心的人为关怀。药店陈列的医药商品要规范化、系列分类，指示牌要醒目，顾客进店后能比较容易找到自己需要的药品。到药店购买医药商品的顾客多是患者，因此，药店在合理设计布局的前提下，还应提供一些方便设施，如血压计、血糖仪、体重计、残疾人通道、等候座椅、饮水机等。另外，在店堂内可放置一些专业杂志、医药商品介绍资料，方便顾客在店里咨询、观看；应提供便民服务，为顾客测量血压、血糖、体重；顾客可体验感受商品，试用康复理疗（如按摩椅、吸氧机等）设备。总之，通过这些人性化服务，增强顾客对该店的印象，延长其在店内停留时间，这将对药品销售及二次销售产生积极影响。

二、药店常设功能区

根据药品经营有关规定及药店店堂实际情况，药店按功能可划分成以下几个区域。

1. 营业区

营业区是药品现货交易、药品陈列、信息咨询和相关管理等经营活动的主要场所，因此，其面积应占店堂面积的绝大部分。企业在经营时，按照GSP要求，根据经营范围可做适当调整。营业区包括陈列区、收银区、服务区等。

（1）陈列区。陈列区是消费者选购医药商品的区域，应宽敞、整洁、行走通畅，主要放置货架、柜台、自选货架、中药调剂台、展示柜、阴凉柜、冷藏柜等。按照药品分类管理要求，陈列区又分为：①药品区（如处方药区、非处方药区、中成药区、中药饮片区、外用药区、拆零药品专柜、含特殊药品复方制剂专柜、阴凉药品专柜、冷藏药品专柜等）；②非药品区（如保健品区、医疗器械区、化妆品区等）。

（2）收银区。收银区备置收银机及各类刷卡支付设备，专人负责收款工作。

（3）服务区。服务区包括服务咨询台、药品代加工区、坐堂医生门诊区等。咨询台常设在店堂最明显的位置，由药学专业人员为顾客提供药学咨询服务。

2. 仓库

药店的仓库应与药品销售区有效隔离，可使用单独房间，存放少量药品。按照药品经营相关法律法规的要求，药品零售企业可以不设仓库。

3. 办公生活区

办公生活区是门店经理、会计、采购人员的办公场所及员工更衣、休息、存放个人物品的区域。

三、药店公示证照与标牌

（1）《药品经营许可证》《营业执照》及《执业药师注册证》等合法经营的资质证件整齐悬挂在合适位置。《药品经营许可证》上载明的行政许可事项应与药店实际情况一致，不能擅自变更。《营业执照》上载明的信息应与《药品经营许可证》一致。《执业药师注册证》注册的执业单位应与执业药师实际执业企业相一致，并在执业期限内执业。

（2）服务公约、顾客意见本悬挂在醒目位置，服务公约上写明监督电话。

（3）营业人员应佩戴有照片、姓名、岗位等内容的工作牌，明示岗位和技术资质。执业药师和药学技术人员的工作牌应当标明执业资格或者药学专业技术职称。在岗执业的执业药师应当挂牌明示。营业场所应向顾客提示"执业药师在岗"或"执业药师不在岗"。

（4）药店内有分区引导牌，如处方药、非处方药专有标识，药品区、非药品区有醒目标识。各销售柜组按照药品作用等细化分类标识。

（5）药店内有处方药警示语"凭医生处方销售、购买和使用"，非处方药忠告语"请仔细阅读药品使用说明书并按说明使用或在药师指导下购买和使用"等。

第二节 药品陈列实施

药品陈列是卖点广告之一，也是衡量一个药品经营企业营销能力的重要标志。药品是商品，科学的、匠心独具的陈列形式，可以使其具有生命力及自我推销能力。因此，掌握药品各种陈列方法，广拓思路，加以灵活运用，可以对药品销售起到良好的促进作用。

一、药品陈列原则

1. 依法陈列原则

药品分类管理使药品陈列超越了单纯的外在美要求，增添了专业化气息，尤其是非处方药开架自选，促进了药店从柜台式向超市化转变，顾客与药品零距离，店员和顾客面对面。大量不同产品集中展示，视觉冲击远超柜台式陈列。药品是与人类健康息息相关的特殊商品，陈列时必须依据《药品管理法》《药品经营质量管理规范》有关规定，做到以下几个方面：

（1）陈列药品质量和包装应符合规定。

（2）处方药不得开架陈列及自选销售。

（3）药品应按作用用途、剂型及贮藏条件分类陈列，类别标识醒目，药品标签放置正确，字迹清晰。

（4）药品与非药品分开陈列，非药品应设置专区，并有醒目标识；处方药与非处方药分开陈列，并有处方药、非处方药专有标识；内服药与外用药分开陈列；易串味药品与其他药品分开陈列。

（5）拆零药品应集中存放于拆零专柜或者专区，保留原包装标签。

（6）含特殊药品复方制剂、含麻黄碱类复方制剂专柜（区）摆放，闭架销售。

（7）中药饮片存放于中药饮片专区。中药饮片装斗前需复核，防止错斗、串斗；斗谱书写应用正名正字；保留合格证，直至该批中药饮片销完。不同批号饮片装斗前应当清斗并记录。

（8）药品陈列应避免阳光直射；根据其温湿度要求，阴凉储存要求的药品应陈列于阴凉柜，需冷藏的药品应放入符合规定的冷藏设施中。

（9）特殊管理药品要单独专柜存放，不得陈列。

（10）库存药品也须按类存放且整齐、有序。

（11）裸瓶装药品应保留说明书和宣传折页。

2. 易见易取原则

易见易取原则是让顾客容易看到，便于拿取，以满足其对比挑选的需求，从而提高经营效率。

（1）药品正面一般直立朝向顾客，不被其他药品挡住视线。药品不得倒置，多剂量液体制剂应直立放置。

（2）药品名称或外包装容易混淆的药品应相隔陈列，避免混淆拿错。

（3）同一大类药品陈列，应按作用机制细分小类或者按剂型相对集中。

（4）货架最底层不易看到的商品要倾斜陈列或前进陈列。

（5）货架最上层不宜陈列过高、过重和易碎商品。

（6）整箱商品不要上货架，中包装商品上架前必须全部打码。

另外，对药店主推的新品应突出陈列，可以陈列在端架、堆头或黄金位置，容易让顾客看到商品，从而起到良好的销售效果。

3. 满陈列原则

满陈列是指商品在货架上陈列的种类和数量充足，所有陈列药品靠前陈列，排列整齐，给消费者的视觉带来量感。满陈列可以刺激消费者购买欲望，促进消费。及时补货，是满陈列的保障。

4. 先进先出原则

药品都有有效期和保质期，为减少药店不必要的损失，应尽可能保证药品在有效期内提前卖出。顾客在选购商品时总是习惯选取货架前面的商品。店员如果不按先进先出原则对商品进行补充陈列，那么后排商品就永远卖不出去。因此，同种药品陈列或补货时，把近有效期商品放前排，以便保证先进先出的原则进行销售。

5. 关联性原则

关联性是按药品联合用药的需要，或者日常生活中需求相近的商品进行关联。药品仓储式超市的陈列，尤其是自选区（如非处方药区和非药品区）非常强调商品之间的关联性，如感冒药区常和清热解毒消炎药或呼吸系统用药相邻，皮肤科内服用药和皮肤科外用药相邻，妇科药品和儿科药品相邻，维生素类药和钙制剂相邻等。这样陈列可使顾客产生连带消费，也方便顾客购药。

6. 同一品牌垂直陈列原则

垂直陈列指将同一品牌的商品，沿上下垂直方向陈列在不同高度的货架层位上。其优点包括：①方便顾客挑选商品；②商品平等享受到货架不同的层次；③垂直纵向陈列大量同一品牌，多用于品牌专柜，视觉效果好。

7. 季节性陈列原则

季节性陈列是指在不同的季节，将应季商品陈列在醒目的位置，或堆头陈列，其陈列面、量大，并悬挂卖点广告，吸引顾客，促进销售。如夏季在店堂入口柜台或用推车陈列促销防暑降温用品。

8. 主辅结合陈列原则

药品种类很多，根据周转率和毛利率高低可以划分为4种商品：第一种为高周转率、高毛利率的商品，这是主力商品，需要在卖场中很显眼的位置进行量感陈列；第二种是高周转率、低毛利率的商品，如芬必得、泰诺等；第三种是低周转率、高毛利率的商品；第四种是低周转率、低毛利率的商品，这类商品将被淘汰。主辅陈列主要是用高周转率的商品带动低周转率的商品销售。例如，将感康（复方氨酚烷胺片）和其他品牌的复方氨酚烷胺片陈列在一起，这些同属于感冒药，只是制造商不一样，感康因品牌好，顾客购买频率高，属于高周转率商品，但由于药品零售价格竞争激烈，这类商品毛利非常低，所以要引进一些同类商品以增加卖场销售额。将同类商品与感康相邻陈列，陈列面要大于感康，使店员推销商品时有主力方向，又可以增加毛利。

二、药品陈列设施设备

按照 GSP 要求，药店应配备货架和柜台，以及监测、调控温度的设备；经营中药饮片的，有存放饮片和处方调配的设备；经营冷藏药品的，有专用冷藏设备；经营第二类精神药品、毒性中药品种和罂粟壳的，有符合安全规定的专用存放设备；药品拆零销售的，应有所需的调配工具、包装用品。

在销售柜组上还要有醒目的标识，包括商品分类标识（如处方药、非处方药）、警示用语等。陈列药品设备应当保持清洁卫生，不得放置与销售无关的物品，并采取防虫、防鼠等措施，避免药物污染。

为便于营业员、顾客活动，拿取挑选药品，药品柜台、货架的高度、货架之间的间隙应设置合理。一般柜台高度不超过 80 cm，设置 2~3 个层次；货架高不超过 200 cm，其中的隔板可拆卸，以适合不同高度的药品陈列；柜台或货架下层也采用柜橱形式，底层离地面不小于 10 cm。

饮片斗柜主要用于装饮片，供调剂处方使用。饮片斗柜一般可按"横七竖八"或"横八竖八"方法排列药格斗，有的在斗柜最下层设 3 个大药格斗。每个药格斗又分为 2~3 格，底部大斗一般不分格。每个斗柜装药 150~170 种，一般中药房应置此类斗柜 3~5 台。

调剂台一般置于调剂室与候药室之间。调剂台一般高约 100 cm，宽约 60 cm，其长度可按调剂室大小而定。在调剂台内面的上层，安装有抽屉，下层设有方格，备放调剂用品及日常应用饮片。

冷藏柜、冰箱等设备应保持在正常工作状态，温湿度计应悬挂在通风处，且每年到专业机构校验一次。使用药品拆零器具前，要对其进行酒精消毒，用后立即用水清洗。对货架、柜台、冷藏柜等应至少每月清洁一次。

三、药品陈列方法

药店销售人员最重要的工作之一就是进行商品陈列。商品陈列的具体方法，根据企业类型、经营方针、品种、场所、设备等各种因素，甚至季节气候不同而千变万化。

1. 橱窗陈列

橱窗陈列是药店装饰店面、宣传药品最重要的广告形式。合理利用药品或空包装盒，采用不同的组合排列方法展示季节性药品、广告支持药品、新药品及重点促销的药品，可以提升药店的形象，增加客流量。

2. 专柜陈列

（1）按品牌设立，一般为同一厂商的各类药品的陈列，如同仁堂药品专柜。

（2）按功能设立，将相同或关联功能的药品陈列为同一专柜，如男性专柜、减肥专柜、糖尿病专柜。

3. 利用柱子"主题式"陈列

一般而言，柱子太多的店铺会导致陈列不便，但若将每根柱子做"主题式"陈列，不但特别，而且能营造气氛。

4. 端架陈列

端架陈列指以双面的中央陈列架的两头，展示季节性药品、广告支持药品、特价药品、利润高的药品、新药品及重点促销的药品。端架陈列可进行单一大量药品陈列，也可几种药品组合陈列。

5. 货架上、中、下分段陈列

（1）上段。感觉性陈列，陈列希望顾客注意的药品、一些推荐药品、有意培养的药品。

（2）中段。陈列价格较便宜、利润较少、销售量稳定的药品。

（3）下段。陈列周转率高、体积大、重的药品。

6. 黄金位置陈列

黄金位置要陈列重点推荐的药品，如高毛利率、重点培养、重点推销的药品。

对于敞开式销售来说，从地板开始 60～180 cm，这个空间称为药品的有效陈列范围。其中最易注视的范围为 80～120 cm，称为黄金地带。60 cm 以下、180 cm 以上是顾客不易注视的区域，60 cm 以下常用于陈列购买频率极低的药品或作为库存空间；180～210 cm 常作为库存空间以补充量感陈列的货源；210～260 cm 虽难以吸引近距离注视，但可吸引远距离注视，具一定展示诱导功能，可作为装饰陈列或广告空间。

7. 量感陈列

量感陈列如堆头陈列、多排面陈列、岛型陈列等。量感陈列给顾客便宜、丰富的感觉，能够刺激顾客购买。适合于量感陈列的药品有具有价格优势的药品、新上市的药品、新闻媒介大量宣传的药品。

8. 集中焦点陈列

利用照明、色彩、形状、装饰，制造顾客视线集中的方向，从不同的角度，设计出吸引顾客、富于魅力的陈列形式，并且将陈列的"重点面"面向顾客流量最多的通道。

9. 悬挂式陈列

悬挂式陈列指将无立体感的药品悬挂起来陈列，产生立体效果，增添其他特殊陈列方法所没有的变化。

10. 除去外包装陈列

除去外包装陈列指将瓶装商品（如药酒、口服液等）除去外包装后陈列，使顾客对商品的内在质地产生直观的感受，激发其购买欲望。

四、商品标价签填写

药店陈列商品要一物一签。商品标价签要严格按商品标注，规范填写，内容齐全。价签内容包括药品名称、货号、产地、规格、等级、单位、零售价、物价员、监督电话等。药店非药品商品标价签上，要注明"非药品"。

（1）在"药品名称"栏中如实标明商品名称。一种药品若既有通用名称，又有商品名称，要全部标明。如甲泼尼龙片（美卓乐）、头孢克洛片干混悬剂（希刻劳）。中成药、中药饮片名称填通用名称一栏，如有商品名称的也要如实填写。配方中药材名称应填写规范名称，如黄连（雅连）、贝母（川贝、浙贝）等。

（2）在"产地"栏中有以下几种填写：①药品生产企业所在的城市名称，如北京；②药材原产地名称，如西藏（原产地）、宁夏（原产地）；③药品生产企业全称，如西安杨森制药有限公司。

（3）在"规格"栏中准确标明商品的规格或等级。例如，100 mg×12 粒×2 板，20 g/片×

5片,每丸重3 g(金衣)。名贵中药材应按等级,如1.6~2.0 cm大片、0#-50/60g、××头/500 g等。

(4)在"等级"栏中须如实填写药品质量层次,如合格。

(5)在"单位"栏中以零售最小包装盒、瓶等为单位,拆零药品除外。

(6)在"零售价"栏中应按药品实际零售价格填写,有会员价的也要标明。

实训

活动一 药店布局设计练习

以小组为单位,设计一药店布局图,在课堂上进行展示。

活动二 药品分类陈列练习

准备一组药品,共30种,其中有:抗感染药物(处方药)5种,心血管系统药物(处方药)5种,感冒药物(非处方药)5种,消化系统药物(非处方药)5种,外用药(非处方药)4种,精神药品1种。要求在规定时间内完成分类,并陈列到货架上。

活动三 药品价签填写练习

按照价签的格式分别填写药品通用名称、商品名称、规格或等级、剂型、质量层次、价格、计价单位、产地等。

第十一章
药品销售

> **学习目标**
>
> **知识目标**
> 掌握：处方药销售、非处方药销售，常用处方用语缩写。
> 熟悉：药品折零销售，处方基本结构，处方管理。
> 了解：售前准备工作，医药商品的包装程序，礼品包装技巧。
>
> **能力目标**
> 根据给定的处方完成处方解读，能根据顾客购买的商品及要求合理地对商品进行包装。

第一节 药品销售实施

一、售前准备工作

（一）环境准备

药店营业环境应整洁、明亮、舒适，因此营业前要做到：

（1）清洁空气，保持适宜的温湿度。可通过打开换气设备或开窗通风，保持室内空气新鲜；检查温湿度计，如果超过规定范围，通风后可开启空调调节。

（2）打扫卫生，整理台面。营业场所要保持地面及台面干净、整洁，物品码放有序，通道畅通。

（3）调节灯光，检查配套服务设施。营业员要检查室内灯光亮度，摆放好座椅，整理好书报架，确保饮水机处于工作状态，为顾客营造良好的环境。

（二）物质准备

物质准备是营业前必不可少的环节，是医药商品顺利销售的前提条件。营业员要对货架上摆放及以各种形式陈列的商品进行归类、整理，做到整齐、丰满、美观大方，不得有空位；检查商品价格标签，做到货价相符、标签齐全、货签对位。经过前一天的销售，货架、柜台等处陈列的商品会出现不丰满、不全或缺档的现象，营业员必须及时进行补货。在整理商品的同时，要认真检查商品质量，破损、污染的商品及时剔除或处理。

营业前，营业员要根据出售商品的操作需要，准备好、查验好售货工具和用品，并按习惯放在固定适当的地方，以便售货时取用。售货用具一般有：①计价收银器具，如收银机、电子计算器、笔、发票、验钞机等；②计量器具，如电子秤、天平、尺子等；③包装用具，如纸、袋、绳、夹等；④宣传材料，如与商品相关的广告、说明、介绍，以及图片、声像、软件等。

（三）营业员个人准备

营业员应保持整洁的仪表、旺盛的精力，举止要大方得体。

营业员应保持整洁的仪表、旺盛的精力，举止要大方得体。

营业员着装应以素雅洁净为宜，统一着制服，并佩戴工作牌，以利于顾客监督。

营业员要注意自己的发型，男营业员要留短发，胡子每天刮干净；女营业员可适当化淡妆，以形成良好的视觉感受。

二、药品销售操作

营业员应保持高度的责任心，业务要熟练，熟悉药品的适应证、功能主治、规格、常见不良反应、配伍禁忌、价格、货位等。在销售药品过程中，正确客观地向顾客介绍药品。

（一）处方药销售

图 11-1-1 为处方药销售流程。

收方 → 审方 → 划价收费 → 处方调配 → 核对 → 发药

图 11-1-1　处方药销售流程图

1. 收方

收方指从顾客处接收处方。

2. 审方

由执业药师或药师对处方的完整性、规范性、用药的合理性进行审核。内容包括：

（1）处方书写的审核。审核内容包括：①处方内容是否完整；②书写是否规范，字迹是否清晰；③是否有执业医师签字；④第二类精神药品处方是否用专用处方，是否有医疗机构盖章，是否记载患者的身份证号；⑤涂改后是否有执业医师签字或盖章。

（2）用药合理性和安全性的审核。审核内容包括：①对规定必须做皮试的药物，处方医师是否注明过敏试验及结果判定；②处方用药与临床诊断是否相符；③剂量、用法是否正确；④剂型与给药途径是否合理；⑤是否有重复给药；⑥是否有潜在的药物相互作用和配伍禁忌。

3. 划价收费

开具销售凭证，按实际零售价格划价收费。收费时，收款员务必做到"三唱一复"。三唱即"唱价"（确认顾客所购商品及价格）、"唱收"（确认所收顾客金额）、"唱付"（确认找给顾客余款），"一复"即复核（收款员确认输入销售系统中的内容与小票内容一致）。

4. 处方调配

处方药的销售应经执业药师审核处方合格后方可调配。调配处方时要认真检查核对药品标签上的名称、规格、用法、用量等，发现有配伍禁忌、重复用药和超剂量处方，应向顾客说明情况，并拒绝调配、销售。必要时，经处方医生更正重新签章后方可调配和销售。药师不得随意涂改处方或替换药品。确认调配的药品必须与处方上的名称、规格相符，调配无误后，在调配处签字。

5. 核对

执业药师或药师须认真核对患者姓名、年龄、性别，以及药品名称、规格、用法、用量等，无误后方可发药，并在复核处签字盖章。

6. 发药

把核对无误的药品包装好，交给顾客，并向顾客交代以下内容：①顾客用药前必须认真阅读药品说明书，并遵医嘱使用；②药品的用法、用量；③用药可能发生的不良反应及注意事项；④药品要在有效期内使用，过期药品不得使用；⑤按照储存要求存放药品，药品性状发生变化，不得使用；⑥服药过程中密切观察疾病的进展情况，症状不缓解或加重应及时就医；⑦耐心回答顾客的咨询，并在发药人处签字。

（二）非处方药销售

图11-1-2为非处方药销售流程。

自选（或由专业技术人员推荐） → 开销售小票 → 收费 → 发药

图11-1-2　非处方药销售流程图

非处方药销售与处方药销售的主要区别在于非处方药可以开架自选，不需要医师处方，消费者可自行购买，也可向驻店执业药师、药师或药品营业员咨询后购买。乙类非处方药也可在经药品监督管理部门批准的超市、大型商场购买。

（三）含特殊药品复方制剂的销售

近年来，一些含特殊药品复方制剂在部分地区出现从药用渠道流失、被滥用或提取制毒的现象，在国内外造成不良影响，且危害公众健康。此类药品包括含麻黄碱类复方制剂、含可待因复方口服溶液、复方地芬诺酯片和复方甘草片等。国家药品监督管理局与公安部等部门先后采取了一系列措施，加强此类药品的监管。

具有药品经营许可证的企业均可经营含特殊药品复方制剂。药品生产企业和药品批发企业可以将含特殊药品复方制剂销售给药品批发企业、药品零售企业和医疗机构。药品零售企业销售含特殊药品复方制剂时，应当严格执行处方药与非处方药分类管理有关规定，非处方药一次销售不得超过5个最小包装。药品生产企业和药品批发企业禁止使用现金进行含特殊药品复方制剂交易。

（四）药品拆零销售

药品拆零销售是药店的业务之一。拆零药品指将最小包装拆分销售的药品，所售药品最小单元包装上无药品说明书，所以不能注明药品名称、规格、用法、用量、有效期等信息。药品拆零销售应按GSP要求做到以下几点：

（1）负责拆零销售人员应经过专门培训。
（2）设置拆零药专柜、拆零药品操作台、衡器和配备必要的拆零工具，如药勺、药刀、拆零药袋、手套等。
（3）拆零药品集中存放于拆零专柜，确保拆零销售药品安全卫生，并设醒目标牌。
（4）拆零药品的原包装应保留到该批号药品销售完；盛药容器应保留原包装标签，不同批号药品不得混装；拆零散装药品不可裸手接触。
（5）为方便消费者服用，便于贮藏，药店应使用专用药袋，确保药品拆零销售使用工具、包装袋清洁卫生，避免人为污染。
（6）拆零销售药品交给消费者时，应在拆零药袋上写明药品名称、规格、服法、用量、有效期等内容，避免消费者遗忘，出现错服、漏服等现象。同时要告知消费者药品说明书上相关内容，如不良反应、注意事项等。
（7）拆零药品的定价要合理，其单价不要高于国家限定价格。
（8）做好拆零销售记录，内容包括拆零起始日期，药品通用名称、规格、生产批号、生产企业、有效期、销售数量、分拆及复核人员等。

第二节　解读处方

处方指由注册的执业医师和执业助理医师在诊疗活动中为患者开具的，由取得药学专业技术职务任职资格的药学专业技术人员审核、调配、核对，并作为患者用药凭证的医疗文书。医疗机构病区用药医嘱单也属于处方。

一、处方基本结构

《处方管理办法》规定，处方由各医疗机构按规定格式统一印制，其中必须包括机构名称、处方编号、患者资料、药品金额等十多个项目。其基本结构有以下3部分：
（1）处方前记。处方前记包括医疗机构全称、费别、科别、患者姓名、性别、年龄、日期等。可添列特殊要求的项目。麻醉药品和第一类精神药品处方还应当包括患者身份证明编号，代办人姓名、身份证明编号。
（2）处方正文。处方正文包括：①处方头，处方以"R"或"Rp"起头，意为拿取下列药品；②接下来是处方的主要部分，包括药品名称、剂型、规格、数量、用法、用量等。
（3）处方后记。医师签名或者加盖专用签章，药品金额，以及审核、调配、核对、发药药师签名或者加盖专用签章。

二、处方种类

根据《处方管理办法》有关规定，处方主要分四大类，即麻醉药品处方、急诊处方、儿科处方和普通处方，印刷用纸应分别为淡红色、淡黄色、淡绿色和白色，并在处方右上角以文字注明，如第二类精神药品处方印刷用纸为白色，右上角标注"精二"。处方由各医疗机构按规定的格式统一印制（见图11-2-1）。

处方样式 1
北京市×××医院特殊药品专用处方 精二

×科　姓名××　性别×　年龄××　身份证　　　　　　　　门诊编号

病情及诊断： 焦虑症	R： 　　地西泮 2.5 mg ×10 　　Sig.　5 mg　h.s. p.o. 医师×××　　　　　　××××年　××月　××日

药费×× 　　计价员×× 　　审核×× 　　调配×× 　　核对×× 　　发药××

处方样式 2
北京市××××社区卫生站处方笺

定点医疗机构编码：　　　处方编号：　　　　　健康档案号/病历号：
科别：××　姓名：×××　性别：×　年龄：××　费别：公费□自费□医保□其他□

病情及诊断： 慢性缺血性心脏病 急性上呼吸道感染 尿急/尿频 过敏试验：	R： 　　通心络胶囊 0.26 g×12×3/1.04 g　p.o. t.i.d. 　　感冒清热颗粒 6 g×10×2/12 g　p.o. t.i.d. 　　三金片 3.5 g×36×2/10.50 g　p.o. t.i.d. 医师×××　　　　　　××××年　××月　××日

药费×× 　　计价员×× 　　审核×× 　　调配×× 　　核对×× 　　发药××

图 11-2-1　处方格式示例

常用处方缩写见表 11-2-1。

表 11-2-1　常用处方缩写对照表

拉丁缩写	中文含义	拉丁缩写	中文含义
Rp. 或 R.	取	Mist.	合剂
q.d.	每日	Ocul.	眼膏

续表

拉丁缩写	中文含义	拉丁缩写	中文含义
q.h.	每小时	Pil.	丸剂
q.6h.	每6小时	Syr.	糖浆剂
q.2d.　q.o.d.	每2日1次，隔1日1次	Tab.	片剂
q.m.	每晨	Ung.	软膏
q.n.	每晚	Supp.	栓剂
h.s.	睡时	i.d.	皮内注射
s.i.d.	1日1次	i.h.	皮下注射
b.i.d.	1日2次	i.m.	肌内注射
t.i.d.	1日3次	i.v.	静脉注射
q.i.d.	1日4次	i.v.gtt.	静脉滴注
a.c.	饭前	p.o.	口服
p.c.	饭后	o.p.	眼用
a.m.	上午	Pr.dos.	一次量、顿服
p.m.	下午	g.	克
Sig. 或 S.	标记（用法）	kg.	千克
Amp.	安瓿剂	L.	升
Aq.	水剂	mg.	毫克
Caps.	胶囊剂	mL.	毫升
Inhal.	吸入剂	IU	国际单位
Inj.	注射剂	U	单位

三、处方管理

为规范处方管理，提高处方质量，促进合理用药，保障医疗安全，根据《中华人民共和国执业医师法》《药品管理法》《医疗机构管理条例》《麻醉药品和精神药品管理条例》等法律、法规，原卫生部联合国家中医药管理局制定了《处方管理办法》。《处方管理办法》对处方权、处方书写规范、处方调剂以及法律责任都做了具体规定。

（一）处方权

执业医师在其注册的执业地点有相应处方权。执业助理医师在其注册的医疗机构开具的处方，经所在执业地点的执业医师签名或加盖专用签章后方有效。经注册的执业助理医师在乡、民族乡、镇、村的医疗机构独立从事一般的执业活动，可以在其注册的执业地点取得相应处方权。

医师在注册的医疗机构签名留样或者专用签章备案后，方可开具处方。

（二）处方书写规范

处方书写应当符合下列规定：

（1）患者一般情况、临床诊断填写清晰、完整，并与病历记载一致。

（2）每张处方限一名患者用药。

（3）处方字迹清楚，不得涂改；如需修改，应当在修改处签名并注明修改日期。

（4）药品名称应当使用规范的中文名称书写，没有中文名称的可以使用规范的英文名称书写；医疗机构或者医师、药师不得自行编制药品缩写名称或者使用代号；书写药品名称、剂量、规格、用法、用量要准确规范，药品用法可用规范的中文、英文、拉丁文或者缩写体书写，但不得使用"遵医嘱""自用"等含混不清的字句。

（5）患者年龄应当填写实际年龄，新生儿、婴幼儿写日、月龄，必要时要注明体重。

（6）西药和中成药可以分别开具处方，也可以开具一张处方，中药饮片应当单独开具处方。

（7）开具西药、中成药处方，每种药品应当另起一行，每张处方不得超过5种药品。

（8）中药饮片处方的书写，一般应当按照"君、臣、佐、使"顺序排列；调剂、煎煮等特殊要求注明在药品右上方，并加括号，如布包、先煎、后下等；对饮片的产地、炮制有特殊要求的，应当在药品名称之前写明。

（9）药品用法用量应当按照药品说明书规定的常规用法用量使用，特殊情况需要超剂量使用时，应当注明原因并再次签名。

（10）除特殊情况外，应当注明临床诊断。

（11）开具处方后的空白处画一斜线以示处方完毕。

（12）处方医师的签名式样和专用签章应当与留样备查式样相一致，不得任意改动，否则应当重新登记留样备案。

（13）药品剂量与数量用阿拉伯数字书写。剂量应当使用法定剂量单位：质量以克（g）、毫克（mg）、微克（μg）、纳克（ng）为单位；容量以升（L）、毫升（mL）为单位；国际单位（IU）、单位（U）；中药饮片以克（g）为单位。

（14）片剂、丸剂、胶囊剂、颗粒剂分别以片、丸、粒、袋为单位；溶液剂以支、瓶为单位；软膏及乳膏剂以支、盒为单位；注射剂以支、瓶为单位，应当注明含量；中药饮片以剂为单位。

（三）处方有效期及处方量

（1）处方开具当日有效。特殊情况下需延长有效期的，由开具处方的医师注明有效期限，有效期最长不得超过3日。

（2）处方一般不得超过7日用量，急诊处方一般不得超过3日用量，对于某些慢性病、老年病或特殊情况，处方用量可适当延长，医师应当注明理由。

（3）开具麻醉药品的处方，注射剂每张处方为一次常用量，缓控释制剂每张处方不得超过7日常用量，其他剂型每张处方不得超过3日常用量。

（4）第一类精神药品处方，注射剂每张处方为一次常用量，缓控释制剂每张处方不得超过7日常用量，其他剂型每张处方不得超过3日常用量。哌醋甲酯用于治疗儿童多动症时，每张处方不得超过15日常用量。

（5）第二类精神药品一般每张处方不得超过7日常用量；慢性病或某些特殊情况的患者，处方用量可以适当延长，医师应当注明理由。

（四）处方保管

处方由调剂处方药品的医疗机构妥善保存。普通处方、急诊处方、儿科处方保存期限为1年，医疗用毒性药品、第二类精神药品处方保存期限为2年。

第三节 医药商品包装

医药商品包装是售后服务的初步体现，是顾客选定商品交清钱款后，营业员的最后一道工序。做好这道工序将给整个销售工作画上一个完美的句号。同时，医药商品包装也是商品销售的有力促销手段和企业宣传的最佳方法之一。

在包装前需了解顾客对包装的需求，是要礼品包装还是一般包装。一般包装应以经济，且顾客喜欢为准；礼品包装应了解接受礼物的对象的特点，并注意选用能充分体现商品价值的包装纸、包装盒或包装袋。

一、包装操作

（一）包装器具与材料

包装器具与材料包括包装纸、包装袋、包装盒、包装绳、印花纸、彩带、剪刀、透明胶带、双面胶等。

（二）包装基本要求

医药商品对包装材料的基本要求是新颖清洁、美观大方、牢固结实、方便携带，体现医药商品可靠的质量和一定的档次，颜色图案应清爽、稳重、高雅，外形设计也要着力创新，一方面体现企业形象，另一方面也要适合医药商品的品位。

（三）包装操作程序

（1）根据商品大小类别选择适当的包装材料，如轻便易提的塑料袋、纸袋或精美小巧的广告袋。

（2）选择好包装袋，经顾客认同后装入商品。如果是拆零药品，应在专用包装纸袋上写明药品名称、规格、用法、有效期、药店名称等内容。

（3）双手把包好的药品递给顾客，并面带微笑致谢。

（四）包装注意事项

（1）在包装药品前，要当着顾客面检查药品数量和质量，让顾客放心。

（2）在包装时要注意保护药品，防止碰坏和串染。

（3）包装操作要规范，不要边聊天边包装，不准出现漏包、松捆或以破损、污秽的包装纸包装药品。

（4）注意固体药品与液体药品，易破碎、污染药品和一般药品，怕热药品和一般药品不要混装。

二、礼品包装技巧

（一）包装操作

医药商品包装的形状有方形、长方形等，相应的礼品包装应按下列步骤进行：

（1）根据待包装盒的大小，剪裁好适当的包装纸。

（2）将包装纸里面朝上，平铺在操作台上，将待包装礼盒放在包装纸的中央位置。

（3）两手同时将包装纸从礼盒两侧折起，扶平整，在礼盒顶角中间交叠，另一只手撕透明胶带，顺交叠缝粘牢。

（4）包装礼盒的另两头用同样的方法，两手将一头的包装纸对边折过交叠，用透明胶带封牢，再折对边，一头封好后，再封另一头。

（5）捆扎丝带。根据顾客喜好选择相应的丝带，丝带可捆扎成"十"字缠绕形，也可捆扎成一道或多道斜角缠绕形。捆扎的方法是：将丝带的一端用透明胶带粘在包装物底部，然后将丝带绕过被包装礼盒到另一端底部，拉紧并用胶带粘牢，剪断丝带，用同样的方法将各条丝带粘牢。

（6）粘花。当上述步骤都完成后，根据顾客审美选择，再将丝带制成各种花结粘在已包装好的礼盒上。

（二）质量检查

将礼品包装完毕后，须进行质量检查。包好的礼盒，必须四面端正，六面平整，捆扎得松紧适度，牢固可靠。用"十"字法捆扎的礼盒，其"十"字要对正；用"井"字法捆扎的，其"井"字绳要分布均匀；用斜对角方法捆扎的，其位置要适中、美观。

实训

活动 处方药销售程序练习

以小组为单位，组员分别扮演销售环节各岗位工作人员，教师或其他组成员扮演顾客，考查学生对处方药销售程序的掌握情况。

第十二章 顾客服务

学习目标

知识目标

掌握：接待顾客的程序，接待顾客的技巧，用药方法，用药注意事项。

熟悉：接待顾客的礼仪，正确储存药品方法。

了解：常见咨询内容。

能力目标

能够以自然得体的仪容仪表接待服务顾客，能够针对不同的药品、不同的人群进行咨询服务。

第一节 接待顾客

一、接待礼仪

上岗时，营业员应穿着整洁的制服，并佩戴好工作牌，整理好仪容，精神焕发地规范站立，微笑着迎接顾客。

（一）仪容、仪表、仪态

1. 仪容自然整洁

（1）清洁卫生。上岗前应做好自身的清洁卫生，包括头发、面部、颈部、手部，同时清除口腔及身体异味，禁止留长指甲。

（2）发型要求。上岗前须整理好自己的发型。发型应自然大方，避免怪异的发型和发色。为顾客服务时，女性营业员应将头发整齐束起，以免头发挡住眼睛；男性营业员不留超过发际的头发，不留大鬓角及胡须。

（3）化妆要求。女性营业员为了表示对顾客的尊重，应适度淡妆，但不应涂彩色指甲油，香水不可过浓，气味不可太怪，不佩戴形状怪异和有色的眼镜。

2. 仪表端庄大方

（1）着装。上岗前应着统一制服，保持制服整洁，熨烫平整，纽扣统一齐全，不应将衣袖或裤脚卷起，在左边佩戴好工作牌。同时要注意鞋与服装的搭配，不宜穿式样过于休闲的鞋或拖鞋。

（2）饰物佩戴。营业员可佩戴一枚戒指或一条项链，但式样不应过于夸张，以体现文雅端庄。

3. 仪态自然得体

营业员应举止大方，包括站姿端正，走姿稳健，动作协调优美。

（1）站姿。即头正，颈直，两眼自然平视前方，嘴微闭，肩平，收腹挺胸，两肩自然下垂，手指并拢自然微屈，中指压裤缝，两脚尖张开夹角成45°或60°，身体重心落在两脚正中，给人以精神饱满的感觉。工作中应避免倚靠柜台，双手抱肩、叉腰、插兜，左右摇摆或蹬踏柜台，嬉笑打闹等不良姿态。

营业时站位：当只有一名营业员时，应站在柜台中央；两名营业员应分立柜台的两侧；三名营业员应均匀分开站立。

（2）走姿。营业员在营业场所内走动时，须保持稳健的步伐，目光平视，头正且微抬，挺胸收腹，两臂自然摆动，身体平稳，两肩不左右晃动。男子要显示出阳刚之美，女性要款款轻盈。走路忌八字脚、忌搂肩搭背。在狭窄的通道遇到顾客，应主动站在一旁，以手示意，让其先行。

（3）其他举止。营业员在为顾客服务的过程中，拿取药品、开具票据等都要训练有素，不慌慌张张、手忙脚乱，动作幅度不宜过大，并始终面带微笑，给顾客以大方亲切、健康、朝气蓬勃之感。在顾客面前打哈欠、挖鼻孔等行为都应坚决禁止。

（二）语言表达

营业员在接待顾客时，主要靠语言与顾客交流，因此要求其谈吐的措辞、语调能清晰准确、快慢适度，表情自然，富有感染力和说服力，做到微笑自然、语气和蔼、情绪饱满、精神集中、姿态与语境合适。

1. **形体语言**

人类的形体语言十分丰富，除站姿、走姿之外，还包括人的表情，营业员应充分调动和正确使用形体语言，特别注意人体表情中的目光和微笑的应用，由此来表现一种仪态仪表的和谐之美和对顾客的迎接。

（1）目光。目光即眼睛的语言，具有极强的表现力，内容丰富，它几乎可以反映出人心中的一切感情波澜，能表达出最细致、微妙的情绪变化。在医药商品的购销中，营业员的目光应该坦然自若、亲切柔和、专注有神。当初次与顾客打招呼时，目光要亲切柔和，以表达对顾客健康的关心；当向顾客介绍药品时，营业员的目光应该专注、炯炯有神，顾客可以从营业员的目光中感受到自信，从而产生对药品的信任。

1）目光凝视的位置。营业员与顾客交流时，目光只有落在顾客脸部一定的位置，才能起到较好的作用。这种位置有如下两种：①以两眼为上线、唇心为下顶角形成一倒三角区。当营业员与顾客交谈时，凝视该三角区的位置，给人一种平等、轻松感，可进一步创造良好的交流气氛。②以顾客两眼为底线、额中心为顶角形成一个正三角区。当营业员凝视顾客该三角区时，会给人认真、有诚意的感觉，同时会使营业员把握住说话的主动权与控制权。

2）目光凝视的时间。与顾客交谈时，营业员应灵活运用目光，时而看看顾客，时而收回目光，不可长时间地紧盯着顾客，长时间目不转睛地盯视顾客是一种不礼貌的表现，会对顾客造成压力。

3）目光应用注意事项。交谈中，当顾客保持缄默不语时，营业员应移开自己的目光，一直紧盯不舍的目光会让顾客尴尬不安；当顾客说错话或表现拘谨不安的时候，不要直视对方，以免对方误会，以为是对他的讽刺和嘲笑；不要将目光长久地聚焦在顾客的眼睛处，以免对顾客造成紧迫感，或给人一种连盯带瞪、不友善的感觉；不要用目光长久地注视陌生的异性顾客，也不要用目光反复地打量顾客，在这种反复打量中，顾客会感到手足无措；不要用鄙视、轻蔑、愤怒等目光盯视顾客。

（2）微笑。微笑是人类最美的面部表情之一，对于营业员来说，要求做到以下几点：

1）微笑发自内心。发自内心的微笑既是一个人的自信、真诚、友善、愉快的心态表露，同时又能制造明朗而富有人情味的销售气氛。发自内心的真诚微笑应是笑到、口到、眼到、心到、意到、神到、情到。

2）微笑适度。微笑自然是人们交往中最有吸引力、最有价值的面部表情，但也不能随心所欲，想怎么笑就怎么笑，不加节制。微笑的基本特征是：齿不露、声不出，既不要故意掩盖笑意、压抑喜悦之情而影响美感，也不要咧着嘴哈哈大笑、前仰后合。营业员的微笑得体、适度，才能充分表达友善、真诚、和蔼、融洽等美好的感情。营业员不适度地笑，将失去一部分顾客。

3）微笑适宜。微笑是"世界通用语言"，在人与人沟通中起到重要作用，但是微笑应该适宜。应注意在适当的环境、适当的时间，应用适宜的微笑。在医药商品的销售中，营业员对顾客微微一笑，可表现服务态度的热情和主动；当遇到顾客产生抱怨和争执时，不温不火地微笑，可缓解对方的紧逼势头；当遇到顾客提出的问题不好回答或不方便回答时，轻轻一笑不作回答，更显出微笑的特殊功能。

2. 服务用语

商业服务中，有些商业用语是特定的和惯用的。对于营业员来说，掌握柜台日常用语，并做到语言亲切、语气诚恳、用语准确、简洁生动，将直接影响顾客对销售服务的满意程度。

商业界对营业员的日常用语进行过总结，并归纳为简洁的"十四字用语"，即"您、请、欢迎、对不起、谢谢、没关系、再见"。营业员在整个销售过程中，应掌握"十四字用语"，并灵活运用。

二、接待程序

营业员在销售药品过程中，接待顾客主要包括迎客、接近、拿递、展示、介绍、成交、包扎、计价、付货、送客等程序。

（一）迎客

迎客，即迎接顾客。其基本要求是随时准备，主动迎客。营业员应遵循以下原则：

（1）站在适当的位置接待顾客。营业员在进入岗位时应根据货架、柜台摆放位置的不同，选择适当的位置。所谓位置适当，一般指既能照顾自己所负责的柜台、货架上的药品，又能便于观察与接近顾客。

（2）以良好的站姿迎接顾客。营业员的仪容、仪表将给顾客深刻的第一印象，直接反映一个药店的管理水平。营业员要以端正的站立姿态和饱满的精神状态面对顾客。如果前面有柜台，应站在距柜台 10 cm 的位置，且双手轻握放在身前或轻扶于柜台上。

（3）适时、适机、主动地招呼顾客。在顾客走近柜台时，营业员要以亲切的语言，自然、热情、诚恳的态度招呼顾客。

（二）接近

接近，即接近顾客，招呼顾客。其基本要求是把握时机，热情接待。营业员应做到：①在接待顾客前，首先要辨明顾客来意；②从顾客的行动和神态来判断最佳接触时机，并运用不同的方式接近顾客；③对有明确购买目标的顾客，应主动、及时、认真地服务。

（三）拿递

拿递，即拿取药品。其基本要求是把握时机，主动拿取，迅速准确，礼貌得体。一般情况下，当顾客对某种药品感兴趣并较长时间注视时，或当顾客第二次临柜仍注视某种药品时，或当顾客直接提出"我要这个"时，营业员应立即主动拿取药品给顾客。营业员拿递药品时，能根据经营药品的特点，准确、敏捷地拿递。

（四）展示

展示，即展现药品。其基本要求是掌握技巧，展示全貌。营业员应做到：①采用多种方法展示，如演示法、感知法、多种类出示法、逐级出示法等；②在展示中，要配合语言解说，解说应简洁明了、重点突出，忌言过其实，避免引起顾客反感；③作用相同、价格、包装、生产企业等不同的药品一起拿出来供顾客选择，但一次不要超过3种，过多易使顾客犹豫不决。

（五）介绍

介绍，即推荐药品。其基本要求是实事求是，态度诚恳。营业员应做到：①介绍药品要实事求是，不可只介绍药品的疗效，回避不良反应；②介绍药品时，态度要诚恳，语言要准确鲜明；③根据顾客情况，精打细算，维护顾客利益。

（六）成交

成交，即达成交易。其基本要求是热情周到，快中求准。营业员应做到：①主动、耐心地帮助顾客挑选药品，做到多问不烦、百拿不厌；②运用销售技巧促进成交；③计量药品时，要操作熟练，快中求准。

（七）包扎

包扎，即包装和捆扎药品。其基本要求是牢固美观，便于携带。营业员应做到：①包扎前，认真检查核对药品，以免出错；②在包扎时，要快捷准确，操作规范，注意保护药品，防止碰坏和串污；③针对顾客要求、携带习惯，采用不同的包装方式和材料，满足顾客需要。

（八）计价

计价，即计算货款、收款找零。其基本要求是迅速准确，唱收唱付。营业员应做到：①一准，即计价、收款、找零要准确；②二快，即计价快、收款找零快，尽可能减少顾客等待时间；③三清楚，即收款、找零要清楚并坚持唱收唱付，向顾客交代清楚，发票填写清楚。

（九）付货

付货，即将药品递交给顾客。其基本要求是主动递交，准确礼貌。营业员应做到：

①将药品双手递交给顾客；②在付货的同时，进行药品用法、用量、注意事项、不良反应等情况的介绍。

（十）送客

送客，即送别顾客。其基本要求是亲切自然，用语恰当。营业员应做到：①有礼貌地送别顾客；②提醒顾客带好随身携带的物品；③等顾客离开后，再收验柜台上的东西。

三、接待技巧

药店营业员工作的过程是同顾客打交道的过程。因此，要满足顾客需要，完成销售任务，必须熟练掌握接待技巧，正确自如地接待每一位顾客，以热情的态度和巧妙的语言艺术引导顾客，成功达成交易。

1. 研究心理，区别接待

营业员要善于体察不同顾客的购买心理，适时地、有针对性地采取恰当的方法接待。

（1）接待理智型顾客。这类顾客进店后对要购买药品的产地、名称、规格等都问得比较完整，在购买前从价格、质量、包装等方面往往进行反复比较和仔细挑选。对这类顾客，要求营业员接待服务要耐心，做到问不烦、拿不厌。

（2）接待习惯型顾客。这类顾客进店后直接奔向所要购买的药品，并能讲出其产地、名称和规格，不买别的替代品。对这类顾客，要在"记"字上下功夫，尊重他们的习惯，千方百计地满足其要求。

（3）接待经济型顾客。这类顾客一般以价格低廉作为选购药品的前提条件，喜欢买便宜的商品。他们熟悉商品情况，进店后精挑细选。对这类顾客，要在"拣"字上下功夫，让其挑到满意的商品。

（4）接待冲动型顾客。这类顾客一听到药店有新保健品或保健器械，便赶到药店，不问价格和用途，到店就买。对这类顾客，要在"快"字上下功夫，同时还要细心介绍医药商品的性能、特点和作用，提醒顾客注意考虑和比较。

（5）接待活泼型顾客。这类顾客性情开朗，活泼好动，选购随和，接待比较容易。对这类顾客，要在"讲"字上下功夫，多做介绍，耐心解释，指导消费。

（6）接待不定型（犹豫型）顾客。这类顾客进店后面对商品拿不定主意，挑了很久还下不了购买的决心。对这类顾客，要在"帮"字上下功夫，耐心介绍商品，当好顾客参谋，帮助其选购商品。一般顾客还是相信营业员意见的。

2. 营业繁忙，有序接待

在顾客多、营业繁忙的情况下，营业员要保持头脑清醒，沉着冷静，精神饱满，忙而不乱地做好接待工作。

（1）按先后次序，依次接待。营业员接待时要精力充沛，思想集中，看清顾客先后次序和动态，按先后次序依次接待。

（2）灵活运用"四先四后"的原则。营业中在坚持依次接待顾客时，要注意灵活运用"四先四后"的原则，使繁忙的交易做到井井有条。"四先四后"的原则是：先易后难，先简后繁，先急后缓，先特殊后一般。

3. 情况特殊，特殊接待

营业员每天要接待各种各样的顾客，而且每一位顾客的心理特点各异、情况不一，要做到不同情况下，使每个顾客都满意，这就要求营业员不仅要有较高的思想觉悟、政策水平和比较熟练的售货操作技术，还要有一套特殊接待的方法和技巧。

（1）接待代人购买药品的顾客。营业员一般可采取一问（问使用人病情）、二推荐（根据代买人口述情况推荐适用药品）、三介绍（介绍推荐药品的功能主治、用法用量及禁忌等）、四帮助（帮助顾客仔细挑选药品）的方法接待。

（2）接待老、幼、病、残、孕顾客。这类顾客，由于生理上和心理上有特殊情况，在购买药品时，更需要营业员的帮助和照顾。在顾客多的情况下，营业员应主动和其他顾客商量，让他们先买先走。同时，还要根据不同情况，妥善接待。

（3）接待结伴而来意见又不一致的顾客。对这类顾客，营业员应掌握顾客心理，判明谁是买主，然后根据主要服务对象，当好参谋，以满足购买者本人的要求为原则来调和矛盾，引导购买，尽快成交。

第二节 医药咨询服务

零售药店应设立医药服务咨询台，由药学技术人员对购药者提供咨询服务，并对其进行个体化用药指导，提高顾客用药依从性，保证用药安全、合理、有效。服务咨询台是药店的服务窗口，除以下所述常见咨询内容外，还要接待对商品质量、服务质量、安全和环境等的投诉。在咨询接待过程中，涉及药品质量的查询或投诉，要详细填写顾客药品质量查询（或投诉）记录。

一、常见咨询内容

（1）商品信息。包括药品适应证、给药方法、用药剂量、不良反应、相互作用、药品贮藏要求及如何鉴定假药、劣药，中药质量与规格等。

（2）治疗信息。根据出现某种疾病或症状提出咨询，寻求对症、对因治疗药物及健康指导等。

（3）价格信息。如药品价格的调整，是否是最低价，是否进入医疗保险报销目录等。

（4）服务信息。如药品邮寄、中药加工等。

二、用药指导

用药指导指通过直接与顾客、家属交流，了解其用药疑问，介绍药品和疾病的知识、指导药品正确使用方法等用药咨询服务的过程。顾客在购买药品时会对某种药品或某种疾病及症状向营业员提出咨询，希望能得到有关健康、药品选择或使用上的正确指导。营业员应认真对待，并且要善于运用接待技巧和专业知识，使用通俗易懂的语言回答顾客的询问，做到尽多地了解顾客的疾病和用药情况，推荐适宜的药物，并指导顾客正确使用药物等。营业员还应尊重顾客，保护顾客隐私。

发药时，营业员应反复嘱咐顾客用药前需仔细阅读药品说明书。用药指导的主要内容有如下几个方面。

（一）药品名称

营业员发药时首先应当介绍药品通用名、商品名。尤其要让顾客知道通用名相同、商品名不同的药品，只是由不同厂家生产的同一种药，避免顾客重复用药。帮助顾客核对药品名称和取药数量。当遇到顾客同时使用多种药物且易混淆时，应特别嘱咐每次吃药前都必须仔细核对药品名称，千万别吃错药或重复用药。

（二）用药方法

对于首次使用的药品，应予以特别交代，尤其是需要精准剂量、使用复杂的药品，也可将正确用药的示意图发放给顾客，还可引导顾客到药物咨询处请咨询药师帮助顾客掌握正确用药方法。如正确使用胰岛素及注射方法、吸入给药剂型的使用方法。

1. 口服制剂

（1）胶囊剂。服用胶囊剂时，应用水送服，不宜干吞。服用胶囊尤其是硬胶囊时，让胶囊在口中与水充分接触使胶囊壳湿润后，仰头吞下，避免胶囊黏附在食管上产生异物感或损伤食管。如果咽喉内有异物感觉，可尽快服用大量水。胶囊剂不宜打开服用，尤其是缓控释胶囊和肠溶胶囊绝不能打开服用。

（2）溶液剂。有些溶液剂特别是中成药制剂，瓶底有沉淀是正常现象，可摇匀后服用。如果药品说明书中没有说明此种情况，有的溶液剂发生沉淀则可能是质量问题，不宜服用。

（3）颗粒剂。常规颗粒剂用温热水溶解后服用。也有不能用水冲服的颗粒剂，如孟鲁司特钠颗粒剂（顺尔宁），说明书写明"本品不应溶解于除婴儿配方奶粉或母乳外的其他液体中服用。但是服药后可以饮水"。还有的颗粒剂不能用温度较高的热水冲服，如含有活性菌的微生态制剂。

（4）糖浆剂。糖浆剂不应兑水送服，也不要在服药后马上喝水、漱口。如常用的止咳糖浆、蜜炼川贝枇杷膏、急支糖浆等，这些糖浆剂服用后会直接黏附在咽喉部起到最直接的消炎止咳作用，同时对咽喉黏膜形成保护层，减少外来刺激，起到镇咳的作用。

（5）泡腾片、泡腾颗粒。一般宜用 100~150 mL 凉白开水或温水浸泡，待其完全溶解或水中气泡消失后方能饮用，不可用水吞服或含服。

（6）缓释、控释制剂。大多数不可以掰开服用。若在片面"中心线"处有明显划痕，并在说明书的用法用量中有可掰开服用说明，可以掰开服用。掰开后的药片需整个吞服，不可嚼碎，如琥珀酸美托洛尔缓释片（倍他乐克）。口服的缓释、控释胶囊剂，同样不能除去胶囊壳服用。

（7）肠溶片。肠溶片不能掰开、碾碎、嚼碎服用。有时肠溶片不可与食物同服。临床上常用的肠溶片有阿司匹林肠溶片、胰酶肠溶片、吲哚美辛肠溶片、奥美拉唑肠溶片、双氯芬酸钠肠溶片、红霉素肠溶片等。

（8）舌下含服制剂和口腔含服制剂。舌下含服制剂，应放于舌下，不能用舌头在嘴里移动药品以加速溶解，也不能咀嚼或吞服药品。常见舌下含服制剂有硝酸甘油、速效救心丸等。口腔含服制剂，应含服，不应吞服，常见口腔含服制剂有西瓜霜含片、西地碘含片等。舌下含服制剂和口腔含服制剂含服后都不要马上喝水、吃东西，应留出一定时间让药物充分吸收。

（9）咀嚼片。可吞服、咀嚼含吮或用水分散后服用，即使在缺水状态下也可以保证按时服药，尤其适合老年人、儿童、卒中、吞服困难及胃肠功能差的患者。常见需要嚼碎服用的药物有治疗消化道溃疡病的药物（盖胃平、复方氢氧化铝、硫糖铝、铝碳酸镁等）、钙制剂（碳酸钙、葡萄糖酸钙等）、助消化类（如干酵母）。患者若不喜欢药片在嘴里咀嚼的感觉，可将药片掰碎后用少量水送服。

（10）分散片。分散片可以加水分散后服用，也可含于口中吮服或吞服。

2. 五官科外用制剂

（1）滴眼剂。使用滴眼剂前后要清洁双手，并用消毒棉签拭去眼内分泌物和泪液。头后仰，眼向上望，轻轻将下眼睑提起，使眼球与下眼睑之间开成一袋状。将药液自眼角侧滴入袋内，一次1~2滴。勿将滴眼剂瓶口接触到眼睑或睫毛，以免污染。滴后用干净的药棉或纸巾擦拭眼角溢出的药液，轻轻闭眼1~2 min，用手指轻压泪囊区。若滴入阿托品、硝酸毛果芸香碱、氢溴酸毒扁豆碱等有毒性的药液，滴后应用棉球压迫泪囊区2~3 min，避免引起毒性反应，对儿童用药尤应注意。若同时使用两种滴眼剂，二者应间隔10 min。一般先滴健眼，后滴患眼；先滴症状较轻的眼睛，后滴症状较重的眼睛，避免交叉污染。滴眼剂多在晚上临睡前使用。

（2）滴鼻剂。洗净双手，揩净鼻腔分泌物，如果鼻腔内有干痂，应先用温盐水软化去除。滴鼻前先呼气，头部向后仰，依靠椅背，或平卧床上，肩部垫高，头尽量后仰。滴管在鼻上1~2 cm处，不要接触到鼻黏膜，对准鼻孔滴药液。滴鼻后，适当吸气，使药液尽量达到较深部位，保持仰位1 min后坐直。如滴鼻剂流入口腔，可将其吐出。同时使用几种滴鼻剂时，先滴用鼻腔黏膜血管收缩剂，再滴入抗菌药物或其他药物。

（3）滴耳剂。将滴耳剂用手捂热至接近体温后使用。用消毒干棉签将耳道内的分泌物擦拭干净，或用3%过氧化氢（双氧水）彻底清洗外耳道及内耳腔内的脓液和分泌物。取坐位侧偏头或侧卧于床上，外耳道口向上，牵拉耳郭，将外耳道拉直。按医嘱或药品说明书指定的滴数使用。滴管不要触及外耳道壁。滴液后，保持原体位3~5 min，然后用手轻轻地按压一下耳壁，借用外力让药液流进中耳内。

3. 皮肤科外用制剂

（1）软膏剂与乳膏剂。用温水、中性肥皂或洗涤液清洁患处。涂上软膏或乳膏后轻轻按摩，直到药膏或乳剂消失。有破损、溃烂及渗出的部位应避免涂抹。用药次数按说明书要求可多次涂抹，膏体涂抹的厚度应适中。角质层厚的地方，如病甲，最好用温水浸泡软化甲板，把病甲削薄、剥除后涂抹。为了能使药物更好地渗入皮肤，可采用封包疗法，即敷上保鲜膜使角质层水化以促进吸收。如果使用后有过敏现象，如烧灼感、红肿等情况，应停药并立即将局部的软膏或乳膏洗去。

（2）外用溶液剂。外用溶液剂多用于湿敷。使用前清洗患处，使用比创面略大的消毒纱布浸透溶液，放在创面上，隔5~10 min更换一次。外用溶液片应溶解后使用，如高锰酸钾外用片临用前配制成1:5 000溶液，可直接将患处浸入溶液中药浴，不得口服。混悬液如炉甘石洗剂，应先摇匀再使用。

（3）贴膏剂。使用前可先用温水洗净皮肤贴敷位置并擦干，毛发过多者可剃净毛发后再贴。一般每日更换一次，不宜长时间大面积使用。如果皮肤敏感，再次贴敷时应与上次贴敷位置错开或延长贴敷间隔时间。使用贴膏剂前应选准位置，摸准疼痛点，将膏药中心贴于最痛处。粘贴时先将膏药与橡胶衬垫分开一部分，将这部分粘贴于最痛处附近，顺着痛点方向边粘边将橡胶衬垫撕去。如果发生皮肤过敏，症状轻微能耐受者，可适当减少贴用时间或增加贴敷间隔时间；不能耐受者，停用3~5天即可恢复，症状严重者应去医院处理。

（三）用药剂量

药品说明书或医师处方中大多只规定了每日或每次服用的剂量，如每次0.5 g或10 mg，每日2 g或30 mg。有些顾客无法正确计算剂量，营业员发药时应介绍清楚。

（1）使用通俗易懂的语言或书面交代顾客一次服用几片、几粒、几袋、几支等。

（2）对于瓶装的内服液体制剂，应耐心指导顾客如何正确量取剂量。

（3）糖尿病顾客自行使用胰岛素注射时，应特别注意因顾客使用的注射器具不同而采用不同的注射剂量单位"U"或"mL"，发药时必须核实顾客已掌握正确的胰岛素用量。

（4）顾客长期服药时，所使用药品变更厂家或规格时，需特别提示顾客，并与顾客核实其是否已掌握正确的用药剂量和服法，确保顾客用药剂量正确。

（四）用药时间

药物的用药次数和时间以说明书为准。很多顾客不了解用药时间，营业员发药时要给予正确指导。

（1）每日1次，即每日同一时间服用一次，如每日清晨或晚上。有些药物需在特定时间服用。如地塞米松片或醋酸泼尼松片，在每日8点服用可提高药效和减少不良反应。

（2）每日2次，即每日早晨、晚上各一次，相隔约12 h。如布洛芬缓释胶囊。

（3）每日3次，通常指早、午、晚各1次。有些药物对体内血药浓度稳定要求较高，如时间依赖性抗菌药物（注射用头孢唑啉钠）、抗癫痫药（丙戊酸钠片）等，应均衡间隔时间，即每8小时用药一次。有些药物服用时间与进餐时间有关，如降糖药（格列喹酮片）和治疗消化系统疾病的药物，应按照三餐时间服用，而不是间隔8小时一次。

（4）每日4次，即间隔约6 h一次。如可在7点、13点、18点、睡前服用。

（5）早晨服用，即早餐前或早餐后。某些有昼夜节律性的药物，需要早晨服用，如降压药苯磺酸氨氯地平片、抗抑郁药盐酸氟西汀胶囊及泻下药等。

（6）睡前服用，通常指睡前15~30 min内服用。服药后不应立即卧床，避免药物滞留于食管。抗过敏、镇静安眠药物因顾客服用后可产生嗜睡作用，故适合睡前服；因肝脏合成脂肪的峰期多在夜间，有的降血脂药物（如辛伐他汀）应在睡前服用；哮喘多在凌晨发作，为使止喘效果更好，止咳平喘类药物也选择在睡前服用。

（7）餐前服用，一般指餐前30~40 min时服用。胃黏膜保护药，如复方氢氧化铝片、铝碳酸镁片、复方铝酸铋片等，餐前服用。大部分降糖药需要餐前服用，但因其作用机制各不相同,所以服药时间也有所不同。如磺脲类胰岛素促泌剂,格列喹酮等应餐前 30 min 服用,而格列美脲因起效快,可以在早餐前即服。

(8) 餐中服用,指进餐时随餐一起服用药物,还可表述为"随餐"或"餐时"服用。进餐少许后服药,服药后继续用餐。如抗真菌药物、非甾体抗炎药、助消化药等。

(9) 餐后服用,一般指在餐后 30 min 时服用,多数药物在餐后服用。如非甾体抗炎药吲哚美辛片、布洛芬胶囊,餐后服用可减少对胃的刺激;组胺 H_2 受体拮抗剂西咪替丁、雷尼替丁等餐后服用,可有更多的抗酸时间和缓冲作用时间。

(10) 空腹服用,一般指餐前 1 h 或餐后 2 h 服用。睡前因离两餐时间都比较远,也属一般意义上的空腹。如驱虫药在空腹时服用,肠道药物浓度较高,利于药物与虫体直接接触,增强疗效;以保护胃黏膜为主要作用的药物,如硫糖铝混悬液和咀嚼片等,均应在空腹服用,便于药物与受损胃黏膜充分接触。

(五) 服药饮水量

1. 服用时不宜多饮水的药物

(1) 胃黏膜保护剂。硫糖铝、枸橼酸铋钾、胶体果胶铋、氢氧化铝凝胶等服用前后 30 min 内不宜饮用水、碳酸饮料,以便药物在食管、胃和肠道内形成保护膜,增强保护消化道和胃肠道作用,饮水和进食后会影响疗效。

(2) 抗利尿药。服用加压素等抗利尿药时应限制饮水,以免引起水钠潴留、水肿、体重增加。

2. 服用时宜多饮水的药物

(1) 平喘药。服用茶碱类等药物时,由于茶碱可以提高肾血流量,产生利尿作用,使尿量增多而易导致脱水,进而出现口干、多尿和心悸,宜多饮水。

(2) 氨基苷类抗生素。使用氨基苷类抗生素,如庆大霉素、阿米卡星等肾毒性较大的药物时,多喝水有利于稀释并加快药物排泄。

(3) 磺胺类药物。磺胺类药物主要经肾脏排泄,在尿液中浓度较高,易形成结晶,发生尿路刺激和堵塞,出现疼痛、结晶尿、血尿。服用此类药物后宜大量饮水,便于尿液冲走结晶,亦可以加用碳酸氢钠碱化尿液,利于结晶溶解。

(4) 利胆药。服用熊去氧胆酸时应多饮水,避免腹泻引起脱水。

3. 服用时宜大量饮水的药物

(1) 双膦酸盐。阿仑膦酸钠等双膦酸盐类在用于治疗高钙血症时因导致水流失进而引起电解质紊乱,服用后应大量饮水。

(2) 抗痛风药。服用丙磺舒或别嘌醇时,应大量饮水,保证每天不少于 2 L,避免形成尿酸结石,同时服用碳酸氢钠碱化尿液。

(六) 漏服

一般情况下,漏服药物后,切不可在下次服药时加倍补服,以免出现严重不良反应,特别是那些安全剂量范围窄、毒副作用强的药物,如苯妥英钠,加倍剂量可导致中毒。一般可按"漏服药物时间是否超过用药时间间隔的 1/2"原则进行判断,如顾客原本是早 8 点和下午 4 点服用药物,中午 12 点以前可以按原量补服,不影响下顿服药时间及剂量,超过

12点则不用补服药物。如果一天服一次的药物，当天记起应马上补服，如果第二天想起，不可加倍服药。

（七）不良反应及注意事项

应向顾客解释清楚任何药品在正常用法用量使用中都会出现不良反应。对可能会引起严重不良反应的药品，要向顾客特别交代。对于可能产生的轻微的、可逆转的不良反应，也应适当告知，避免顾客过度焦虑。嘱其药物使用后，一旦发生较严重不良反应，或出现预料之外的不良反应，应立即停药并及时就诊。还应向顾客交代用药物注意事项，如服用喹诺酮类药物后应避免晒太阳，以免发生皮肤光敏反应；服用有嗜睡不良反应的抗过敏药，应避免驾驶车辆或高空作业；服用激素类药物不能突然停药等。

（八）药物相互作用

询问顾客是否正在服用其他药品，以判断药物间是否存在相互作用。如克拉霉素与辛伐他汀联用时，克拉霉素可提高辛伐他汀产生不良反应的风险，二者应尽量避免联用；含活菌的微生态制剂应避免与抗菌药物合用，必要时可间隔2 h服用，以保证药效。

（九）特殊人群用药

1. 儿童用药

要告知家长药品使用剂量和给药方法，提醒其要仔细阅读药品说明书，尤其是药品用法用量、注意事项、禁忌、储存等内容；不要自作主张增加儿童用药剂量和用药次数；用药时，要严密观察其病情变化及药物反应；要将药品放在儿童不能取到的地方，尤其不能与零食放在一起。儿童处于生长发育阶段，许多脏器、神经系统发育尚未完全，要特别注意合理、正确使用抗生素和解热镇痛药、微量元素及维生素。

2. 老年人用药

老年人记忆力减退、智力下降，容易重复用药或漏服、误服。除了对老年人进行必要的口头交代外，还应在药品外包装上详细注明药品用法用量，也可嘱咐其家属帮助督促检查，以提高用药的依从性。建议药师对记忆力差又无人照看的老年人采用单剂量调配，以保证其不漏服、错服药物。也可使用药品分装格，将每日药品事先分装好，以免老年人忘记。

3. 妊娠期、哺乳期妇女用药

妊娠期、哺乳期妇女使用药物，应与医生共同探讨用药利弊。妊娠期用药尽量选用对孕妇和胎儿比较安全的药物，并且注意用药时间、疗程及剂量等。药物在乳汁中的排泄会对婴儿产生影响，哺乳期妇女用药尽量选择对婴儿影响小的药物。

（十）饮食注意

1. 酒

饮酒会降低药效和增加不良反应发生的概率。例如，服用抗癫痫药物苯妥英钠期间，饮酒会加速药物代谢，使药效减弱，癫痫发作不容易控制。乙醇在体内经乙醇脱氢酶的作用代谢为乙醛，有些药物可抑制该酶的活性，干扰乙醇代谢，使血液中乙醇浓度增高，出现双硫仑样反应。甲硝唑和一些头孢类抗生素均存在类似问题。因此在服药前后，注意避免饮酒。

2. 茶

茶叶中含有大量鞣酸、咖啡因、儿茶酚等。其中鞣酸能与药物中的多种金属离子如钙、铁、铋等结合而产生沉淀，影响药物吸收。鞣酸还能与胃蛋白酶、胰酶蛋白结合，使酶失去活性，减弱后者辅助消化药物的疗效。鞣酸还可以与四环素、大环内酯类抗生素相结合，影响抗菌治疗效果。因此，在服药期间尤其要注意不要饮用浓茶。

3. 烟

吸烟本身就对身体健康有害，还会影响药物疗效。对于吸烟的人群来说，服药时尤其要注意吸烟对药效的影响，特别是在服用麻醉药、镇痛药、镇静药、解热镇痛药和催眠药的时候，最好不要吸烟。

4. 葡萄柚汁

服用硝苯地平、辛伐他汀、环孢素和胺碘酮等期间忌喝葡萄柚汁。

（十一）药品储存

（1）向顾客介绍药品储存的条件与方法，并指导其在每次用药前应检查药品外观有无变化，检查药品小包装有效期，发现异常应立即停用。

（2）提醒顾客把药品放在儿童拿不到的地方，避免儿童误服造成伤害。

（3）提醒顾客按照药品说明书和外包装上药品的贮藏条件保存药品。如调节肠道微生态药物培菲康，短时间处于常温环境中不会失活，但是最好存放于 2～8 ℃冰箱中，以免双歧杆菌三联活菌失活而失效。喹诺酮类抗菌药、氨茶碱、维生素 C、硝酸甘油在光线作用下会变质，宜放置于原包装中并在暗处保存。最好将药品贮藏于药品原包装内。一般来说只有需要短期服用，例如出差带药或者为老年人摆放未来一周用药品时，才将药品从原包装内拆出，放置于临时药盒、药瓶或包装袋中。

此外，定期清理过期变质药品，避免误服。

（十二）其他

某些药物会改变尿液、粪便颜色。如服用维生素 B_2 可使尿液变黄，利福平可使尿液变红，富马酸亚铁和铋剂可引起大便变黑等。应提前告知顾客，以免引起不必要的恐慌。

实训

活动一　接待顾客

模拟销售场景，按照接待程序接待顾客，注意接待礼仪，并使用接待技巧，进行用药指导。

活动二　用药指导

1. 请对阿昔洛韦滴眼液的使用方法进行用药指导。
2. 介绍老年人用药注意事项。
3. 他汀类药物是否能用葡萄柚汁服用？
4. 李阿姨有慢性肾炎，最近因为呼吸道感染到药店咨询，家里现有头孢拉定胶囊和阿奇霉素片，服用哪种抗感染药较合适？请帮李阿姨选择合适的药物，并进行说明。

第十三章 售后服务

学习目标

知识目标

掌握：处理顾客查询与投诉的操作过程，处理药品退换货的原则。

熟悉：代客煎药的常用设备及操作，顾客投诉的原因，处理药品退换货的操作程序，药品不良反应报告制度及操作要点。

了解：处理顾客投诉的技巧。

能力目标

能按要求进行代客煎药服务，能正确处理顾客查询、投诉，能妥善处理顾客的退换货，能按药品不良反应报告制度进行药品不良反应报告。

药品售出后，有些顾客会提出要求，也会出现诸如顾客投诉及退换货的问题，另外，药店服务人员有责任对药品不良反应进行监测和报告。

第一节 代客加工

代客煎药指患者购买中药饮片后请求有加工条件的企业根据处方要求将中药饮片制成汤剂。代加工企业有医疗机构、药品经营企业，也有专门代加工药品的独立企业。

一、代客煎药的原则

（1）处方经审方、计价、调配后，根据患者要求，代客煎煮中药。

（2）包装材料应取得药包批准文号，或者从合法的生产企业购进。

（3）为了保证购买者的知情权，让患者放心服用，在配制好的药包外观包装上应标明服用方法和服用期限，以利患者服用。

（4）为了保证用药安全，避免代客煎药中出现差错，加工者除自身严于律己、具有较全面的专业素质外，还应尽可能做到在患者或顾客监督下加工。

二、代客煎药的常用设备及操作

（一）煎药机

煎药机的组成如图 13-1-1 所示。

（二）操作过程

清洗煎药机的煎药缸，使液体流出管道，关闭好放液开关。检查煎药单与处方内容是否相符。将处方规定的饮片用纱布袋包好后，投入煎药机的煎药缸内，加入计算的水量

（使每次服用的汤剂液量控制在 100~150 mL，但应没过饮片包），浸泡一定时间，接通电源，设定好武火至沸加热时间、文火持续煎煮时间等数据，即可开机煎制。处方中若有先煎、后下、包煎等药味，可分别做好标记，装入纱布袋另器浸湿，再按设定的时刻投入煎药缸中，使药材中的有效成分浸取完全。制袋灌封机构可提前通电预热，并设置好每袋煎液灌装体积和上、下、纵封合加热辊的工作温度。待饮片煎煮完成后，打开放液开关并开启制袋灌封机构，即可在与外界隔离的状态下，把煎好的药液自动计量、装袋和封口，经检查药袋无漏液后即可贴签。

当然，代客煎药还存在一些问题，需要客观看待、科学帮扶，通过严格监管，在保证质量的前提下，使代客煎药更方便群众。

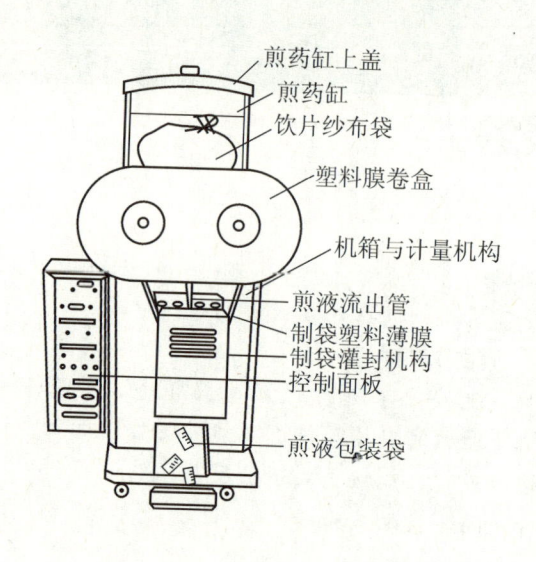

图 13-1-1　煎药机示意图

第二节　处理顾客查询与投诉

随着人们生活水平、消费水平的提高及自身保护意识的加强，顾客到药店不仅希望能买到所需药品，还希望能得到满意的药学服务。如果某一方面不能满足，就会产生不满和抱怨，甚至投诉。在对顾客的服务过程中，营业员应妥善处理顾客的异议，热情诚恳地答复顾客的查询，并做好记录。

一、处理投诉的原则

（一）分析投诉原因

顾客投诉既是药店经营不良的反应，同时又是改善药店销售服务十分重要的信息来源之一。通常顾客投诉的原因主要表现在以下方面。

1. 对医药商品的投诉

（1）商品质量有问题。商品质量有问题主要表现在产品过保质期、品质差、包装破损等方面。

（2）价格问题（过高）。因为顾客对价格较为敏感，会对所购药品价格高于其他药店而提出意见。

（3）商品缺货。商品缺货，尤其是热销或特价药品的缺货，会使顾客产生被欺骗感而不满。

2. 对服务质量的投诉

（1）服务方式和服务态度欠缺。

（2）收银员找错零钱或票据书写错误。

（3）服务项目不全或原有服务项目取消引起顾客不满。

3. 对安全和环境的投诉

（1）意外事件的发生。药店安全措施不当，造成顾客受到意外伤害而引起投诉。

（2）环境的影响。药店装卸货时影响顾客通行、响声太大、温度不适宜、照明过暗或过亮、地面太滑、卫生不佳、扰民等。

（二）注意事项

在解决顾客投诉时要克制自己的情绪，耐心倾听并保持冷静。在解决顾客投诉的问题时要以顾客利益为出发点，及时地诚心诚意地寻找最佳解决方案，恢复顾客对药店的信任感，切记不要与顾客为敌。查清造成顾客投诉的责任部门和责任人，并及时纠正。即使是顾客的错，也要及时妥善处理，以顾客满意为目标。每起顾客投诉及处理过程都要详细记录在案，总结经验，吸取教训，并为以后更好地处理顾客投诉提供参考。

二、处理查询与投诉的操作

（1）保持平静心情。在处理查询与投诉时，要就事论事，对事不对人，用微笑和善的态度请顾客说明事由。

（2）有效倾听。诚恳地倾听顾客的诉说，并表示你完全相信顾客所说的一切，要让顾客发泄完不满的情绪，心情得到平静，营业员不要去辩解。

（3）富有同情心。站在顾客的立场上考虑问题，或回应顾客。

（4）表示歉意。不论顾客提出的问题责任在谁，都要向顾客诚心地表示歉意，并表示感谢。

（5）记录顾客查询、投诉内容。无论是通过电话、书信或直接上门投诉，都要填写顾客药品质量查询（或投诉）记录（见表13-2-1），要求记录详细、清楚。

表13-2-1 顾客药品质量查询（或投诉）记录

查询（投诉）人姓名		时间		联系方式		地址	
						电话	
质量查询（或投诉）内容： 接待人： 日期：							
涉及药品	药品名称		规格			产品批号	
	生产企业		数量			有效期至	
质量负责人意见： 质量负责人： 日期：							
公司质量负责人意见： 质量负责人： 日期：							

本表一式两份，一份门店留存，一份质量管理部留存。

（6）分析顾客投诉的原因。仔细分析事件的严重性，有意识地了解顾客的期望要求，抓住顾客投诉的重点，确定责任归属。

（7）提出解决方案。对所有顾客投诉，都必须有处理意见，填写顾客药品质量查询（或投诉）记录，向对方提出解决方案，并尽量让顾客了解我方对解决问题所付出的诚心努力，找出折中的方式来满足顾客要求。

（8）执行解决方案。根据顾客药品质量查询（或投诉）记录的填写内容，如果双方都同意解决方案，应立即解决；不能当场解决的，应告诉顾客原因，特别要详细说明处理的过程和手续，双方约定其他时间再做出处理，并将经办人姓名、电话告诉顾客，以便事后追踪处理。

（9）检讨处理过失。将处理过程仔细记录在案，定期检查产生投诉的原因，从而加以修正，并及时以各种方式向员工通报投诉产生的原因、处理结果、处理后顾客的满意情况及今后改进的措施。

三、处理顾客投诉的技巧

（1）看顾客的眼睛以表示自己的诚恳。与顾客交谈时，切忌左顾右盼，表现得心不在焉，或不礼貌地上下打量顾客，盯视顾客身体的其他部位，这些都会加重顾客的抵触情绪，容易致顾客愤怒，使问题解决的难度加大。

（2）关注顾客兴趣。应有意识地了解顾客的兴趣和关心的问题，这样交谈容易切入顾客感兴趣的话题，使顾客产生认同感。

（3）注意顾客反应。首先把顾客的主张提出来作为话题，然后把顾客引导到你的主张上来，这样双方的主张从个人的东西变成存在于两者中间，有了客观性，然后稍稍进行启发，以便顾客对我方的观点表示理解，这对解决双方矛盾有效。

（4）适当的时候详细询问事实情况。在顾客愤怒时，若首先询问事情的经过，容易造成顾客的愤怒情绪更加不易控制。因此，应使用各种方法使顾客的愤怒情绪平息后，再询问事情经过。

第三节　处理顾客退换货

药品退换工作是药店售后服务的重要内容之一。药品的退换货常伴随顾客抱怨或投诉而发生，正确处理好顾客退换货的要求，有助于提高药店的服务质量，树立药店的信任感。

一、处理药品退换货的原则

（一）处理原则

药物是特殊商品，一旦拆封后，就有可能被污染，不能再出售，因此处理退换货时要求遵循一定的原则：①包装没有拆封时，只要确认是本店出售的，就可以退换；②如果包装已被拆封，且确实是药品质量的问题，则可以考虑退换；③非质量因素，则一般不予退换。

（二）注意事项

（1）端正认识，深刻体会处理好顾客药品退换业务是体现药店诚意的最好途径，要意识到顾客的信赖是千金不换的财富。

（2）要以爱心去对待顾客，面对顾客的退换，不能怕麻烦，不能推诿，要急顾客之所急，迅速帮助顾客处理好医药商品退换。

（3）营业员应该本着负责的精神，区别退换情况，做出妥善处理。做到：①退换的一般药品，经检查只要没有污染，没有超过有效期，不影响其他顾客的利益和再次出售，都要主动给予退货。②对本店出售的过期失效、残损变质、称量不足的药品，不但应退换，而且要主动道歉，并保证不再发生类似事件。如果顾客因此而受损失、酿成事故，还应给予赔偿或按国家有关规定处理。③因顾客使用不当、保管不善而造成的残损变质或买后超过有效期的，一律不予退换，但是要用礼貌而委婉的语言，耐心讲清道理，说明不能退换的原因。

（4）要对顾客负责。如果在一段时间内，同一药品有数起退换事件发生，那就证明药品质量明显有问题，营业员必须停止销售，并通知顾客退换。

二、处理药品退换货的操作

（1）倾听。认真听取客户要求退换的原因。

（2）检查。仔细检查要求退换的医药商品的包装、生产批号、外观质量、购货小票，确认是否是本药店所售。

（3）记录。将退换货情况填写在退货药品处理记录（见表13-3-1）或售后服务记录（见表13-3-2）上。

表 13-3-1　退货药品处理记录

序号	日期	退货单位	品名规格	单位	数量	批号	生产企业	退货原因	质量验收	验收员	处理结果	经办人	备注

表 13-3-2　售后服务记录

序号	日期	服务内容	服务原因	顾客姓名	联系地址及电话	处理结果	经办人	备注

（4）道歉。对顾客因购买商品所带来的烦恼表示诚恳道歉。
（5）征询。征询顾客意见，看是否同意以货换货或退货。
（6）处理。双方协商意见一致后，办理退货手续，开出红票，顾客签名。
（7）后处理。将退回商品进行质量验收。质量合格可以继续销售，做必要账务处理后入库或陈列柜台；质量不合格者，则进入不合格区，登记不合格商品处理记录，做进一步处理。
（8）通报。将商品退换原因、处理结果向有关部门及员工通报，以期引起重视，并在服务工作中加以改善。

第四节 药品不良反应报告

国家药品监督管理局主管全国药品不良反应监测工作。地方各级药品监督管理部门主管本行政区域内的药品不良反应报告和监测工作，并应当建立健全药品不良反应监测机构，负责本行政区域内药品不良反应报告和监测的技术工作。各级卫生行政部门负责本行政区域内医疗机构与实施药品不良反应报告制度有关的管理工作。国家药品不良反应监测中心（该机构设在国家药品监督管理局药品评价中心）承担全国药品不良反应监测技术工作。

建立药品不良反应报告制度的主要目的就是进一步了解药品不良反应情况，及时发现新的、严重的药品不良反应，以便药品监督管理部门及时对有关药品加强管理，避免同样药品、同样不良反应重复发生，保护更多人用药安全和身体健康。

不良反应案例举例：

（1）2000年：我国有患者服用了含有PPA（Phenylpropanolamine，苯丙醇胺）的药品制剂后，出现过敏、心律失常、高血压、急性肾衰竭、失眠等严重不良反应。

（2）2004年：美国默沙东制药公司宣布，召回解热镇痛药——万络。原因是患者连续服药超过18个月，患心脏病、消化道出血和卒中的概率会大大增加。

（3）2006年：我国苯甲醇蛙腿事件。部分医院将苯甲醇作为青霉素的溶媒使用，造成了儿童臀肌挛缩，走路呈"八"字。

（4）2006年：我国鱼腥草针剂致人死亡事件给我们再次敲响警钟。

一、药品不良反应报告制度

药品不良反应（Adverse Drug Reaction，ADR）指合格药品在正常用法用量下出现的与用药目的无关的有害反应。

药品不良反应报告制度是国家药政管理机构为保障公众用药安全，依据法律法规规定药品上市许可持有人、药品生产企业（包括进口药品境外制药厂商）、药品经营企业和医疗机构及时上报药品不良反应的重大举措，同时鼓励社会个人自愿报告药品不良反应。特别是后者，由于覆盖面广，反馈信息量大，成效显著，已成为许多国家监测的手段。

1. 报告主体

药品上市许可持有人、药品生产企业、药品经营企业和医疗机构是我国药品不良反应报告的法定报告主体，这些单位应当建立药品不良反应报告和监测管理制度，并保存药品不良反应报告和监测档案。

药品上市许可持有人、药品生产企业应当设立专门机构并配备专职人员，药品经营企业和医疗机构应当设立或者指定机构并配备专（兼）职人员，承担本单位药品不良反应报告和监测工作。从事药品不良反应报告和监测的工作人员应当具有医学、药学、流行病学或者统计学等相关专业知识，具备科学分析评价药品不良反应的能力。

事实证明，实施药品不良反应报告制度：一方面有利于提高医务人员对药品不良反应的正确认识，避免其重复发生，促进合理用药；另一方面可以警告被通报药品生产企业，加强对其生产药品的追踪监测、改进工艺、提高质量，完善药品说明书；也为药品监督管理部门、卫生行政部门的监督管理提供依据。

2. 报告范围

我国药品不良反应报告范围是：新药监测期内的国产药品应当报告该药品所有不良反应；其他国产药品，报告新的和严重的不良反应。进口药品自首次获准进口之日起5年内，报告该进口药品所有不良反应；满5年的，报告新的和严重的不良反应。

3. 报告程序

国家对药品不良反应实行逐级、定期报告制度。对严重或罕见的药品不良反应，则须随时报告，必要时可越级报告。药品上市许可持有人、药品生产企业、经营企业和医疗机构获知或者发现可能与用药有关的不良反应，应当通过国家药品不良反应监测信息网络报告；不具备在线报告条件的，应当通过纸质报表报所在地药品不良反应监测机构，由所在地药品不良反应监测机构代为在线报告。

国家药品不良反应监测中心对各地上报的药品不良反应报告和监测资料进行收集、整理、调查、评价、反馈，对不良反应药品采取相关措施或发布药品不良反应警示信息。如提请医生注意，限制使用并建议药品生产企业修改说明书，控制生产、暂停销售使用，责成重点监测报告单位进行系统考察，或停止生产、销售、使用，直至撤市。

二、药品不良反应报告操作要点

国家实行药品不良反应报告制度，药品上市许可持有人、药品生产企业、药品经营企业和医疗机构发现或者获知新的、严重的药品不良反应应当在15日内报告，其中死亡病例须立即报告；其他药品不良反应应当在30日内报告。有随访信息的，应当及时报告。个人发现新的或者严重的药品不良反应，可以向诊治医师报告，也可以通过药品生产企业、药品经营企业或者当地药品不良反应监测机构报告，必要时提供相关病历资料。

填写"药品不良反应/事件报告表"（见表13-4-1）要认真阅读填写说明、理解用语的含义，报告内容应当真实、完整、准确。如严重药品不良反应指因使用药品引起以下损害情形之一的反应：①导致死亡；②危及生命；③致癌、致畸、致出生缺陷；④导致显著的或者永久的人体伤残或者器官功能的损伤；⑤导致住院或者住院时间延长；⑥导致其他重要医学事件，如不进行治疗可能出现上述所列情况的。又如，新的药品不良反应指药品说明书中未载明的不良反应。说明书中已有描述，但不良反应发生的性质、程度、后果或者频率与说明书描述不一致或者更严重的，按照新的药品不良反应处理。

表 13-4-1 药品不良反应/事件报告表

首次报告□ 跟踪报告□									
报告类型：新的□ 严重□ 一般□ 报告单位类别：医疗机构□ 经营企业□ 生产企业□ 个人□ 其他□ 编码：_____									
患者姓名：	性别：男□ 女□	出生日期：年 月 日 或年龄		民族：	体重（kg）：		联系方式：		
原患疾病：		医院名称：		既往药品不良反应/事件：有□ 无□ 不详□					
		病历号/门诊号：		家庭药品不良反应/事件：有□ 无□ 不详□					
相关重要信息：吸烟史□ 饮酒史□ 妊娠期□ 肝病史□ 肾病史□ 过敏史□ 其他□									
药品	批准文号	商品名称	通用名称（含剂型）	生产企业	生产批号	用法用量（单次剂量、途径、日次数）		用药起止时间	用药原因
怀疑药品									
并用药品									
不良反应/事件名称：				不良反应/事件发生时间： 年 月 日					
不良反应/事件过程描述（包括症状、体征、临床检验等）及处理情况（可附页）：									
不良反应/事件的结果：治愈□ 好转□ 未好转□ 不详□ 有后遗症□ 表现：_____ 死亡□ 直接死因：_____ 死亡时间：年 月 日									
停药或减量后，反应/事件是否消失或减轻？ 是□ 否□ 不明□ 未停药或未减量□									
再次使用可疑药品后是否再次出现同样反应/事件？ 是□ 否□ 不明□ 未再使用□									
对原患疾病的影响：不明显□ 病程延长□ 病情加重□ 导致后遗症□ 导致死亡□									
关联性评价	报告人评价： 肯定□ 很可能□ 可能□ 可能无关□ 待评价□ 无法评价□ 签名：								
	报告单位评价： 肯定□ 很可能□ 可能□ 可能无关□ 待评价□ 无法评价□ 签名：								
报告人信息	联系电话：			职业：医生□ 药师□ 护士□ 其他□_____					
	电子邮箱：			签名：					
报告单位信息	单位名称：	联系人：			电话：		报告日期： 年 月 日		
生产企业请填写来源	医疗机构□ 经营企业□ 个人□ 文献报道□ 上市后研究□ 其他□								
备注									

实训

活动

模拟顾客投诉场景，按照处理投诉的基本原则，妥善处理投诉，并填写顾客药品质量查询（或投诉）记录。

第十四章

收银

> **学习目标**
>
> **知识目标**
> 掌握：人民币基本知识，收银方法与流程。
> 熟悉：药品营销中票据、银行卡、电子支付工具的支付方法。
> 了解：收银机的组成结构。
>
> **能力目标**
> 能正确辨别人民币真伪，能正确完成药品收银工作程序和相应票据处理，能对收银机进行日常保养与维护。

第一节 收银知识与技能

在药品经营企业，除了营销人员及各类管理人员外，还有一个岗位是不可或缺的，这就是被称为"小金库"的收银人员。企业欢迎一专多能型人才，常希望一个人能够同时胜任几个岗位，营销人员不仅会销售药品，还要在需要时能够收银。下面介绍收银人员必须具备的基本知识与基本技能。

一、人民币知识

（一）人民币简介

《中华人民共和国中国人民银行法》规定：中华人民共和国的法定货币是人民币。1948年12月1日我国开始发行第一套人民币，至今已发行了五套人民币。目前市场上流通的人民币以第五套为主。

人民币的单位为"元"（圆），简写为"RMB"；人民币的符号为"¥"。人民币辅币单位是角、分。人民币没有规定法定含金量，执行价值尺度、流通手段和支付手段等职能。

收银人员由于工作关系，每天与大量人民币现钞接触，应学会正确使用人民币，也要自觉爱护人民币。

（二）人民币辨识

自中华人民共和国成立以来，我国共发行了5套人民币。目前市面流通使用的是第五套人民币。识别人民币纸币的真伪，通常采用"一看、二摸、三听、四测"的方法。一看即看水印，看安全线，看光变油墨，看票面图案，看图案线条与微缩文字。二摸即通过触摸人民币纸币上的人像、盲文点判定。三听即通过抖动钞票使其发出声响，根据声音来分辨人民币纸币真伪。四测即借助放大镜、紫外灯、磁性检测仪等一些简单工具和专业仪器来分辨人民币纸币的真伪。

假币一般具有以下特征：①纸张采用普通书写纸，在紫外灯光照射下，票面呈蓝白色荧光反应。②水印用淡黄色油墨印刷在票面正、背面水印位置的表面，垂直观察，在票面的正、背面均可看到一个淡黄色毛泽东人头像印刷图案；迎光透视，固定人像水印轮廓模糊，没有浮雕立体效果。③印刷票面颜色较浅，采用胶版印刷，表面平滑，票面主要图案无凹版印刷效果，墨色平滑不厚实，票面主景的线条粗糙，立体感差。票面线条均由网点组成，呈点状结构；无红、蓝彩色纤维。④安全线用无色油墨印在票面正面纸的表面，迎光透视，模糊不清，缩微文字模糊不清；无磁性。⑤古钱币阴阳互补对印图案错位、重叠。⑥胶印缩微文字模糊不清，凹版印刷缩微文字模糊不清，无隐形面额数字。⑦光变油墨面额数字不变色；在紫外灯照射下，无色荧光油墨"100"等较暗淡，颜色浓度及荧光强度较差。⑧在紫外灯光照射下，有色荧光油墨印刷图案色彩单一、较暗淡，颜色浓度及荧光强度较差。⑨无无色荧光纤维，横竖双号码中的黑色部分无磁性。

二、支付工具

药品营销过程中，根据客户需求或供需双方签订的销售合同确定采购方的货款结算方式。一般常用的货款支付工具除现金支付外，还包括票据、银行卡、电子支付工具等各种形式。

（一）票据

我国在20世纪80年代末期建立起以汇票、本票、支票和银行卡"三票一卡"为主体的新的结算制度，允许票据在经济主体之间使用和流通。20世纪90年代初以后，票据在我国得到普遍推广和广泛运用。

票据指出票人约定自己或委托付款人在见票时或指定的日期向收款人或持票人无条件支付一定金额并可流通转让的有价证券，包括汇票、本票和支票。票据行为具有4个特征：①要式性。即票据行为必须依照票据法的规定，在票据上载明法定事项并交付。②无因性。指票据行为不因票据的基础关系无效或有瑕疵而受影响。③文义性。指票据行为的内容完全依据票据上记载的文义而定，即使其与实质关系的内容不一致，仍按票据上的记载而产生效力。④独立性。指票据上的各个票据行为各自独立发挥效力，不因其他票据行为无效或有瑕疵而受影响。

1. 汇票

汇票是出票人签发的，委托付款人在见票时或者在指定日期无条件支付确定的金额给收款人或者持票人的票据。按照出票人的不同，汇票分为银行汇票和商业汇票。由银行签发的汇票为银行汇票，由银行以外的企业、单位等签发的汇票为商业汇票。

（1）银行汇票。银行汇票是银行应汇款人的请求，在汇款人按规定履行手续并交足保证金后，签发给汇款人并由其交付收款人的一种汇票。银行汇票的基本当事人只有2个，即出票银行和收款人，银行既是出票人，又是付款人。一般企业单位或个人将款项交存银行，由银行签发给其持有并前往异地办理转账结算或支取现金的票据。

银行汇票中一般指定某一特定人为收款人；汇票的金额起点为500元；银行汇票的付款期为1个月，从签发汇票之日起算，无论大、小月份，均到下月对应日期止。到期日如为节假日，可以顺延。逾期汇票，兑付银行不予办理。

银行汇票具有票随人到、方便灵活、兑付性强的特点，因此银行汇票深受广大企事业单位、个体经营户和个人的欢迎，其使用范围广泛，使用量大，对异地采购起到积极的作用。银行汇票现已成为使用最广泛的支付工具之一。

（2）商业汇票。商业汇票是企事业单位等签发的，委托付款人在付款日期无条件支付确定金额给收款人或持票人的一种汇票。商业汇票一般有3个当事人，即出票人、付款人和收款人。按照承兑人的不同，商业汇票分为商业承兑汇票和银行承兑汇票。由银行承兑的汇票为银行承兑汇票，由银行以外的企事业单位等承兑的汇票为商业承兑汇票。

与银行汇票相比，商业汇票适用较窄，各单位之间只有根据购销合同进行合法的商品交易，才能签发商业汇票。其他如劳务、债务清偿、资金借贷等都不可用此方式。另外，商业汇票只适用于在银行开立账户的法人，其他无法人资格的单位不得使用商业汇票。

商业汇票适用于企事业单位先发货后付款或双方约定延期付款的商品交易。这种汇票经过购货单位或银行承诺付款，承兑人负有到期无条件支付票款的责任，对付款人具有较强的约束力。购销双方根据需要可以商定不超过6个月的付款期限。购货单位在资金暂时不足的情况下，可以凭承兑的汇票购买商品。销货单位急需资金时，可持承兑的汇票向银行申请贴现。销货单位也可以在汇票背面背书后转让给第三者，以支付货款。

2. 本票

本票是出票人签发的，承诺自己在见票时无条件支付确定的金额给收款人或者持票人的票据。银行本票是申请人将款项交存银行，由银行签发给其凭以办理同一票据交换区域内转账或支取现金的票据。银行本票的基本当事人有2个，即出票人和收款人。按照其金额是否固定，银行本票可分为不定额与定额2种。

使用银行本票一般是在同一城市或同一票据交换区域内，不定额本票金额起点为100元，定额本票面额分为1 000元、5 000元、10 000元、50 000元；银行本票的付款期自出票日起最长不超过2个月，无论大、小月份，均到下月对应日期为止。到期日如为节假日，可以顺延。逾期兑付，兑付银行不予办理，但可在签发银行办理退款。

收银人员收到本票后，应对银行本票认真审查。审查内容包括：银行本票上的收款单位是否为本单位，背书是否连续；银行本票上加盖的汇票专用章是否清晰；银行本票是否在付款期内；填写的各项内容是否符合规定；金额大、小写是否相符。

在我国流通并使用的本票只有银行本票一种，目前在一些经济比较发达的城市和小商品市场比较发达的地区使用比较多。无论单位、个人是否在银行开户，各种款项结算，都可使用银行本票，银行见票即付，具有结算迅速、使用方便、信誉度高的特点。

3. 支票

支票是出票人签发的，委托办理支票存款业务的银行或者其他金融机构在见票时无条件支付确定的金额给收款人或者持票人的票据。支票的基本当事人有3个：出票人、付款人和收款人。支票是我国使用最普遍的非现金支付工具。在同一城市范围内的商品交易、劳务供应、清偿债务等款项支付，均可以使用支票。

支票分为现金支票、转账支票2种。现金支票可用于支付现金，可由存款人签发，用于到银行为本单位提取现金，也可签发给其他单位和个人，用于办理结算或委托银行代为支付现金给收款人。转账支票只能用于转账，适用于存款人给同一城市范围内的收款单位划转款项，办理商品交易、劳务供应、清偿债务和其他款项结算。

支票通过同城票据交换，提交签发人开户银行审核后付款。持票人委托开户银行收款时，开户行将所有委托收款的支票通过同城票据交换所提交给出票人开户行。如果在规定的退票时间（隔场交换）内没有退票，则收款人开户行即将款项转入收款人账户内。

（1）支票结算注意事项。收银人员在进行支票结算时应注意：①支票使用范围。按照规定，凡在银行开立账户的单位及个人，在同一城市或票据交换地区进行商品交易、劳务供应、债务清偿和其他款项结算，均可使用支票。我国各城市均建立了票据交换所，北京和天津、上海和南京、广州和深圳等地还打破行政区划，建立了区域性票据交换中心。②支票一律记名。除定额支票外，支票一律记名。经中国人民银行总行批准的地区转账支票还允许背书转让，背书转让必须连续。③支票金额起点为100元，付款有效期为10日。期限由签发的次日算起，遇节假日可顺延。过期支票作废，银行不予受理。④支票填写注意事项。支票签发要用碳素墨水笔或支票打印机认真填写；支票大、小写金额和收款人三处不得涂改。其他内容如有改动，须由签发人加盖预留银行印鉴证明。中国人民银行规定：对出票人签发空头支票、签章与预留银行签章不符的支票，银行应予以退票，并按票面金额处以5%但不低于1千元的罚款；持票人有权要求出票人赔偿支票金额2%的赔偿金。对屡次签发的，银行应停止其签发支票。由于签发远期支票容易造成空头，所以银行禁止签发远期支票。⑤支票挂失。已签发的现金支票遗失，可以向银行申请挂失。挂失前已被支付的，银行不予受理；已签发的转账支票遗失，银行不受理挂失，但可以请收款单位协助防范。从未来发展趋势来看，尽管包括电子支付在内的各种新的支付工具不断出现并被广泛使用，支票的使用量仍将保持在较高水平。特别是个人支票的推广使用，将会改变支票结构，成为支票中富有生命力的品种。

（2）支票审核注意事项。收银人员在受理支票结算时，应根据银行的各种规定对支票进行各项审核。具体审核内容和要求有：①审核支票书写项目。审核内容包括有效期、限额、印鉴、公章、开户行账号及有效证件，支票不允许折叠。②记录持票人有关资料。持票人姓名、有效证件号码、联系电话等填于背书右侧空白处。③登记事项。支票结算完毕，将支票号码、单位名称、购物金额登记在缴款单上，及时传递，并由收票人签收。④注意支票有效期。支票有效期为10日。从签票次日起算，遇节假日，有效期依次顺延。特别注意跨年度或跨月份的日期计算。⑤注意支票填写规范。支票由付款方填写，因此收银员不得接收内容填写不全的支票，特别注意金额的大、小写数字是否准确。大写数字分别为壹、贰、叁、肆、伍、陆、柒、捌、玖、拾、佰、仟、万、亿。小写金额前要加入人民币符号"￥"。⑥预防空头支票。收银员收到买方交来支票，并不等同于收到货款。要预防支票图章与银行预留印鉴不符的情况，一般采取款到付货原则。

（二）银行卡

银行卡是由商业银行（含邮政金融机构）向社会发行的具有消费信用、转账结算、存取存金等全部或部分功能的信用支付工具。银行卡是当今发展最快的一种金融服务之一。我国于1985年由中国银行发行国内第一张银行卡。

1. 银行卡的分类

银行卡按照是否给予持卡人授信额度，可分为借记卡、信用卡。借记卡在领卡时，须先交存一定备用金，按先存款、后消费的原则使用，借记卡不能透支。信用卡是由银行或信用卡公司向资信良好的个人和机构签发的一种信用凭证，持卡人可在指定的特约商户购物或获得服务。信用卡既是发卡机构发放循环信贷和提供相关服务的凭证，也是持卡人信誉的标志，可以透支。信用卡按是否向发卡银行交存备用金，分为货记卡和准贷记卡。贷记卡是发卡银行给予持卡人一定的信用额度，持卡人可在信用额度内先消费、后还款。准贷记卡指持卡人须先按发卡银行要求交存一定金额的备用金，当备用金账户余额不足支付时，可在发卡银行规定的信用额度内透支的信用卡。

银行卡还有其他分类方法：按照发卡对象，分为个人卡、公司卡；按照信用等级分类，分为普通卡、金卡、白金卡，甚至有最高信用等级的黑卡；按照使用范围，分为地区卡和国际卡；按同一账户持卡人主次，分为主卡和副卡等。

2. 银行卡使用方法

大多数收银人员所接触的银行卡只有两类：一类为大众化的借记卡，如牡丹灵通卡、招商一卡通、葵花卡，这类卡不能在银行透支，必须凭密码在自动柜员机（ATM 机）和销售点情报管理系统（POS 机）上取款或消费；另一类是顾客所持有的真正信用卡（贷记卡），可以透支、转账和消费。

（1）借记卡使用流程：①持卡人将购物小票和借记卡交给收银人员；②收银人员根据顾客购物金额在 POS 机上压卡；③提请顾客输入借记卡密码；④密码正确，请顾客在购物单上签名，如密码连续 3 次输入不正确，则请顾客另选结算方式进行结算；⑤将签购单的回单、借记卡及购物小票退还持卡人。

（2）贷记卡使用流程：①持卡人将本人信用卡、本人身份证、购物小票同时交给收银员（彩照卡无须提供身份证）；②收银人员检查信用卡的真实性（是否造假、是否挂失、是否过期、是否非本人使用），如出现不确定情况，则立即停止信用卡结算，请顾客另选结算方式；③收银员根据顾客购物金额在 POS 机上压卡；④请顾客在购物单上签名，并仔细核对签购单签名字体是否与信用卡背面预留签名相符；⑤将签购单的回单、贷记卡及购物小票退还持卡人。

借记卡与贷记卡使用流程基本相同，但贷记卡可不需顾客输入密码。贷记卡在顾客申办时，要求其填写大量个人信息，其中包括个人签名等手续，这就为贷记卡安全性设置了第一道屏障。使用贷记卡过程中，要求收银人员核对顾客身份证和签名字迹，这就为贷记卡设置了第二道安全防线。

（三）电子支付工具

电子支付日益成为人们消费的重要支付方式，在药品营销行业已成为规模化支付手段。广义的电子支付工具包括卡基支付工具、网上支付和移动支付（手机支付）等。随着电子银行的兴起和微电子技术的发展，电子支付技术日趋成熟，电子支付工具品种不断丰富。电子支付工具从其基本形态上看是电子数据，以金融电子化网络为基础，通过计算机网络系统以传输电子信息的方式实现支付功能。利用电子支付工具可以方便地实现现金存取、汇兑、直接消费和贷款等功能。下面简单介绍相关电子支付工具。

网上支付是电子支付的一种形式，是指通过第三方提供的与银行之间的支付接口进行即时支付。常见的网上支付模式有网银模式、银行支付网管模式、共建支付网管模式和信息技术产业公司支付模式。在典型的网上支付模式中，银行建立支付网管和网上支付系统，为客户提供网上支付服务。网上支付指令在银行后台进行处理，并通过传统支付系统完成跨行交易的清算和结算。在传统的支付系统中，银行是系统的参与者，客户很少主动参与到系统中；而对于网上支付系统来说，客户成为系统的主动参与者，这从根本上改变了支付系统的结构，这种支付形式的好处是可以直接把资金从用户的银行卡转账到网站账户中，汇款马上到账，不需要人工确认。客户和商家之间可采用信用卡、电子钱包、电子支票和电子现金等多种方式进行网上支付，采用网上电子支付的方式节省了交易开销。网上支付仍然需要银行作为中介，目前银行提供网上支付服务已经介入了企业对消费者（B2C）、商业对商业（B2B）电子商务合作。

移动支付指客户利用移动终端如手机等电子产品进行电子货币支付。移动支付的主要表现形式为手机支付。这将互联网、终端设备、金融机构有效地联合起来，形成了一个新型支付体系。移动支付具有时空限制小、方便管理、隐私度高、综合度高等特点。移动支付过程主要涉及三方：消费者、商家、移动运营商。前端消费系统保证消费者顺利地购买到所需的产品和服务，并可随时观察消费明细账、余额等信息；商家管理系统可随时查看销售数据以及利润分成情况；移动运营商的支付管理系统在整个移动支付环节中提供了前提和可能，维系移动支付流程的每一个环节，因此是最复杂的部分。它包括鉴权系统和计费系统两个重要子系统，它既要对消费者权限、账户进行审核，又要对商家提供的服务和产品进行监督，同时为利润分成的最终实现提供技术保证。目前移动支付平台热潮已由国内蔓延到国外，各大银行、通信公司、电商企业纷纷推出自己的移动支付系统，如微信、支付宝。随着信息技术的飞速发展，电子支付工具必将具有广阔的发展前景。

第二节　收银操作实施

收银相关环节及操作流程相对简单。下面介绍收银的重点内容。

一、收银操作

（一）收银操作流程

1. 营业前准备

（1）工作面清洁。营业前要提前进入工作岗位，将收银工作台周边环境清洁整齐。其中包括：擦净收银台、收款机；清扫收银周围地面；准备购物车、筐，并检查有无损坏；备齐收银相关物品（包装袋、打印纸、封口胶、笔、记录本、收款单、暂停结算牌、验钞机）。收银人员要注意仪容仪表，做到服装整洁、发型规整大方、佩戴工作牌。

（2）认领备用金。收银员上岗前要了解当日营销特点、状况以及各类药品的新价格，熟悉各类药品的码放位置。在了解当日活动特点后，正确估计现金流动状况，并领取相应的备用金。正确清点备用金，并准备足够零款。

（3）开机检查。收银工作前应开机，检查收银设备运转是否正常、打印装置是否连接正常、验钞机是否工作正常。查看收银机内部程序设定与各项统计数值是否正确归零、后台服务器与前台收银机连接是否正常、信息传输是否正确。检查工号与日期是否正确。准备工作做好后，收银人员签到，并将备用金放入钱箱。

2. 收银工作

（1）为顾客结算。为顾客进行药品销售结算是收银员的重要职责，也是收银工作的核心。在结账过程中，收银员必须做到正确、礼貌、迅速。具体结账流程分为7个步骤：①礼貌招呼顾客。双眼正视顾客，并亲切自然地打招呼"您好"。②用扫描器扫描药品，清楚读出药品金额，为顾客所选药品逐一结账，并做好消磁工作。③扫描结束后，报出药品结算总额。④唱收顾客钱款。⑤唱票找零。⑥迅速、恰当地为顾客将药品分类装入包装袋中。⑦礼貌地向顾客道别。

（2）特殊作业处理。特殊作业的内容及处理原则包括：①赠品兑换或赠送；②退货、换货由领班或组长按规定执行；③折扣处理按规定执行；④收取支票由领班或组长登记后按规定收取（一般收取支票3日后付货）；⑤收款机出现死机后，不得擅自重新启动，需要通知后台人员处理。填写系统运行日志，详细记录死机情况及处理方法和过程。

营业过程中暂时出现无顾客结账时，收银员应办理一些收银准备工作，以提高后续收银工作效率。如处理、补充收款台必备物品，整理收款台周边的物品摆放，兑换零钱，整理顾客的退、换货，擦拭收款台，协助其他岗位工作，同时做好交接结算的准备工作。

3. 营业后工作

收银员在营业工作结束后，还需要进行一系列整理及统计工作，包括结算营业总额、关闭收款机、协助现场人员处理善后工作等。具体操作如下：

（1）结算营业总额。结算营业总额指整理现金、清点钱款，并按规定封存，填写缴款单，整理当日销售记录和账表。

（2）关闭收款机。将钱箱货款取出，签字退出后安全关机，盖上防尘罩，切断电源。

（3）协助现场人员处理善后工作。擦拭购物车、筐，并安放到位；将滞留在款台上的药品归返原处；整理收款台周边环境；检查各项电器是否关闭、电源是否切断。

4. 交款与存款

由于各药品经营企业的规章制度不同，交款与存款流程也不尽相同，目前主要有以下几种交、存款方式：

（1）交接班时，由收银员结算营业总额，整理现金、点清钱款，并按规定封存，填写缴款单，经员工通道直接向财务交款。

（2）营业结束后，收银员与当班负责人一起清点钱款。由财务主管和出纳员来款台收款。

（3）营业款由收银员和当班负责人一起到银行存款。当班负责人也可指定人员协助存款，由此引起的责任需当班负责人承担。

（二）收银注意事项

1. 收银差异处理

收银差异指收银员所收现金金额与电脑记录系统中的金额数据不符。收银差异产生的主要原因包括：①收银员收款错误或找零错误；②收银员没有零钱找给顾客或顾客不要找出的小额零钞；③收银员误收假钞；④收银员错误输入收银机数据；⑤收银员在兑零过程中出现错误；⑥收银员不诚实或盗窃公司款项等。

当出现收银差异时，无论何种原因，差异是多还是少，都是收银员的工作失误，因此一般经营单位都会制定相应规章制度，在收银差异超出规定时给予收银员相应的处罚。

2. 应对顾客技巧

顾客的要求多样且复杂，收银工作中难免出现不能满足顾客需求的情况，导致其产生抱怨，并与收银员发生冲突。因此在收银工作中，收银员还要掌握一些应对顾客情绪的技巧。如暂时需要离开收银台时，要向顾客解释原因并获得理解，采用礼貌语言"请您稍等片刻"，当重新回到收银台前时，应招呼顾客，并说"让您久等了"；由于自己的疏忽或有无法解决的难题时，应主动道歉；给顾客提供意见让其决定时，应说"若是您喜欢的话，请您……"等礼貌用语。

二、POS 机的使用

POS 机的使用是收银工作的重要组成部分，目前市场上的医药管理进销存系统是由不同开发商开发的，因此有多种不同软件。下面以其中一款为例介绍前台零售的基本操作。

（一）POS 机的结构与功能

1. POS 机主要结构

POS 机主要由主机、键盘与鼠标、客户显示屏、主显示屏、扫描枪、票据打印机、钱箱组成（见图 14-2-1）。

1—主机；2—键盘；3—鼠标；4—客户显示屏；
5—主显示屏；6—扫描枪；7—票据打印机；8—钱箱。

图 14-2-1　收银机

2. POS 机各部件的功能

（1）主机。主机是销售系统的主体，此部分安装有药品进销存软件系统。

（2）键盘以及鼠标。键盘及鼠标是销售操作的主要部件，主要靠键盘右下方的数字键、上下左右四个箭头键，以及"Enter（确定）"键来进行操作。

（3）客户显示屏。客户显示屏主要用来给顾客显示相关内容，包括从开始出现的"Hello"到每个药品的价格、总价和最后的找零金额。

（4）主显示屏。主显示屏主要是工作人员操作时依据的主体，显示销售的一系列相关内容。

（5）扫描枪。通过用扫描枪扫描药品的条形码，显示相应货物信息，出现药品的一系列属性，包括价格、品名、规格等。收银员扫描商品后进行结算，选择支付宝或微信付款方式，确认后将跳转到扫描付款条形码界面，此时让顾客出示支付宝或微信付款码，直接用扫描枪即可完成付款。

（6）打印机。确定收款正确后打印收款小票。一般主要显示由收款员、售货员代码，品名，数量，规格，单价，总价，以及所享受的优惠等内容组成的销售信息。

（7）钱箱。当确认收款输入正确，按"Enter"键确定后，开始打印售货小票的同时，系统自动弹开钱箱，开始收银工作。也可直接点击屏幕显示的"打开钱箱"使之弹开。此外没有其他途径可打开钱箱。

（二）POS 机操作程序

1. POS 机一般操作程序

POS 机的一般操作程序见图 14-2-2。

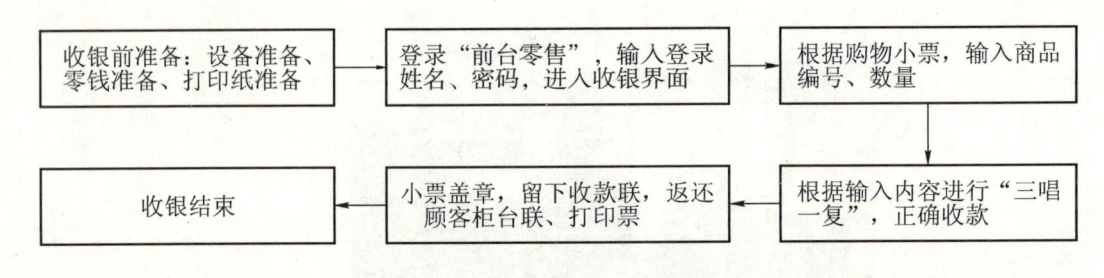

图 14-2-2 POS 机的一般操作程序

（1）收银前准备。插上电源，打开相关电源开关。检查打印机是否缺纸，客户显示屏、主显示屏、扫描枪等各部件功能是否正常；确定上述各项功能均正常后，即可进行收银。打开主显示屏桌面的"前台收款"系统，并键入"登录姓名""密码"，按"Enter"键后，进入系统界面。

（2）输入交易明细。顾客凭购物小票前来交款，小票样本见图 14-2-3。收银员在系统的"销售"界面窗口输入销售小票中药品的"售货员代码""货品编号"等信息，系统自动显示药品名称及其规格、单价（此处也可根据条码扫描的方法录入信息），然后输入该药品的购买数量即可完成。依次进行可完成多个药品的输入。

2020年6月26日					NO: 0143939							
货品编号	品名	单位	数量	单价	金额							
					十	万	千	百	十	元	角	分
04422016	甲泼尼龙片	盒	1	37.90					3	7	9	0
15220029	生理性盐水鼻腔喷雾器	盒	2	68.00				1	3	6	0	0
合计	人民币（大写）	壹佰柒拾叁元玖角整										

收款员：王小二　　　　　　　　　　　　　　　　售货员：01

图 14-2-3　销售小票样本

（3）将光标放在"小计"位置，开始依次向顾客报出各药品单价与总价。顾客付款后，收银员应重复报出所收款项，并在系统窗口"现金"位置输入金额，此时出现找回零钱的界面图。根据系统信息向顾客报出找零数额。在此过程中应同时核对计算机输入的药品编号、名称及数量是否与小票相符合，此即"一复"。

（4）用鼠标单击"确定"，或直接按下键盘上的"Enter"键，系统自动弹开钱箱，同时票据打印机开始打印。

（5）收银员按照要求在小票上盖章后，相应把收款联留下，将顾客联、柜台联以及打印小票一起交给顾客。若购物小票是两联，则打印票据可作为顾客购物凭据由其保存。

2. POS 机退货操作

由于药品是特殊商品，一般无特殊原因，药品售出以后概不退货。特殊情况下需得到经理或相关领导批准后方可退货。另外，由于营业员、收银员的错误操作而造成系统销售信息错误时，也需进行退货处理。

（1）一般退货处理。在系统的前台人员权限中设定允许自由退货。由营业员开具退货小票，收银员在系统的"销售"窗口中根据退货小票的内容输入相应数据（如上述操作步骤）。但应注意在退货"数量"输入时，数据应为负数，相当于退货使库存增加。

（2）整单退货处理。当需要对已做过的交易整单取消时，也可直接进入"退货"窗口，屏幕出现"流水号或发票号"窗口，输入相关信息后，系统自动显示原单据相关信息，此时确定完成退货操作。

（3）录入过程中取消销售处理。当收银员录入未完成，需要取消某个药品信息时，可选择"单笔取消"，再选择需要取消的商品，确定即可。完成录入"小计"后，顾客取消了所有选购商品，可按下"整笔取消"键，按提示操作即可。

3. POS 机折扣操作

在某些特殊情况下，药品可能出现打折情况。药品打折操作主要包括两种情况：一是在所购药品中只有一个药品打折，其他无变化，此种情况为单笔折扣；二是顾客有该店的会员卡，所有药品均享受某一折扣率，此种情况为整笔折扣。两种情况的操作与正常收款相差不大，具体操作如下：

（1）单笔折扣处理。收银员在系统"销售"界面窗口输入销售小票中药品的"售货员代码""货品编号"等信息后，在系统"单笔扣率"处输入所享受的折扣数，通常系统默认为以百分数表示。因此，若产品打9.5折，则只需在此商品的"单笔扣率"处输入95即可。

（2）会员卡打折处理。收银员在系统"销售"界面窗口输入销售小票中所有药品的"售货员代码""货品编号"等信息后，在系统的"会员卡卡号"处输入相应卡号，此时单击"持卡人"，出现系统默认的持卡人，所有商品"单笔扣率"处均出现系统默认的折扣率，如90、85等，折扣率大小由系统设置。

（三）POS机操作注意事项

（1）收款时应做到"三唱一复"，即唱价、唱收、唱付，复核输入数据与票据是否有误差。

（2）收银员因某种原因离开收银岗位而不希望他人操作此设备时，可按下系统中"锁定机器"键，此时只有通过输入当前收银员登录密码，才能重新开始操作。

（3）收银员需要修改口令时，可在"员工登录"窗口中按下"更改口令"键，系统出现修改口令对话框，先输入原有口令，进入系统后两次输入修改后口令，系统即确认修改。

（4）收款机是机电一体设备，故机器工作时不要打开机壳；不要将金属物或水杯放置于机器上，以免引起短路或其他不必要的损害。

（四）POS机常见故障及处理方法

（1）收款机无任何显示。收款机突然没有任何显示，首先检查电源插头是否被碰掉，然后确定是否由于瞬间电流过大，或异物掉入机器内而造成主板保险管烧断。

（2）收款机显示混乱。一般是由于意外造成收款机内部程序混乱，需要由指定维护人员进行相应处理。

（3）打印机不能打印。先检查打印机机盖是否关好，再检查打印机某部分是否被卡住，最后检查是否因收款机死机造成。

（4）收款机报警。常见报警故障有两方面：一是由于打印机内有尘土或异物挡住传感器，造成报警；二是由于重物压住键盘，造成报警。一般用吹风机清除机内异物或挪走重压物就可恢复正常。

（5）钱箱卡住。钱箱中放入钱币过多会造成钱箱被卡。

（6）扫描枪故障。一般扫描枪的作用是将药品信息扫描后传输给收款主机。扫描枪故障大多是信息无法传输造成的。首先检查扫描枪与收款主机的连接线路是否松动，再检查是否由于扫描枪端口堵住不再进行数据传输。此时可切断扫描枪电源，将端口复位，重新连接。最后检查条形码扫描设置是否意外丢失。此时需要重新设定扫描枪后，才能继续使用。

（7）鼠标操作失灵。若遇到突发的鼠标失灵情况，需要进行及时处理，依靠键盘完成正常收款。光标移动主要依靠键盘中"Tab"键进行。

（五）POS机维护与保养

（1）保持机器外表整洁，不允许在机器上摆放物品，做好防尘、防水、防油等工作。

（2）开关机器及关闭钱箱时，动作要轻，避免不必要的震动。不随意搬动机器及拆装内部器件。

（3）不要在短时间内频繁开、关机器。不阻塞机器的通风口，否则机器内部会因过热而烧毁。

（4）定期清洁机器，除尘、除渍。经常检查打印色带及打印纸，及时更换。

实训

活动一　点钞与收银实训

1. 计时比赛：1分钟时间内准确清点一定数量的人民币纸币，在正确率的基础上比赛速度。

2. 收银结算：记录单笔收银最快与最慢时间。要求使用文明礼貌用语接待顾客、唱收唱付；熟练使用POS机；正确运用收取零钞及装袋技巧；恰当地对顾客提出建议或处理顾客异议。

活动二　案例分析

A公司向B公司购买货物，在其开户银行C开出银行承兑汇票一张，B为收款人。B公司将汇票转让给D公司，D公司又转让给E公司。在票据到期日之前，E公司向C银行请求承兑时，遭到银行拒绝。请问：C银行是否有承兑的义务？E公司应当向何人行使追索权？

第十五章 经济核算

学习目标

知识目标

掌握：柜组核算基本常识和柜组销售指标核算方法，盘点基本原则与盘点一般程序。

熟悉：药品库存一般知识与常用库存控制方法。

了解：柜组资金指标核算方法。

能力目标

能在药品经营企业的柜组核算中进行正确的对账、结账工作，正确填写相关账、表，能在企业盘点小组的领导下完成岗位盘点工作。

第一节　医药商业经济核算

一、柜组核算一般常识

企业经济核算是对其经营活动中的资金占用、经营费用、经营成果等进行记录、计算、对比分析等的活动，是将生产经营过程中不同形式的财产、物资、劳动耗费核算成统一的价值形式，并通过企业资产价值的改变来描述经济过程，评价经济得失，促使企业管理职能部门变革经营管理体制，提高经营管理效能。经济核算贯穿于企业经营活动的整个过程。

企业进行经济核算一般具备以下基本特征：①以货币（人民币）为计量单位；②对经济业务活动进行连续、系统和完整的记录与反映；③采用专门核算方法；④具有核算与监督两大基本职能；⑤以提高经济效益为目标。

柜组是药品经营企业实施药品销售活动的基本单位。柜组核算就是以柜组或部门为单位对其直接掌握的经济指标实行经济核算。柜组核算是药品经营企业经济核算的基础，是相关会计核算、统计核算、业务核算综合形成的基础经济核算。

（一）柜组核算的特征

柜组核算是药品经营企业最基本的核算，因此具有一定的特性。

1. 群众性

柜组核算是在一定规章制度保证下的群众性的非专业经济核算，柜组的每一位员工都不仅是药品经营者，也是药品经营核算人员。

2. 直接性

药品企业通过柜组核算直接反映药品经营活动。营销人员熟知柜组业务情况，关心柜组销售收入、费用支出、利润指标，能够直接发现和及时解决与岗位相关的经营管理问题，便于提高商品流转速度。

3. 简便性

柜组核算只进行药品购销存的如实记录，不需要进行复杂的会计综合比较分析。实施柜台核算的销售人员仍以营销为主要职责。

（二）柜组核算的方式

1. 对账

为了确保账册记录和核算资料真实可靠，柜组要认真执行对账、清账制度。对账就是把账簿反映的资料进行柜组内部核对、柜组之间核对，做到账证相符（账簿和凭证）、账账相符（总账和明细账）、账实相符（账面数与实物数），现金账要天天盘点，检查现金与账面余额是否相符。若账中出现差错和疑问，应及时查明原因并处理。

供应商结算应付账款前，首先要与采购部门对账，采购部门或门店应检查退货、票到货未到、短缺、质量问题拒收等供应商送货差错，确定应结算货款，然后与财务核对，确认应付款，最后由企业负责人决定付款。

2. 结账

总结柜组某一时期（月、季度、年度）的经营业务绩效，必须按期进行结账。所谓结账，就是把一定时期内经济业务全部登记入账，结算出各账户本期发生额和期末余额，结束本期账簿记录。结账基本要求如下：①保证账簿记录完整性；②门店核实柜组全部库存商品，并计算总余额；③按规定支付账款，并做好结账记录。

（三）柜组核算的指标

柜组核算是药品经营企业中非专业的基础经营核算，因此柜组核算指标多为简单、直观、易于统计的指标数据。主要经济指标包括以下几项。

1. 商品销售额

柜组商品销售额是柜组销售能力的总体反映，也是柜组人员获得销售报酬的主要经济指标。

2. 经营品种数量

柜组经营品种数量在一定程度上是反映柜组销售能力与为消费者服务质量的指标。

3. 商品资金

商品资金是柜组用于销售药品而需要库存药品所占用资金的数额，反映资金使用的效果。

4. 费用

费用是商品流转过程中劳动及物化劳动耗费的货币表现，是反映柜组支出质量的指标。

5. 差错率

差错率指柜组在药品销售过程中发生的差错金额与总销售金额的比例，反映柜组销售能力及管理水平。

6. 利润

利润是药品经营活动的最终财务成果，是考核柜组销售业绩的重要指标。

二、柜组销售指标核算

（一）进销存日报表的填写

当日营业结束后，柜组必须对照销货结算簿及盘点情况，填报"商品进销存日报表"

（见表 15-1-1）。它是柜组向上级财务部门报账的日表单，是销售柜组经营业务活动的真实记录。因此，必须及时、认真、准确填报，并逐日按月装订成册。

表 15-1-1 商品进销存日报表

柜组：　　　　　　　　　　　　　　年　　月　　日　　　　　　　　　　　　　单位：元

项目		金额	项目		金额
昨日结存			本日销售		
增加部分	本日购进		减少部分	本日调出	
	本日调入			调价减值	
	调价增值			盘点短缺	
	盘点溢余				
			本日结存		
合计			合计		
本月销售定额			本月销售累计		

组长：　　　　　　　　　　　　　复核：　　　　　　　　　　　　　　　制表：

（二）与进销存日报表相对应的表单

1. 商品验收单

商品验收单（见表 15-1-2）是柜组质量员在进行商品进货数量清点以及质量验收入库时填制的。商品验收单是"商品进销存日报表"中的"本日购进"栏的填写依据，验收单的汇总金额即为"本日购进"栏的填写金额。

表 15-1-2 商品验收单

供货单位：　　　　　　　　　　　　年　　月　　日　　　　　　　　　　　　　收货部门：

货号	等级	品名及规格	购进价				零售价				进销差价
			单位	数量	单价	金额	单位	数量	单价	金额	
合计											
备注											

2. 商品内部调拨单

商品内部调拨单（见表 15-1-3）是企业与柜组、柜组与柜组之间商品流动填制的表单，是"商品进销存日报表"中"本日调入（调出）"栏的填写依据。

表 15-1-3　商品内部调拨单

调出柜组：　　　　　　　　　　　年　月　日　　　　　　　　　　　调进柜组：

货号	品名	单位	数量	购进价		零售价		进销差价
				单位	金额	单位	金额	
		合　计						

调出部门经办人：　　　　　　　　　　　　　　　　　　　调进部门经办人：

3. 商品调价单

商品调价单（见表 15-1-4）是对商品原售价的变更。柜组接到上级调价通知单后，在规定调价执行日期的前一天对调价商品进行盘点，查明实际库存后再核算出变价现值，填制商品调价单。它是"商品进销存日报表"中"调价增值（减值）"栏的填写依据。

表 15-1-4　商品调价单

填报部门：　　　　　调价通知单日期：　年　月　日　　　调价通知文号：

货号	品名	单位	数量	零售单价		加或减	单位差价	增加金额	减少金额
				原售价	新售价				
合　　　计									

门店经理：　　　　　　　　　核算员：　　　　　　　　　物价员：

4. 商品损溢报告单

商品的损溢指商品从进货到销售整个零售流动环节中发生的损耗或溢余。当日盘点发现有损溢情况时，必须将损溢数额、情况及原因分析填入"商品损溢报告单"（见表 15-1-5），经盘点人、柜组长签字后送交上级主管部门，经门店经理签字同意后作为会计处理凭证。

商品损溢报告单是"商品进销存日报表"中的"盘点溢余（短缺）"栏的填写依据。

表 15-1-5　商品损溢报告单

填报部门：　　　　　　　　　　　　　　　　　　　　　　　　　　　年　月　日

品名规格	账面结存		实际结存		溢　余	损　失	损溢原因：
	单位	数量	单位	数量	单位	金额（+ 或 -）	
							处理意见：

门店经理：　　　　　　　　　　　　　　　　　　　　　　　　　　　　　　　制单：

（三）商品进销存日报表填写注意事项

填写商品进销存日报表，涉及表格包括商品验收单、商品内部调拨单、商品调价单、商品损溢报告单，根据每天具体情况，有则填，没有则为零。

商品验收单的总额即为"本日购进"数据，"本日调入（调出）"数据取决于商品内部调拨单，"调价增值（减值）"数据取决于商品调价单，"盘点溢余（短缺）"取决于商品损溢报告单，前一天的"本日结存"即为今天的"昨日结存"。

具体填写说明如下：

（1）"昨日结存"栏根据前一天的"本日结存"数填写。

（2）"本日购进""本日调入（调出）""调价增值（减值）""盘点溢余（短缺）"均按照上述各报表部分介绍的内容填写。

（3）"本日销售"栏根据实际销售额汇总填写。

（4）"本日结存"栏根据下式进行计算：

本日结存 = 昨日结存 + 本日购进 + 本日调入 + 调价增值 + 盘点溢余 - 本日销售 - 本日调出 - 调价减值 - 盘点短缺

（5）商品进销存日报表中左右两边的合计数应相等，左方合计数为昨日结存与本日增加数值之和，右方合计数为本日结存与本日减少数值之和。

（6）样例。某柜组商品进销存日报表见表 15-1-6。

表 15-1-6　某商品进销存日报表（样本）

柜组：中成药　　　　　　　　　2020 年 06 月 20 日

单位：元

项目	金额	项目	金额
昨日结存	47 500	本日销售	5 200

续表

项目		金额	项目		金额
增加部分	本日购进	3 000	减少部分	本日调出	500
	本日调入			调价减值	75
	调价增值			盘点短缺	10.80
	盘点溢余			本日结存	44 714.20
合计		50 500	合计		50 500
本月销售定额		150 000	本月销售累计		105 100

组长：张三　　　　　　　　　　复核：李四　　　　　　　　　　制表：王五

三、柜组资金指标核算

商品资金指标的核算一般用商品资金占用率和商品资金周转率这两个指标来反映。

（一）商品资金占用率指标的核算

商品资金占用率指商品资金平均占用额与商品销售额的百分比率，反映柜组每销售100元商品所平均占用的商品资金数金额，是考核柜组资金使用效率的质量指标。一定时期内，柜组药品周转次数越多，商品资金占用率越少，则资金利用效果越好。计算公式为

$$商品资金占用率 = （商品资金平均占用额 / 商品销售额）\times 100\%$$

式中：

（1）商品销售额指计算期限内"商品进销存日报表"中"本月销售累计"栏中的数额。

（2）商品资金平均占用额指商品资金的平均结存金额。按照"商品进销存日报表"中的"本日结存"折合成进价金额计算平均值。方法为

$$月平均商品资金占用额 = \frac{1}{2} \times （月初商品资金占用额 + 月末商品资金占用额）$$

$$年平均商品资金占用额 = \frac{1}{4} \times （\frac{1}{2} \times 年初商品资金占用额 + 第一季度末商品资金占用额 + 第二季度末商品资金占用额 + 第三季度末商品资金占用额 + \frac{1}{2} \times 年末商品资金占用额）$$

上述计算中的商品资金占用额是以商品进价进行计算，而实际柜组库存商品资金占用率是以商品售价金额进行计算。为了真实反映商品资金的利用水平，应根据综合进销差价率将售价金额换算成进价金额。具体计算方法为

$$商品资金平均占用额（进价）= 商品资金平均占用额（售价）\times （1 - 综合进销差价率）$$

例：某药店全年商品销售额为200万元，年初商品资金占用额为25万元，第一季度末为22万元，第二季度末为20万元，第三季度末为18万元，年末为21万元（均为售价），

估算综合进销差价率为10%，求该药店年商品资金占用率为多少？

解：年平均商品资金占用额（售价）=（25/2 + 22 + 20 + 18 + 21/2）/4 = 20.75（万元）

年平均商品资金占用额（进价）= 20.75 ×（1 - 10%）= 18.675（万元）

年商品资金占有率 = 18.675 /[200 ×（1 - 0.1）] ≈ 10.4%

（二）商品资金周转率指标的核算

由货币转变为商品，再由商品转变为货币，周而复始，称为商品资金周转。企业资金运用良好的标志是商品资金周转快。商品资金周转率是考核商品资金周转速度、衡量资金使用效率的重要指标。商品资金周转率可以用商品资金周转次数和商品资金周转天数来表示，即在一定时期内商品资金周转次数越多或商品资金周转一次所需要的天数越少，则表示资金周转速度越快。计算公式为

商品资金周转次数 = 本期商品销售额 / 本期商品资金平均占用额

商品资金周转天数 = 本期天数 / 本期商品资金周转次数

例：按照上例，求商品资金周转次数与商品资金周转天数。

解：年商品资金周转次数 =[200 ×（1 - 0.1）]/ 18.675 = 9.6（次）

年商品资金周转天数 = 360 / 9.6 = 37.5（天）

第二节　药品库存分析

药品储存指药品离开生产过程直至到达消费者手中之前的暂时停留，本节主要指药品流通企业代销商品的库存。库存具有整合需求和供给，维持各项活动顺畅进行的功能。药物商品库存是其流通过程的组成部分，是药品质量管理工作在流通领域中的继续。

一方面，由于药品在储存过程中受各种因素影响，质量有可能受到影响，故药品经营企业应尽量减少药品在库储存时间；另一方面，药品经营企业要维持并完成正常的经营流程，保证企业运转，就必须在一定时间里保持一定量的库存状态，以应对经营中的各种突发问题。

一、合理库存一般知识

库存管理是根据外界对库存的要求、企业订购特点，预测、计划和执行补充库存的行为，并对这种行为进行控制，重点控制订货方式、订购数量、订货时间，以及保证商品质量。仓库管理应以满足供应、合理储备、加速周转、降低成本、提高效益为原则。

（一）库存数量

在药品经营企业中，商品库存量并不是越少越好，合理库存必须以保证正常的商品流通为前提，企业正常的经营活动必须确定合理的商品储存数量。库存量具有客观规律性和企业经济界限，库存数量超过界限，就会造成商品积压，低于界限，就会出现脱销。因此，研究市场供求关系，掌握最低库存和最高库存，掌握进货和资金运行情况，核定在一定时间内商品库存数量定额是非常必要的。

（二）库存时间

商品储存时间过长，不但占用资金，增加储存费用，增加库存消耗，而且动摇商品质量和商品有效期、使用期的保证体系。储存时间过短，则容易造成商品脱销，市场正常营销活动难以保证，企业声誉将受到伤害。因此，要分析商品市场需求量，掌握最低储存时间和最高储存时间，掌握进货时间，核定商品库存额时间标准。

（三）库存结构

不同商品品种、规格、有效期与合理储存数量之间的关系形成商品的储存结构。为保证经营正常进行，必须做到对外掌握市场行情，对内掌握商品性能、用途、特点及其库存量分析，确定不同品种、规格、有效期的商品之间储存数量比例，进行商品库存有效控制，实现库存商品结构合理化。

二、药品库存一般控制方法

研究商品库存的目的是确定商品库存的合理界限，实现商品库存在数量、结构和时间上的合理性，使商品库存既能充分满足市场消费需求，又能避免商品积压，防止占用资金，节约储存费用，提高经济效益。常用的库存控制操作方法有以下几种。

（一）库存定额控制法

库存定额控制是对库存占用资金的控制。为使库存趋于合理，满足正常库存周转，就必须进行库存定额控制。商品库存额可按照天数定额、数量（金额）定额进行控制。

1. 天数定额

天数定额指在规定的时期内应储存可供多少天销售的商品。一般先确定最低储存天数和最高储存天数，然后求得平均储存天数，即库存天数定额。

最低储存天数 = 送货在途天数 + 销售准备天数 + 商品陈列天数 + 保险天数

最高储存天数 = 最低储存天数 + 进货间隔天数

$$平均储存天数 = \frac{1}{2} \times （最低储存天数 + 最高储存天数）$$
$$= 最低储存天数 + \frac{1}{2} \times 进货间隔天数$$

2. 数量（金额）定额

数量（金额）定额 = 天数定额 × 平均每日销售量（金额）

数量（金额）定额通过天数定额来计算，用以控制库存商品的具体数量或金额，便于掌握日常进货，安排仓容，计算商品资金。

商品平均每日销量按照销售计划来确定，进货在途天数等主要根据经验等因素来确定。

药品经营企业进货一般要有一定的时间间隔，即进货周期。进货间隔天数取决于许多因素，如平均日销量、距离供货单位路程的远近、运输条件、运输方式、供货单位发送商品的条件等。一般应当缩短进货周期，以降低平均库存量，减少库存费用，但也不能将进货周期定得太短，进货周期短，进货次数就会增多，进货费用就会增大。因此，在确定进货周期时，要考虑进货批量。进货前，库存商品一般接近最低库存状态；到货后，库存商品处于最高库存状态。企业在一定时间内，库存量一般处于最高与最低的平均水平。必须意识到，最低库存量是防止商品脱销的警戒线，最高库存量是防止商品积压的警戒线。

（二）定量库存控制法

定量库存控制法又称为订购点控制法，是以固定的订购点和订购批量为基础的一种库存量控制法。订购点以提出订购的库存量为标准，当实际库存降至订购点时即提出订购。每次订购的数量相同，而订购时间不固定，由商品销售量的变动决定。

订购点的计算方法如下：

$$订购点 = 平均备运天数 \times 平均每日销售量 + 保险储备量$$

备运天数指自提出订购到收到商品能投放销售所需要的时间，一般可按照过去各次订购实际需要的备运时间来求得。在备运时间不变、销售速度正常时，送货时的库存量就正好处于最低储备量状态，进货后的库存量大致在最高储备量，当销售速度减慢或加快时，两次订购时间就相应延长或缩短。

（三）ABC 库存分类控制法

ABC 库存分类控制法是实现库存商品数量、时间、结构合理化的有效动态控制方法。库存商品品种繁多，价格差异较大，一般高档贵重商品数量少、价格高、资金占用大，而一般商品数量多、价格低、资金占用小。介于上述两类商品之间的库存商品，其数量和资金占用适中。ABC 库存分类控制就是按照库存商品的品种和销售额在全部商品品种和总销售额中的比例大小，划分为 A、B、C 三个等级。对于不同等级的商品，进行分类管理，区别控制。

划分 ABC 三类商品的两个百分数界限，应根据仓库性质和具体情况而确定。一般 ABC 分类情况见表 15-2-1。

表 15-2-1 ABC 分类情况

类型	占库存商品总品种数的百分比	占库存商品总金额的百分比
A 类商品	5%～10%	60%～80%
B 类商品	20%～30%	20%～30%
C 类商品	60%～80%	5%～15%

库存商品进行 ABC 分类后，管理重点应放在 A 类商品上。要经常注意 A 类商品的市场动态变化，加强市场预测和经济分析，做到及时进货，保证需要，降低库存，加速周转。决策过程中涉及的因素如未来需要、在库存储量、进货周期、订购点、订购批量、安全存量等，都要精确计算，提高准确性。C 类商品的特点是品种多，用量大，价格低，占用资金少，风险小。这类商品可采用定量库存控制法控制库存量。对 B 类商品的控制程度，要低于 A 类商品，高于 C 类商品。

表 15-2-2 所列为 ABC 类商品管理方式。

表 15-2-2　ABC 类商品管理方式

项　目	A 类商品	B 类商品	C 类商品
控制程度	高度控制	一般控制	适当控制
进出记录	详细记录	必备记录	粗略记录
存货计算	认真计算	定期计算	必要时推算
进货次数	较多	适中	较少
进货检查	经常检查	按次检查	按次检查
安全存量	较少	适当	较多

（四）保本（利）储存期控制法

在商品购销价格基本稳定的条件下，商品储存期的长短对企业盈利水平有决定性的影响。这是因为，商品储存期间的储存费用、损耗和利息是随着时间的增加而增加。若商品储存期短，储存费用和利息就会较少；反之，储存期越长，储存费用和支出的利息就越多，商品销售后实现的利润就越少，甚至会发生亏损。

保本储存期指商品最长储存多少时间出售，能保持既不亏本，也不盈利。其计算公式如下：

保本储存期 =（毛利润 − 销售费用 − 税金）/（每天储存费用 + 每天利息）

例：药品批发企业购进一批商品，已知进价为 100 000 元，销售价为 120 000 元，销售这批商品的费用率为 5%，增值税率为 17%，每天储存费为每万元 6.6 元，货款年利息率为 14.4%，求这批商品的保本储存期。

解：商品销售毛利润 = 120 000 − 100 000 = 20 000（元）

商品销售费用 = 120 000 × 5% = 6 000（元）

税金 = 20 000 × 17% = 3 400（元）

每天储存费用 = 10 × 6.6 = 66（元）

每天利息 = 100 000 ×（14.4% / 360）= 40（元）

保本储存期 =（20 000 − 6 000 − 3 400）/（66 + 40）= 100（天）

该批商品最多能储存 100 天，既不亏本，也不盈利，若多储存一天，企业就会因储存费用增加而亏本。

上例中，若要取得 5 300 元的计划利润，则保利储存期应为

保利储存期 =（20 000 − 6 000 − 3 400 − 5 300）/（66 + 40）= 50（天）

即若储存 50 天，企业就可获得 5 300 元利润。

第三节　药品盘点

药品盘点就是定期或不定期地对企业药品进行全部或部分清点，以确定药品实物数量

及其价值余额,掌握该期间内的实际损耗。药品盘点是药品经营活动中的重要工作环节,是考核药品定额执行情况的重要依据。企业在经营过程中会存在各种损耗,一些损耗是可预见和可控制的,而另一些损耗是难以统计与计算的,因此需要通过盘点得知企业的经营状况。

药品经营企业的药品盘点可达到如下目的:①确认企业在一定经营时间内的损溢状况,以便真实地把握经营绩效,并尽早采取防漏措施;②掌握与控制库存,了解企业的存货水平、积压商品及缺货商品的状况、商品有效期情况,以及商品周转情况;③了解库存管理质量;④根据盘点结果,可采取各种管理措施控制损耗较大的部门,对商品结构进行适当调整,同时遏制企业内部的各种不轨行为;⑤了解药品存放位置,对药品存放环境进行整理,并清除卫生死角。

一、盘点的原则

药品经营企业应该建立企业盘点制度文件。盘点制度内容包括确定盘点方法、盘点周期、账务处理、重大盘点差异处理及奖惩处理等条文。企业在经营过程中,应严格按照盘点制度完成各项盘点工作。一般药品经营企业的盘点都应遵循以下原则:

(1)真实性原则。要求盘点工作的所有事务及账务资料完全真实,不允许作弊及弄虚作假,掩盖漏洞与失误。

(2)准确性原则。盘点过程要求准确无误,无论是资料输入、陈列,还是库房核查、盘点计数,都必须准确。

(3)完整性原则。盘点过程包括区域规划、盘点原始资料、盘点点数等,都必须完整,不能遗漏区域、遗漏商品。

(4)团队合作原则。盘点工作属于全体人员均参加的流水作业,不同人员负责不同工作。为减少停业损失,使盘点顺利进行,企业员工应具有良好的合作协调意识,包括资料整理完整、文字书写清晰、货物整理规范、工序资料交接清楚等。只有合作进行,才能使盘点按计划进行。

二、盘点的方法

按照盘点对象,盘点方法可分为实物盘点与账面盘点;按照盘点区域,盘点方法可分为全面盘点与区域盘点;按照盘点时间,盘点方法分为营业前(后)盘点、营业中盘点、停业盘点;按照盘点周期,盘点方法划分为定期盘点与不定期盘点。

药品企业可根据企业状况,采取适宜的盘点方法或将各类盘点方法混合使用。盘点工作强度最大的环节是商品清点。为减少人员劳动强度和工作差错率,可采用各种现代化设备或管理方法进行自动盘点,如利用掌上型终端机、企业收银机、扫描枪等完成清点,或成立专门化的盘点组织应对盘点工作。

表15-3-1所列为各类盘点方式的比较。

表 15-3-1　各类盘点方式的比较

盘点方式	操作特点	应用范围
实物盘点	实际完整清点存货数量	整个经营企业
账面盘点	以书面、电脑记录进出账的流动状况而得到期末存款余额或估算成本	计算机管理与财务部门
全面盘点	于特定时间对企业所有存货区域进行盘点	一般一年进行两三次
区域盘点	对企业内不同区域进行盘点	部分区域随时抽查
营业前（后）盘点	企业营业前（后）进行盘点	销售区域盘点
营业中盘点	盘点时企业仍然营业	库存区盘点、单品盘点
停业盘点	正常营业时间内，企业停业盘点	全面盘点、区域盘点
定期盘点	每次盘点间隔时间一致（按年、季、月计算）	全面盘点、区域盘点
不定期盘点	盘点间隔期限不定	调整价格、经营异常、清理残品、重点商品盘点
自动盘点	利用计算机或收银机完成盘点，提高盘点速度和准确性	门店商品盘点

三、盘点操作

盘点操作前，针对盘点涵盖区域作完整的盘点配置图，明确任务区域，由任务成员具体执行盘点作业。一般经营企业的盘点工作流程应包含以下几个环节（见图 15-3-1）。

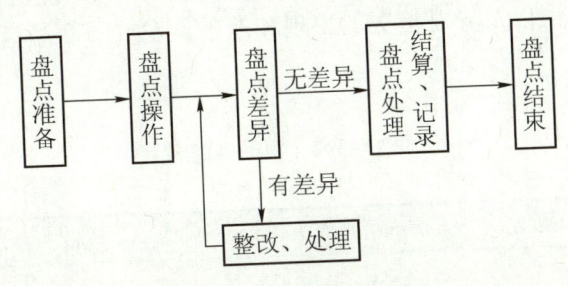

图 15-3-1　盘点操作流程

（一）盘点准备

停业盘点、营业中盘点，都应在盘点前告知供应商，以免供应商在盘点时送货，造成不便。停业盘点，还应该提前 2~3 日在门店前贴出告示，提前告知顾客，以免顾客在盘点时来购物却徒劳而返。盘点前的准备工作还包括以下内容。

1. 环境整理

一般在盘点前一日做好盘点环境整理，包括：检查企业各盘点区域的商品陈列，仓库库存货位位置与编号是否与盘点配置图一致；清除企业经营及作业死角；将各项盘点设备、工具摆放整齐。

2. 资料整理

在盘点前一日根据存货位置统一编制盘点配置图,确定货物位置编号。盘点当日将各类盘点资料整理好。资料包括进货单据、商品互调单、药品变价单、净销货收入汇总、销货单据、退货单、报废单、赠品单、移库单。做到"三清两符",即票证数清、现金点清、往来手续结清,会计账与柜组账相符、账簿与单据相符。

3. 药品整理

药品整理是预防盘点差错的重要环节,一般在盘点前两日内将陈列架药品和库存药品整理清楚。为保证区域划分明确,防止漏点与重复清点,整理过程要注意以下要求:①药品堆头(单独存放的货品垛)是盘点中容易遗忘和混淆的货品,盘点前应将堆头并入某一盘点区域或紧靠某货架摆放;②检查是否出现药品错位、混放的情况,以免盘点时出现某类药品计数错误;③药品整齐陈列,注意后排药品不被前排药品遮挡,也不能拥挤、掉落;④整箱药品要注意是否满箱,空箱要清走,不满箱的要放满,小箱要放于大箱之前,以免遮挡而漏计;⑤盘点前2小时要再次对药品进行整理,检查药品摆放位置与顺序。

4. 人员准备

盘点前一周内做好人员调配和出勤计划,安排好各盘点岗位位置,并做好人员培训。在盘点当日需要停止盘点人员的休假安排。落实各盘点区域相关负责人。

5. 工具准备

选择使用的盘点工具,如盘点机、计算机、扫描枪等,检查各仪器设备是否可正常操作;需准备盘点表、红蓝圆珠笔、垫板、计算器等,方便人员填写表格。

(二)盘点操作过程

盘点开始前,要确定各盘点区域的责任人员、店长,简要说明盘点工作的重要性、盘点要求、盘点常犯的错误以及异常情况的出现和处理,发放"商品盘点表"(见表15-3-2),并解释填写办法。

表 15-3-2　商品盘点表

部门:　　　　　　　　　　　　年　月　日　　　　　　　　　　货架编号:

货号	药品名称	规格	上市许可持有人/生产企业	数量	零售价	金额
小计						

盘点负责人:

盘点操作一般为两人一组,操作分为初点作业、复点作业及抽点作业。实施盘点时,按照负责区域和商品货架顺序,逐架逐排,依照由上至下、由左至右、由前至后的顺序进行盘点。

1. 初点作业

由初点人按货架顺序逐一清点,并报出货架编号、货号、药品名称、规格、单位、数量、零售价等信息，复点人用蓝色记录笔记录，并填写表格。完成后由初点人签字。

2. 复点作业

由复点人按照货架顺序逐一清点，并报出货架编号、货号、药品名称、规格、单位、数量、零售价等信息，初点人用红色记录笔记录，并填写表格。如两人出现差异，则需填写差异栏，完成后由复点人签字。

3. 抽点作业

初点、复点结束后，由盘点负责人对盘点结果进行抽查。抽点时应重点抽查下列问题：①盘点表的书写是否符合要求，有无商品未盘点出数量、金额，盘点人是否签字；②一般抽点易漏盘、摆放于死角、不易清点的药品；③抽点一些单价高、金额大，如果盘错企业损失较大的药品；④抽点初点与复点差异较大的药品；⑤复查劣质药品和破损药品的处理情况（通常将劣质和破损品统一汇集到指定地点，与正常商品区分开）。

4. 店长进行盘点作业检查

对于各组的盘点结果，店长要认真抽查，填写"门店盘点操作规范检查表"（见表15-3-3）。该表用于检查企业盘点过程中是否按照盘点操作规范进行，基本要求如下：①每次盘点由店长据实填写，保证盘点严密性；②盘点结束后上交归档；③将门店执行"门店盘点操作规范检查表"的工作情况作为连锁企业总部考核门店的指标之一。

表15-3-3　门店盘点操作规范检查表

门店：　　　　　　　　　　店长：　　　　　　　　日期：　　年　　月　　日

项目	内容		执行情况	
			是	否
盘点前	是否提前告知供应商			
	是否提前告知顾客			
	区域划分人员配备是否到位			
	盘点单是否发放			
	是否做好环境整理			
	是否准备好盘点工具（红、蓝笔等）			
	单据整理	进货单是否整理		
		变价单是否整理		
		销货单是否整理		
		报废单是否整理		
		赠品单是否整理		
		移库单是否整理		

续表

项目	内容		执行情况	
			是	否
盘点前	商品整理	货架商品是否整理整齐		
		不允许上架的商品是否已撤出货架		
		是否一物一价，价物相符		
		待处理商品是否专门存放并有记录		
		通道死角是否有商品		
		库存商品是否整理		
盘点中	盘点顺序是否按区域逐架、逐排、从左而右、从上而下			
	商品清点是否进行初点、复点，并分别标记			
	复点是否更换负责人			
	每个商品是否都已盘点出数量和金额			
盘点后	盘点单是否全部回收			
	检查盘点单上的签名是否齐全			
	检查盘点单上的商品数量及单位是否正确			
	营业现金、备用金是否清点登录			
	盘点结果是否输入计算机			
	是否进行正常营业准备			
	是否进行地面的清扫工作			
	店长对盘点损溢结果是否有说明			

5. 盘点注意事项

盘点时须注意：①店长在平时要让员工了解盘点的重要性和必要性；②把实施盘点的组织分配图及盘点范围告知有关人员，并于盘点前再次说明；③盘点时根据实际需要，可组成临时支援小组，以达到盘点工作的时效性；④盘点的主管人员在盘点进行中，应注意是否有漏洞，必要时随时抽点；⑤盘点前应对商品进行集中整理，便于盘点进行；⑥盘点表应书写清晰，便于整理，记录详细、准确，避免出现念错、听错、写错等现象。

（三）盘点后处理

1. 盘点资料整理

盘点人员将盘点表交给盘点负责人。盘点负责人核查盘点表数目和填写情况，并进行汇总。盘点表中每一种药品的原价和数量相乘合计出药品盘点金额。如出现不正常数字，则要进行确认，订正差异。每张盘点表的金额相加即为盘点合计总金额。

2. 药品处理

企业在盘点中会发现一些需要特殊处理的药品，如近效期药品和滞销药品。近效期药品应根据近效期药品处理规范进行检查记录，采取措施，积极销售。如药品已过期失效，应对药品进行报损处理。对于滞销药品，则应首先分析滞销原因，为防止积压，可采取更换展位、加强宣传力度等方式，积极促销。如果是代销商品，可快速退货；如果是付款商品，可积极与供应商商讨解决，退货、换货或降价处理。

3. 计算机信息处理

盘点差异指实际盘点数量与计算机账面库存数量不一致。出现盘点差异应填写商品损溢报告单，并注明报损报溢的原因，按制度报上级部门批准后，在计算机系统减增库存信息，做到账货相符。

4. 实施奖惩

商品盘点的结果无论盘盈或盘亏，一般都是工作失误造成的。实际盘点中多数为盘亏，即实际数值小于账面数值。商品盘亏的多寡体现经营企业的人员素质与管理水平，对于超出企业规定损耗率的，要求相关人员负责赔偿。一般做法是事先确定一个盘亏率（盘亏率＝盘亏金额/盘点周期内销售金额 ×1 000‰），实际盘亏率超过标准盘亏率时，相关责任人都要负责赔偿，反之予以奖励。

5. 提出改善措施

通常各企业都制定有盘亏率的基本限额，超出盘亏限额，说明盘点作业结果存在异常。此时不仅需要对当事人进行处罚，更需要对出现异常情况的原因加以分析。一般可能的原因是盘点错误、管理制度缺失、管理制度执行不力、人员素质较差等。针对各种原因，企业需要提出有针对性的改善方案，并付诸实际。

实 训

活动一　盘点实训

模拟盘点现场，两人一组，分别扮演初点作业、复点作业及抽点作业的角色。事先准备好盘点用具及一定数量的药品。

（1）首先确定此次盘点的方法；

（2）做好盘点前的准备工作；

（3）两人一组按照盘点配置图的要求及盘点操作规范进行初点作业、复点作业、抽点作业；

（4）各组根据盘点结果，对门店的库存结构、商品质量等基本情况进行简单分析；

（5）盘点工作记录于商品盘点表。

活动二　经济核算票据填制实训

正确填制经济核算过程中的票据：销售小票、发票、商品验收单、商品内部调拨单、商品调价单、商品损溢报告表、商品进销存日报表。

第十六章

营销策略

> **学习目标**
>
> **知识目标**
> 掌握：药品调价的原因与基本方法，药品营销的产品策略。
> 熟悉：药品市场营销特点和营销方法，药品基本定价依据及定价方法。
> 了解：人员推销、药品广告、营业推广、公共关系4种促销方法及其特点。
>
> **能力目标**
> 能根据企业及产品情况选择相应的促销方式，能根据企业要求进行调价操作。

第一节 药品营销

一、药品市场营销知识

随着社会主义市场经济在我国社会经济中主导地位的确定，市场营销活动的规律与策略在市场经济活动中的作用越来越重要。

美国市场营销协会给市场营销下的定义是：市场营销是引导商品与劳务从生产者手中到达消费者手中的一切企业活动。现代市场营销活动远远超出了这个范围。美国市场营销学家菲利普·科特勒对市场营销的定义是：市场营销是通过市场促进交换来满足人类需要和欲望的活动。交换的过程包括卖者要寻找买者并识别其需要，设计适当的产品，进行产品促销、储存、运输，以及为产品定价等。基本的营销活动包括产品开发、调研、信息沟通、分销、定价和服务活动。市场营销的核心是交换，即以消费者需求为中心，适应与影响消费需求，提供满足这些需求的商品与服务，从而使企业实现最大利润的企业整体性营销活动。

（一）药品市场营销的特点

药品市场营销是药品生产经营企业通过市场营销手段与方法，产生经济效益、获取利润的活动过程。但药品市场营销与一般商品营销具有不同的特点，主要表现在：

（1）药品市场供求关系除个别品种外，均处于一种普遍的供大于求的状况，在这种状况下，患者有充分选择药品的余地。任何药品企业都处于激烈的市场竞争中，稍有不慎便会失去市场。因此，医药企业必须充分认识到品牌忠诚度的重要意义。

（2）药品是一种特殊商品，除具有一般商品的特性外，还关系人们的身体健康与生命安全。为保护药品消费者的权益，政府制定了诸多法律法规，如《中华人民共和国产品质量法》《中华人民共和国广告法》《中华人民共和国价格法》《中华人民共和国消费者权益保护法》《中华人民共和国反不正当经营法》《药品生产质理管理规范》《药品经营质量管理规范》，用来规范生产、经营等环节的质量管理，确保药品质量。经营者在市场营销过程中任何侵犯人权、破坏公平竞争、扰乱市场秩序的行为，都有可能给企业带来毁灭性的后果。

（3）患者的需求是企业生产与经营活动的出发点，只有事先了解患者的发病率、现有药品的作用与不良反应等，才能有适销对路的药品。因此，医药企业应从医疗需求出发，综合运用各种科学的市场营销策略，尽可能地满足患者需求，从而实现企业自身的生存和发展。

（二）药品市场营销研究的内容

药品市场营销研究的内容不只局限于医药流通领域的营销研究，而是向上延伸到生产领域，即在生产之初，就要了解市场需求信息，设计符合消费者需要的药品，同时向下延伸到消费领域，即研究如何做好上市后的药品评价，收集患者反馈信息。其主要内容包括以下几方面。

1. 营销环境研究

任何企业的营销活动都是在复杂多变的营销环境中进行的，受到各种外部因素的影响和制约。研究营销环境，可以使企业趋利避害，不失时机地抓住市场营销机会，正确选择目标市场，并据此制订出企业经营计划和营销战略。

2. 用户需求研究

通过用户需求研究，可以把握消费者的购买动机和购买行为，发现消费者尚未满足的需求，从而采取适当的目标市场策略，满足消费者需求。

3. 产品研究

产品是消费者购买的对象。企业对产品质量、规格、品牌、包装、服务等，以及对产品的开发、生产及产品市场生命周期进行研究，可以确保企业提供适销对路的产品，满足消费者需求。

4. 价格研究

产品价格是敏感因素。在竞争激烈的市场中，产品定价是否适当关系企业营销活动的成败。企业应制定适当、合理的价格，达到价格刺激消费、价格促进营销的目的。

5. 促销研究

促销是通过人员或非人员促销手段，向消费者宣传和劝说，达到促进商品销售的目的。促销研究就是通过对产品、用户、市场、企业等各方面的综合分析，选择有效手段与方法，促使用户购买产品，增加企业销售量，从而提高企业经济效益。

6. 分销渠道研究

企业的医药产品大多要经过若干或不同渠道的转移，才能从生产领域经过流通领域，到达消费者手中。分销渠道结构的比较、中间商的选择、分销渠道的策略等研究可帮助企业选择切实可行的分销渠道，从而实现商品转移到消费者手中的路程最短、环节最少、费用最省、速度最快。

（三）药品市场营销的方法

药品市场营销方法和药品市场营销的研究对象与研究内容有直接联系，不同的研究对象与内容有不同的营销方法,概括起来主要有以下几种。

1. 整合营销法

整合营销法是通过对各种营销策略的系统化整合,再根据营销环境的动态变化,使买卖双方在交换过程中各自实现预期目标的营销方法。

2. 网络营销法

企业在充分研究网络顾客需求的基础上,利用网络技术来实现企业营销的目标。

3. 关系营销法

企业通过与消费者、供应商、政府机构及其他各界建立和发展良好的公众关系,实现企业营销目标。

4. 绿色营销法

企业以保护环境观念为经营思想,以绿色文化为价值观念,以消费者的绿色消费为中心,力求满足消费者的绿色消费需求。

二、药品营销策略

(一) 产品策略

产品包括能够满足人们需要的有形实体及无形服务。产品由3个层次组成,即核心产品层、形式产品层和附加产品层。

图16-1-1所示为组成产品的3个层次。

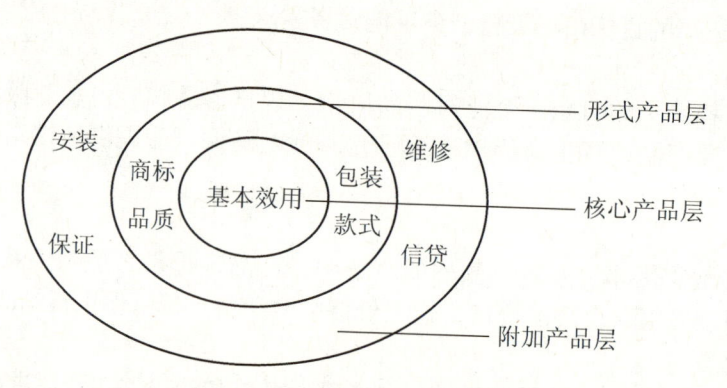

图 16-1-1　组成产品的 3 个层次

(1) 核心产品层。核心产品层指满足顾客需要的产品的基本效用,是产品最实质性的内容。药品基本效用是产品的核心。

(2) 形式产品层。形式产品层指产品呈现在市场上的具体形态,包括药品的剂型、包装外观、质量特色、品牌、质量保障等,用以满足消费者心理上或精神上的某些需求。

(3) 附加产品层。附加产品层指消费者购买有形产品时获得的一系列附加利益和服务,包括送货、免费教学和解答问题等,是药品功能的延伸和销售的继续。

产品的3个层次形成一个整体产品。向顾客提供具有3个层次的完整产品,才有可能成为市场上的优胜者。

产品营销过程中要注意以下几种策略。

1. **产品组合策略**

企业不只经营单一品种,也不可能经营所有产品。为充分利用资源,抓住市场机会,规避风险和威胁,企业就需要合理确定产品种类、数量,并将产品合理组织起来,即企业的产品项目、产品线上的全部产品要根据消费对象的需要有机构成,并形成量的比例关系。产品组合策略共有6种类型:

(1)全面全线型。企业着眼于所有细分市场,提供所需要的一切产品和服务。

(2)市场专业型。企业向某专业市场(某类顾客)提供所需要的各种产品。

(3)产品线专业型。企业只专注于生产或经营某类产品。

(4)有限产品线专业型。企业根据自己的专长集中生产和经营有限或单一的产品线,以适应有限或单一消费者的需求。

(5)特殊产品线专业型。企业根据某些顾客的特殊需要,专门生产和经营一种特殊产品。

(6)特别专业型。企业凭借其知识产权或特许经营权排斥竞争者,独霸市场。

2. **产品品牌策略**

品牌是商品通用名称,包括品牌名称、品牌标志和商标三部分。在药品营销过程中,品牌代表产品的一定特色和质量特征,便于企业广告宣传和顾客选购产品。成功的品牌就是名牌。要使品牌成为名牌,就要使产品既适应市场需求,又有自己独特的个性,在注重品牌文化内涵的基础上进行多方面宣传,激发消费者的购买欲望。常见产品品牌策略有:

(1)制造商、经营商使用本企业自己的品牌。

(2)企业的全部产品统一使用一个品牌或不同产品分别使用不同品牌。

(3)同一企业对不同产品类别分别使用各自不同的产品名称或品牌。

(4)创新商标策略,即舍弃原有商标,采用全新商标或逐渐改变原有商标,使新商标的图案、符号、造型上与旧商标相近,形象上一脉相承。

3. **产品包装策略**

药品包装指盛装药品的容器与外部包装物,分为内包装、中包装、外包装3个层次。营销过程中的包装策略有:

(1)类似包装策略。企业生产的各种产品在包装外形上使用大致相同的材料、式样、图案、颜色和其他共有特征。

(2)组合包装策略。将相互关联的产品配套组合,装在同一包装物内。

(3)再使用包装策略。原包装用品用完后,包装容器可再作他用。

(4)附赠品包装策略。包装物上或包装物内附加物品。

(5)等级包装策略。按顾客购买目的不同或按产品档次不同决定产品包装。

(6)不同容量包装策略。根据药品性质、顾客使用和购买习惯,设计多种包装,便于购买,促进销售。

(二)**分销渠道策略**

分销渠道指药品从生产者向消费者转移过程中经过的通道。渠道的起点是生产者,终点是消费者。狭义的渠道指各类批发商和零售商。

1. 分销渠道的类型

（1）直接渠道和间接渠道。生产企业直接将药品销售给消费者而没有经过中间商，即为直接渠道；从生产者到消费者手中经过若干个中间商的渠道是间接渠道。

（2）单渠道和多渠道。只选择一条分销渠道的为单渠道；同时选择多条分销渠道的为多渠道。

（3）传统渠道与渠道系统。由独立的生产者、批发商、零售商和消费者组成的各环节独立的渠道为传统渠道；在传统渠道中由各渠道成员不同程度地联合经营或一体化经营而形成的渠道为渠道系统。

2. 分销渠道选择

（1）影响分销渠道选择的因素。分销渠道的选择受药品基本特性、药品市场表现特性、消费者特性、企业自身特性、中间商特性及国家政策与法规的影响。

（2）分销渠道选择步骤。分销渠道选择经过确定分销渠道的类型与级次、评估中间商、确定渠道成员职责等步骤。

（3）分销渠道策略评估。企业完成分销渠道方案策略后，应对各种供选择的渠道进行经济性、可控性、适应性三方面评估，从中选择利于实现企业目标的分销渠道。

（三）市场营销策略

市场营销策略是企业为了实现营销任务，适应顾客需要和营销环境变化而制定的营销准则和营销方式。市场营销策略主要研究企业如何根据不断变化的营销环境、企业自有资源和企业发展目标，制定有针对性的市场营销方案，并通过对方案的抉择、运用、控制、监督和调节，促使其更加完善，从而提高产品的市场占有率，扩大销售。

药品市场营销决策是采取系统方法来识别、分析、选择和发掘未满足的需求和市场营销机会，并将此需求和机会转变为企业的营销行为。具体步骤如下：

（1）企业环境分析。对市场内、外环境分析是企业营销决策的重要一环。内部条件是实现目标的主观动力；外部环境是决策的事实依据，它对企业有制约作用，也给企业带来机会。企业不能控制外部环境，但能控制企业自身条件。

（2）确定决策目标。通过市场环境分析，发现企业的发展机会和发展方向，制定出明确的企业决策目标。企业确定营销决策目标必须符合以下条件：一是目标必须明确、具体、集中；二是目标必须符合企业内外的实际情况。

（3）研究和选择目标市场。通过分析、评估，选定符合企业目标和资源的营销机会，对这一行业市场的容量和结构做进一步分析，缩小选择范围，找出本企业为之服务的目标市场。

（4）制定营销组合策略。根据企业实力、财务状况和目标市场特点，进一步决定以何种营销组合来实现经营目标。

（5）审议和财务分析。对总体决策方案进行审议时，要从财务角度对所需资金及其使用效果进行分析。确定决策正确，即可付诸实施；如果否定决策，则需要重新修改目标市场和发展策略，甚至是重新确定企业目标。

（6）计划执行与控制。计划实施前，要对执行时可能发生的问题进行估计，采取预防措施，保证决策实施。要制定详细的行动方案，建立健全奖惩制度，严格执行计划并不断进行分析，发现执行中的偏差和薄弱环节，并进行必要的调整，以保证营销目标的顺利实现。

第二节 调价

我国医药市场实行宏观调控和市场调节相结合的管理制度。《药品价格管理办法》规定：列入国家基本医疗保险品目录的药品以及有垄断性生产、经营特征的药品，实行政府定价或者政府指导价；其他药品实行市场调节价；国务院价格主管部门和省、自治区、直辖市政府价格主管部门根据中央和地方定价目录，分别制定公布本级药品定价目录。执行市场调节价的药品价格是企业营销中最敏感的因素，药品价格的形成与计算方法就成为企业重要的营销策略之一。

一、药品定价

（一）药品定价依据

企业为达到经营目标，根据决定药品价格的多方面因素，最终确定药品价格的过程即为药品定价过程。药品定价要考虑构成药品价格的因素和影响药品价格的因素。

1. 构成药品价格的因素

构成药品价格的因素主要由生产成本、流通费用、国家税金和企业利润四方面组成。

（1）生产成本。生产药品所消耗的生产费用的总和。按照支付项目的不同，生产成本可分为研发成本、固定成本、变动成本。生产成本是构成药品价格的最基本、最主要的因素。

（2）流通费用。药品从生产领域到消费领域的转移过程中发生的劳动耗费的货币表现，包括运输费、各种促销费、市场调研、管理费用等。

（3）国家税金。税金是国家按规定的税率征收的货币。

（4）企业利润。企业利润是生产、经营者收入与支出的差额。企业可选择最大利润目标，也可选择投资收益率目标或销售增长率目标。

药品价格构成的4个因素互相关联和制约，其中任何一个因素发生变化，都会引起药品价格的波动。

2. 影响药品价格的因素

影响药品价格的因素主要是国家政策、医药市场状况、消费者行为等外部因素和生产成本、企业目标、营销模式及渠道等内部因素。

（1）药品国家政策。药品是特殊商品，国家通过制定方针政策来影响医药商品价格。药品价格实行政府指导价、政府定价和市场调节价3种形式。

（2）医药市场的状况。第一，了解药品供求状况；第二，了解不同药品的需求量对价格的敏感程度，即需求的价格弹性；第三，了解市场竞争程度，密切注意竞争对手的价格策略，竞争产品价格可作为企业定价的依据。

（3）消费者行为。药品价格是否适当是影响消费者是否购买的重要因素。药品定价时，需要考虑消费者对不同药品的消费心理。

（二）药品基本定价方法

按照我国药品价格管理制度，除由政府定价的部分药品外，大部分药品由医药企业根据市场供求情况自行定价。企业常见的定价方法有3种。

1. 成本导向定价法

以药品的单位成本为基础，加上预期利润，作为药品的销售价格。利润加成的高低应根据医药产品的性质和特点而定。

2. 需求导向定价法

根据消费者对药品的认知与需求程度制定价格，而不是根据卖方成本定价。

3. 竞争导向定价法

竞争导向定价法指以市场上竞争对手的同类产品价格为主要依据的定价方法，主要包括：①以本行业市场占有率最大的药品价格为基础制定本企业药品价格的随行就市定价法；②由竞争者投标出价竞争，以最有利于招标方的价格成交的投标定价法；③为控制市场，以低于药品市场价格的价格销售，借以赶走竞争对手而占领市场的主动竞争定价法。

（三）药品定价技巧

企业对药品定价，不但要考虑产品成本与市场供求，而且要考虑社会学、心理学等多方面因素，因此需要采取灵活多样的定价策略。

1. 药品组合定价策略

企业有多种药品，各药品之间存在需求和成本的联系，有时还存在替代竞争的关系，为实现药品组合利润的最大化，有两种具体定价操作方法。

（1）药品分组定价。药品分组定价是将同类药品分为价格不同的数组，每组药品制定一个统一的价格。例如，特效药可采取高定价策略，为企业赚取高利润；常用药采取低定价策略，以吸引顾客，增加销售量。

（2）互补药品定价。主要药品定价较低，互补药品定价较高，适用于与主要药品联合使用的药品。

2. 新药定价策略

新药的定价对其能否顺利进入市场，给企业带来预期效益有很大关系。新药定价策略有：

（1）撇脂定价策略（高价策略）。新产品上市初期，市场没有竞争产品，可将产品价格定得很高，尽可能在产品生命周期的初期短时间内获得最大利润。此法适用于市场无类似替代品，需求价格弹性小、生命周期短的产品。

（2）渗透定价策略（低价策略）。企业将产品的价格定得相对较低，以大量吸引顾客，提高市场占有率。此法适用于需求价格弹性大、潜在市场广、投资回收期限较长的药品。

（3）满意定价策略（温和定价）。为新产品确定一个适中价格，使消费者较满意，经营者获得适当利润。此法兼顾经营者和消费者利益，既可避免高价带来的竞争风险，又可防止低价带来的损失，适用于产销形势比较稳定的产品。

3. 心理定价策略

心理定价策略是根据顾客的不同心理，采用不同定价技巧。常用的心理定价策略有：

（1）尾数定价策略（非整数定价）。企业给商品定一个接近整数、以零头尾数结尾的价格，以迎合消费者求廉心理。此法适用于需求价格弹性较强的药品。

（2）整数定价策略（方便定价）。企业给商品定价时取一个整数，以迎合消费者价高质优的心理。此法适用于较为贵重的产品，如保健品、礼品等。

（3）声望定价策略。根据企业或品牌的声誉和威望，制定高于其他同类产品的价格，以满足消费者显示身份、地位的心理。此法适用于名牌药品、化妆品、医疗服务等。

（4）习惯定价策略。按消费者习惯的价格制定价格，以满足经常购买的消费者心目中形成的习惯标准。此法适用于经常性重复购买的药品。

（5）促销定价策略。企业为招徕顾客，特意将几种药品以非常低的价格出售，以吸引顾客注意，从而促进全部药品的销售。

4. 折扣定价策略

（1）数量折扣。数量折扣指卖方为鼓励买方大量购买某种药品而给予的价格折扣，分为按总量给予的累计数量折扣与一次性购买给予的非累计数量折扣。累计数量折扣是鼓励消费者长期购买本企业产品；非累计数量折扣是鼓励顾客一次性大量购买，从而增加销量与盈利。此法可降低企业销售、储运环节的成本。

（2）现金折扣。在赊销的情况下，卖方为鼓励买方提前付款，按原价给予一定的折扣。如"2，10，30"表示付款期为30日，如在10日内付款，则给予2%的折扣。此法可提高卖方收现能力，减少信用成本和呆账。

（3）交易折扣。根据中间商在营销中担负的功能不同，给予不同的折扣。例如，一般批发商的折扣大于零售商的折扣。此法的目的是鼓励中间商努力销售本企业产品。

（4）季节折扣。季节折扣指为鼓励淡季购买而给予的折扣。此法可减轻仓储压力，加速资金周转，调节淡旺季之间的销售平衡，适用于季节性强的药品。

（5）价格折让。制造商向同意参加促销活动的中间商提供减价或报酬。

（6）复合折扣。企业在营销过程中，由于竞争加剧而采用多种折扣，同时给予某一产品或某一时期的销售折扣。

5. 地理区域定价策略

一般药品都会在不同地区销售，药品从产地到销售地需要一定的装运费。企业要根据不同地区的顾客制定不同的价格。

（1）产地定价。买方按出厂价购买，卖方将产品运到指定交货点交货。交货前的费用和风险由卖方承担，交货后的费用和风险由买方承担。

（2）统一交货定价。企业对卖给不同地区的某种产品按照相同的定价销售，无地区差异。此法便于计算，有利于远距离顾客而不利于近距离顾客。

（3）区域定价。企业将产品销售市场划分为多个区域，同一区域内实行相同价格，不同区域采用不同价格。

（4）基点定价。企业选择某些城市作为定价基点，然后按照厂价加从基点城市运至顾客所在地的费用作为销售价格。

（5）免收运费定价。免收运费定价指企业自愿负担全部或部分运输费用的定价方法。此法可加深市场渗透力，提高竞争能力。

二、药品调价

价格是市场的杠杆，直接影响企业的竞争力、规模和效益。价格也是销售中最敏感的要素，企业要长期扩大市场占有率，就必须根据市场条件来调整价格。

（一）调价原因

药品在销售过程中，一般由于某些内部或外部因素影响，需要进行原销售价格的变化与调整。

1. 内部原因

药品成本发生变化、企业经营方向与目标调整、连锁企业总部价格政策调整、药品特价促销活动，以及近效期药品折价销售等企业内部因素造成药品价格调整。

2. 外部原因

政府物价管理部门价格调整、同类药品供应商竞争、季节性药品价格调整、市场供求关系变化、受同行竞争价格的影响及消费者反应等企业外部因素造成价格调整。

（二）调价操作步骤

（1）物价员接到政府物价管理部门或企业物价管理部门调价通知后，填写"商品变价单"（见表16-2-1），确认新售价，变价凭证整理归档。

表 16-2-1　商品变价单

品名规格	单位	库存数量	原售单价	新售单价	单位差价	增加金额							减少金额						
						万	千	百	十	元	角	分	万	千	百	十	元	角	分
合计																			

变价通知文号　　　　　　　日期　　年　月　日

主管：　　　会计：　　　复合：　　　实物负责人：　　　制单：

说明：此单一式三联，一联营业部门存查，一联会计凭证，一联库房管理人员存查。

（2）财务人员根据"商品变价单"变更账面库存金额和计算机系统新售价，按照新金额填写营业日报表。

（3）销售人员根据"商品变价单"填写新标价签，变价凭证整理归档。

（4）库房管理人员根据"商品变价单"变更库存商品明细账。

（三）调价注意事项

（1）调价前应分析竞争对手与顾客的反应。企业对药品的提价与降价直接影响消费者、竞争者、经销商、供应商，因此调价前应充分分析以上各方面因调价工作可能出现的反应。例如，消费者是否对经常购买的药品价格过于敏感，价格调整是否影响消费者对企业的忠诚度，经销商、供应商是否支持调价并有一定的价格折让，是否会引起同行的恶意竞争等。

（2）随时注意竞争对手的调价。当竞争对手发动变价时，企业要尽力了解对手的意图以及变价延续的可能时间。必须做出反应时，企业就应事先计划好对付竞争对手的各种可能变价模式。例如：①维持价格不变。保持价格不变，可通过增加服务、改进产品、增进沟通等非价格因素来抵御竞争者的压力。此法比直接降价参与竞争更有利于企业发展。②降价。降价可以使销售量增加，从而使成本费用降低，增加药品市场占有率。但要注意企业商品价格降低后，还应保持或提高产品质量和服务水平。③提价。企业推出新品牌或原材料及费用上涨，需要提高药品价格，以获取相应的利润。

（3）调价无论由何种原因引起，一般由经营公司采购部门负责，采购部门将调价通知及时传递给各分公司，再由各分公司通知销售人员执行。销售人员在执行调价时要注意：①在未接到正式调价通知之前，销售人员不得擅自调价；②正确预计药品销量，协助公司做好调价前的准备工作；③在调价开始与调价结束时及时更换药品的价格标签；④及时调整价格变动造成的药品陈列位置的变动；⑤随时关注药品调价前、后销售状况的变化，了解消费者及竞争对手的相关反应，协助公司做好畅销调价商品的订货工作和低于销售预期造成过剩的商品处理工作。

（4）药品价格是消费者关注的敏感因素，在药品价格标签调整时要注意以下几方面问题：①药品价格调高时，要将原价格标签去掉，重新打印，以免顾客产生逆反心理；②药品价格调低时，可将新标价直接打印并标注在原标签上，起到提示顾客注意的目的；③同一种药品不要出现两个价格标签，这样会招致不必要的争议，同时导致收款与结算方面的错误。

第三节 药品促销

企业销售适销对路的产品需要通过各种途径进行促销，现代商战实质上是一个促销大战，各种促销方式渗透在社会的各个角落。

一、促销策略

（一）药品促销的作用

药品促销指为促进药品销售，药品企业通过人员或非人员的方法传播药品信息，引导、启发、吸引、激励医疗单位和个人来购买其药品，以达到扩大销售的目的。药品促销的作用包括：

（1）传递信息、引导消费。提供信息是企业销售成功的前提条件，医药企业将信息传递给医疗机构、用户和消费者，引起他们的注意。大量的中间商为采购适销对路的药品也需要产品信息，同时中间商还要向消费者介绍药品，达到促销的目的。

（2）扩大需求、促进成交。介绍药品不仅可以诱导需求，还可使消费者对其提供的产品感兴趣，激发消费者的购买动机，创造新的需求。

（3）建立产品形象，提高企业竞争力。在激烈竞争的市场环境下，消费者很难辨别许多同类产品的差别。企业通过促销在市场上树立起本企业产品的良好形象，使消费者对本企业产品产生信任感，建立信誉，保持销售稳定。

（二）促销基本策略

1. 推动策略

推动策略是采用人员推销手段，把产品推到目标市场的一种策略（见图16-3-1）。生产者将产品积极推广到批发商手中，批发商又积极地将产品推向零售商，零售商再将产品推向消费者，这个推进程序通过人员推销来实现。

生产者 → 批发商 → 零售商 → 消费者

图 16-3-1 推动策略

2. 拉引策略

拉引策略是企业用非人员促销方式，特别是用广告宣传的方式，刺激消费者的需求和购买欲望，消费者向零售商要求购买该产品，进而逐步由零售商向批发商、生产者要求购买该产品（见图16-3-2）。

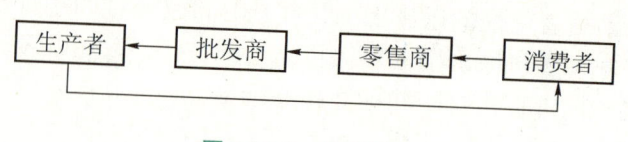

生产者 ← 批发商 ← 零售商 ← 消费者

图 16-3-2 拉引策略

二、促销活动

（一）制订促销计划

优秀的促销计划可使产品销售量扩大，有利于企业搞好客户及周围各方面的关系，使企业有一个好的生存环境。在对市场、产品充分调研的基础上制订促销计划，预算促销经费，可以提高企业经济效益。制订完整的促销活动计划包括以下步骤。

1. 确定促销目标

根据市场及竞争对手的情况，针对本企业的销售目标，选定某一品种或某一系列的产品，进行促销活动；了解和掌握需要促销产品的顾客群，对症下药，知己知彼；同时通过本次促销活动，预计企业所能获得的经济效益。

2. 分析商品寿命周期

在商品整个生命周期的不同阶段应制订不同的促销组合计划（见表16-3-1）。

表 16-3-1　产品市场生命周期不同阶段的促销组合

产品市场生命周期阶段	促销重点目标	促销主要方式
导入期	宣传、了解品牌产品	通知性广告，人员推销
成长期		
成熟期	增进兴趣与偏爱	提示性广告，辅以公共关系
衰退期	促进信任与购买	营业推广为主，辅以广告

3. 了解市场状况

小规模的本地医药市场，促销计划的制订应以人员推销为主；广泛市场（含全国医药市场、国际医药市场），促销计划的制订则应以广告和文字宣传为主；医药市场的购买者数量多而分散，则促销计划以广告宣传介绍为主。

4. 预算促销费用

运用多少费用进行促销活动，是制订促销计划时考虑的主要内容。可根据营业额确定百分比作为促销预算额。这个百分比是医药企业管理部门认为有能力负担并且与竞争者比较是合理的、实际的。根据促销的实际效果，可随时进行预算调整。也可根据竞争者的标准决定自己的预算标准，即与竞争者保持相等金额的促销费用。还可根据促销目标和其他因素的相对条件来决定促销预算。

除以上几项内容外，制订促销计划时还要考虑竞争对手的情况、本企业各方面的情况，这样制订出的促销计划才能为企业带来利益。

（二）选择促销方式

企业根据不同的情况选择不同的促销方式，可单一使用，也可组合使用。促销方式包括人员促销、广告促销、营业推广、公共关系等。

1. 人员促销

人员促销是一种通过与目标顾客直接接触来推动销售的促销方法。这既是一种最古老的推销方式，也是现代企业广泛采用的一种重要促销方式。与其他促销活动相比，人员促销虽然费用较高，但其成交效果却是最好的。

人员促销必备的推销技巧有：①选定适当的推销顾客；②选定适当的推销时间；③对推销产品的性质不宜夸大；④时时为顾客的利益着想；⑤向有购买决定能力或有影响力的顾客进行推销；⑥绝对避免同顾客争论；⑦对不同的顾客采取不同的表达方式；⑧尽力解答顾客的疑问；⑨为顾客提供有力的保证和服务；⑩时刻保持良好的态度和精神面貌。

选择顾客的方法与技巧有：①推销应着眼于住宅区、宿舍区里的家庭、住户，即以一般的家庭住户为推销对象。工业推销以组织、集团为推销对象。②通过一些人际关系寻找顾客。通过走访社区、人员等方式，巩固老顾客，发展新顾客。③有意识地从供应商、经销商、相关产品的销售代表等处了解情况，发现新的顾客。④收集并分析有关资料（报纸、杂志、广告宣传、顾客卡片）。⑤到顾客集中的地方去试探，用演讲、表演、健康讲座等方式吸引消费者注意。⑥对已获得的信息进行分析研究，掌握有关顾客准确而全面的信息。

取得潜在顾客信息后，并不能马上进行推销，还要对其进行评定、审查，看是否有适合推销商品的顾客。从以下4个因素来对顾客进行评定与审查并建立顾客档案：①购买需要；②购买量；③购买能力；④购买权。

2. 广告促销

广告促销是一种宣传方式，是药品生产企业或药品经营企业承担费用，通过一定媒介和形式，把有关药品的品种和功效等信息以销售为目的直接或间接地传递给人们，以引起注意，激发购买欲望，扩大销售。广告促销与其他促销方式相比，具有间接性、简练性、单向性、广泛性等基本特点。企业在使用广告促销时，必须遵循以下原则：

（1）真实性原则。药品的特殊性决定其广告必须遵循真实性原则。《药品管理法》明确规定，药品广告的内容必须真实、合法，以国务院药品监督管理部门批准的说明书为准。

（2）思想性原则。广告在宣传企业产品和服务的同时，也传播了一定的思想意识，因此企业广告要符合社会文化、思想道德的客观要求。

（3）针对性原则。不同药品、不同目标市场，广告的内容和形式要有针对性，这样才能根据不同消费群体的特点与要求，引起他们的好感与关注。

（4）艺术性原则。广告具有艺术性，能给人以美感，能对人们产生较大的影响力，并给人以启迪与教育。

（5）效益性原则。经济效益是企业生存与发展的基础，制作广告和选择广告媒体时，须从企业实际出发，用尽可能少的广告费用取得尽可能好的广告效果，提高企业经济效益。

广告媒体是广告信息的载体。随着现代信息科学技术的发展，可供企业选择的广告媒体层出不穷。常见的广告媒体主要有报纸、杂志、广播、电视四大媒体，近年发展起来的有霓虹灯灯箱、交通工具、电影、户外、互联网等。广告媒体类型的不同，其承载信息的表现形式、信息数量、传递时间和空间均有不同。医药企业应比较各类型媒体的优劣，结合自身特点，根据成本效益，确定最佳广告媒体（见表16-3-2）。

表16-3-2 主要广告媒体优劣比较

媒体	优 势	不 足
报纸	传播面广，有一定新闻权威性，广告有较高信誉，收费低，传递及时	周期短，保存性差，不利于复制，可传阅性差
杂志	专业性强，针对性强，保存时间长，印刷精美	等待期长，收费高，覆盖面小
广播	最大众化，迅速及时，无文化程度限制，费用低	周期短，有声音而无图像，缺乏表现力，难以记忆
电视	富有实体感、艺术感，播放及时，收看面广，效果好	费用高，黄金时间易受限制，受众目标无法控制
交通工具	成本低，触及面广	难以触及专业人员，反馈性差
户外	展露时间长，成本低，灵活性高	表现形式单调，难以吸引注意力
互联网	互动性强，成本低，反馈及时	容易被滤过，经济落后地区不适用

3. 营业推广

营业推广指企业在某一时期利用营业活动来刺激消费者迅速购买和吸引经销商大批经营其产品，以促进企业销售迅速增长的活动。营业推广的刺激性比较强，容易吸引顾客的注意力，使顾客在了解产品的基础上完成购买行为，因此适合一定时期，完成一定促销任务的短期性促销活动。营业推广的形式多种多样，一般按药品营业推广的对象分为以下几类：

（1）对中间商的推广。对中间商的营业推广目标是鼓励中间商大量进货，增加储存，建立稳定的产销关系。常采用的方法有：①折扣鼓励。中间商购买本企业产品达到一定数量时，给予一定的折扣，一般有现金折扣和实物折扣。②推广津贴。这是对中间商推销本企业产品费用的一种补贴，有广告津贴、咨询津贴、陈列津贴等。③推销会议。企业邀请中间商参加商品展销会、技术交流会、行业年会等，借以培养、加深与中间商的合作关系，从而促进中间商积极购买和销售本企业产品。

（2）对消费者的推广。对消费者的营业推广目标是鼓励更多的老顾客购买产品，吸引新顾客试用产品或争夺其他品牌的顾客等。常用特价销售、赠送样品、抽奖、折价优惠、展销、示范等刺激消费者的购买欲望，达到扩大销售的目的。

（3）对推销人员的鼓励。对推销人员的营业推广目标是鼓励推销人员大力推销新产品，开拓新市场，寻找更多潜在顾客，大力推销积压产品等。常用的推销方法有：①红利提成。企业在推销人员完成产品销售额或利润后，给予其一定比例的提成，鼓励他们大力推销产品。②推销奖金。企业为推销人员规定销售任务，推销人员完成或超额完成任务，就能够得到推销奖金。③推销竞赛。企业组织推销人员开展以提高推销业绩为目标的推销比赛，给优胜者金钱、物质奖励，或提供旅游、度假的机会。

（4）对医生的推广。对医生的营业推广目标是促进医生了解、认可本企业产品，使其在临床治疗中多用。

企业在制定营业推广决策时，不仅要确定营业推广的对象，选择适当的推广形式，还要制订出具体的推广方案。方案要确定推广奖励规模、奖励对象、奖励途径、奖励期限及总预算等项目。推广方案实施前，最好对各种方式进行测试，确定所选择的推广方式最合适。

营业推广这种促销方式在短期内通常可收到好的效益，运用不当则会损害到企业的长期利益。

4. 公共关系

公共关系指企业系统地、有计划地控制与管理企业在公众心目中的形象，从而促进产品销售活动的过程。这是一种间接性的促销工具，特点是不需要花费过高的代价，就可以长期维持促销的激励效果。

开展公关活动必须明确公关目标，这样才能有的放矢，取得理想效果。公关活动的具体目标通常包括：提高产品知名度和美誉度，使公众建立对企业的信任感；唤起公众对本企业产品的需求；澄清公众对企业某些问题的误解；激发中间商和消费者对产品的兴趣等。

企业围绕公关目标寻找或创造相关信息，选择合适的公关工具进行及时有效的传播。

例如，企业以非付款的方式，通过第三者在报刊等各种出版物、电台、电视、会议、信函等传播媒体下发表有关企业的事件、公益活动等报道，以促使人们对企业及其产品产生好感。

公共关系活动技巧包括如下几方面：①创造和利用新闻。公共关系部门可发布有关企业和产品以及员工的各种新闻稿，或举行活动，以吸引新闻界和公众的注意，扩大影响。②举办各种活动。如技术研讨会、联欢会、纪念会、有奖比赛等活动，这些活动可起到吸引公众、提高企业及产品声誉的作用。③编制音像材料。编制有关企业及产品的业务通讯、期刊、录音带等宣传材料，以加强宣传。④参与社会赞助活动。这能够扩大企业在社会上的影响，树立良好形象。

5. 促销组合及其影响因素

以上4种促销方式各有特点，但每种方式只适用于一定的市场环境，在操作过程中要严格遵守与药品营销相关的国家法规。组合促销则是将人员推销、广告促销、营业推广、公共关系4种促销方法组合搭配，相互补充、综合运用，形成一个整体的促销策略（见表16-3-3）。

表16-3-3　各种促销方式的比较

促销方式	特点	优势	弱势
人员推销	直接对话，培养感情，反应迅速	方式灵活，能随机应变，易于激发购买兴趣，促进成交	接触面窄，费用大，人才难觅
广告促销	公开性，渗透性，表观性	触及面广，能将信息艺术化，能多次反复使用	说服力较小，难以促成即时购买行为
营业推广	吸引顾客，刺激顾客，短期有效	吸引力大、直观，能促进顾客即时购买	过多使用可能引起顾客的反感与怀疑
公共关系	具有新闻价值，提高企业形象	可信度高，节省开支，有市场潜在影响力	无直接购买行为

促销组合受多种因素的影响，分别为：

（1）促销目的。以增进市场占有率为目的的销售活动和以提高企业形象为目的的促销活动，促销组合的编配与运用是不同的。

（2）产品性质。产品性质不同，促销组合也不同。非处方药主要通过广告促销，处方药则更多使用人员推销，而营业推广及公关关系一般属于次要的促销手段。

（3）产品所处的生命周期。产品处于生命周期不同阶段，促销的具体方式不同。

（4）促销预算。企业用于促销的财力是有限的，不同企业不同产品使用的促销组合策略不同，其促销预算就有所不同。

实　训

活动一　价格标签的制作与填写

走访3家以上药店，收集有关价格标签的项目内容与填写信息，制作一份价格标签。

要求价格标签项目齐全，布局合理，各项目书写规范。

活动二　策划与实施社区推介活动

以某一产品为载体，组成4~6人的工作小组。以小组为单位，根据产品特点确定宣传方案。在明确活动主题、人员分工的情况下，自行落实活动场地、活动形式、活动内容，以促进产品销售。要求在促销方案中包含促销主题、活动方法、活动人员、时间、地点等促销各要素。活动结束后，根据本组情况进行工作总结。

参考文献

［1］王东风. 医药商品购销员国家职业资格培训教程［M］. 北京：中国中医药出版社，2003.

［2］张蕾. 药品购销实务［M］. 北京：化学工业出版社，2003.

［3］顾海，叶桦，杨金凤. 医药市场营销学［M］. 北京：人民卫生出版社，2006.

［4］周小雅. 药品店堂推销技术［M］. 北京：中国医药科技出版社，2007.

［5］胡天佑，吴启南，陈道峰，等. 医药商品学［M］. 2版. 北京：中国医药科技出版社，2009.

［6］苏兰宜. 药店零售技术［M］. 北京：化学工业出版社，2009.

［7］董桂真. 医药会计实务［M］. 2版. 北京：化学工业出版社，2009.

［8］潘雪. 药学基础［M］. 2版. 北京：化学工业出版社，2013.

［9］姜远英，许建华，向明. 临床药物治疗学［M］. 3版. 北京：人民卫生出版社，2011.

［10］杜明华. 医院与药店药品管理技能［M］. 2版. 北京：化学工业出版社，2014.

［11］国家食品药品监督管理总局高级研修学院. 药品经营质量管理规范（2012年修订）实战教程［M］. 北京：中国人口出版社，2014.

［12］国家药典委员会. 中华人民共和国药典：一部［M］. 北京：中国医药科技出版社，2020.

［13］国家药典委员会. 中华人民共和国药典：二部［M］. 北京：中国医药科技出版社，2020.

［14］国家药典委员会. 中华人民共和国药典：三部［M］. 北京：中国医药科技出版社，2020.

［15］国家药典委员会. 中华人民共和国药典：四部［M］. 北京：中国医药科技出版社，2020.

［16］丛淑芹，丁静. GSP实用教程［M］. 2版. 北京：中国医药科技出版社，2017.

［17］张晓乐. 调剂学［M］. 北京：国家开放大学出版社，2019.

［18］翟所迪. 药物治疗学［M］. 北京：国家开放大学出版社，2019.

［19］颜久兴. 药事管理与法规［M］. 北京：国家开放大学出版社，2020.

［20］王力心. 药品流通环节质量风险管理［J］. 食品安全导刊，2015（14）：71.

［21］赵建军，孙静，刘远立. 我国药品流通领域存在的问题及对策研究［J］. 中国药房，2017（18）：2459-2463.

［22］王炜佳. 浅谈黑龙江省药品经营企业（批发）GSP认证中存在的不足［J］. 黑龙江医药，2017（4）：758-759.